Kabeljau
100–150 Zentimeter
lebt in Salzwasser
Dreistacheliger Stichling
8–10 Zentimeter
lebt in langsam fließenden Gewässern und Brackwasser
Flussbarsch
20–40 Zentimeter
lebt in Seen, langsam fließenden Gewässern und Brackwasser
Äsche
30–50 Zentimeter
lebt in schnell fließenden Gewässern
Brachse
30–50 Zentimeter
lebt in Seen und langsam fließenden Gewässern
Hecht
80–120 Zentimeter
lebt in Seen und langsam fließenden Gewässern
Bachforelle
30–80 Zentimeter
lebt in schnell fließenden Gewässern
Lachs
70–120 Zentimeter
lebt in fließenden Gewässern und Salzwasser
Schleie
20–40 Zentimeter
lebt in stehenden und langsam fließenden Gewässern

westermann

NATUR-WISSENSCHAFTEN HEUTE

NATUR-
WISSENSCHAFTEN
HEUTE

erarbeitet von:
Gerhard Glas, Achim Keßler, Lars-Patrick May, Dr. Miriam Repplinger,
Louis Schumann

In Teilen ist dieses Werk eine Bearbeitung von:
978-3-14-151310-3
978-3-14-151395-0
978-3-14-152000-2
978-3-14-152009-5

Vorbereiten. Organisieren. Durchführen.
BiBox ist das umfassende Digitalpaket zu diesem Lehrwerk
mit zahlreichen Materialien und dem digitalen Schulbuch.
Für Lehrkräfte und für Schülerinnen und Schüler sind verschiedene
Lizenzen verfügbar. Nähere Informationen unter
www.bibox.schule

Zum Schülerband erscheinen:
Lösungen, ISBN 978-3-14-**151243**-4
Lehrermaterialien, ISBN 978-3-14-**151244**-1

westermann GRUPPE

Druck A[1] / Jahr 2021
Alle Drucke der Serie A sind im Unterricht parallel verwendbar.

Redaktion: Maik Boehm, Tilman Güthoff und Dr. Sven Horst
Grafikkonzept: Atelier tigercolor Tom Menzel
Illustrationen: Birgitt Biermann-Schickling, Eike Gall, Salomea Atelier Krülls, Karin Mall,
Atelier tigercolor Tom Menzel, newVISION! GmbH, Michal Rössler, Birgit + Olaf Schlierf, Dr. Laura Stötefeld
Umschlaggestaltung: Janssen Kahlert Design & Kommunikation GmbH, Hannover
Layout: SOFAROBOTNIK GbR, Augsburg & München
Druck und Bindung: Westermann Druck GmbH, Braunschweig

ISBN 978-3-14-**151242**-7

-10
0
10
-20
20
-30
30
-40
40
-50
50

Bewegung zu Wasser, zu Lande und in der Luft ... 58

Anforderungsbereiche:

- ●○○ niedriges Niveau
- ●●○ mittleres Niveau
- ●●● hohes Niveau

Pflanzen – Tiere – Lebensräume 106

Aufgaben richtig verstehen

Um Aufgaben richtig zu lösen, muss man das am Anfang der Aufgabe stehende Verb beachten. Im Folgenden sind die in diesem Biologiebuch am häufigsten verwendeten Verben an einem Beispiel dargestellt. Aufgaben befinden sich in jedem Kapitel unter der Überschrift **Material mit Aufgaben.**

A Bau einer Feder

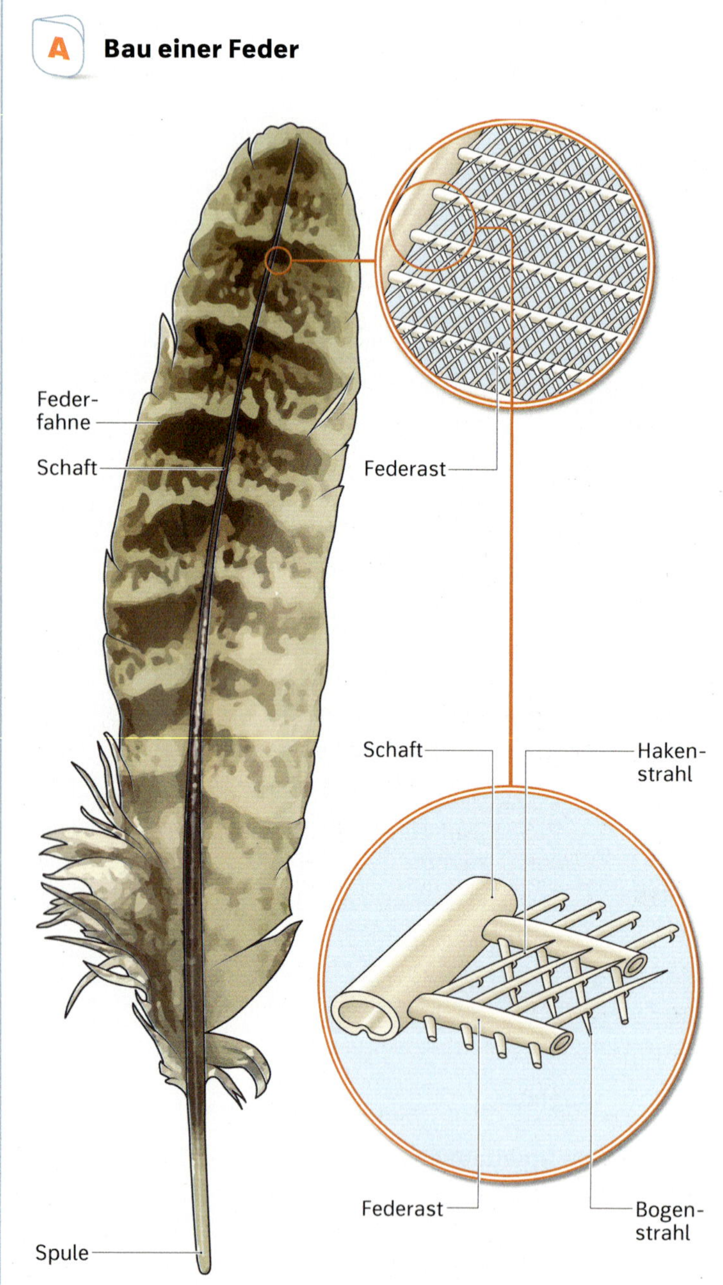

1 **Beschreibe** den Bau der Feder.

Eine Aufgabe, die mit dem Verb „beschreibe" beginnt, verlangt, dass Sachverhalte in eigenen Worten und vollständigen Sätzen wiedergegeben werden. Weiterführende Informationen werden nicht hinzugefügt.

Aufgabenlösung: Spule und Schaft bilden den Federkiel. Vom hohlen Schaft gehen zu beiden Seiten die Äste ab. Die Äste bilden die Fahne. An jedem Ast sitzen an der einen Seite die Bogenstrahlen und an der gegenüberliegenden die Hakenstrahlen. An den Hakenstrahlen sitzen Haken. Sie verhaken die Hakenstrahlen mit den Bogenstrahlen.

2 **Erkläre** die Bedeutung von Bogenstrahl und Hakenstrahl.

Eine Aufgabe, die mit dem Verb „erkläre" beginnt, fordert die verständliche Darstellung von Zusammenhängen.

Aufgabenlösung: Beim Abwärtsschlag des Flügels müssen die Federn eine geschlossene Fläche bilden. Deshalb überlappen sich die Schwungfedern. Die Haken der Hakenstrahlen einer Feder verzahnen die Strahlen ähnlich wie ein Klettverschluss miteinander, sodass die Feder beim Fliegen stabil bleibt. Es entsteht eine Federfläche, die beim Abwärtsschlag des Flügels kaum Luft durch lässt.

B Federtypen

1 **Nenne** die Aufgaben der Federtypen eines Vogels.

Eine Aufgabe, die mit dem Verb „nenne“ beginnt, fordert eine kurze und genaue Aufzählung von Begriffen oder Sachverhalten ohne Erklärung.

Aufgabenlösung: A Fliegen, B Steuern beim Fliegen, C Schutz, D Wärmeisolation durch Luftpolster

2 **Stelle Vermutungen an,** weshalb bei manchen Vogelarten die Daunenfedern besonders zahlreich sind.

Eine Aufgabe mit der Aufforderung, eine „Vermutung anzustellen“, verlangt eine erklärende Aussage zu Beobachtungen, Experimenten oder Sachverhalten.

Aufgabenlösung: Die Aufgabe der Daunenfeder ist es, den Vogel vor Auskühlung zu schützen. Vermutlich besitzen die Vogelarten mehr Daunenfedern, die in kalten Regionen leben oder beim Vogelzug hohe Gebirge mit sehr niedrigen Temperaturen überqueren.

3 **Vergleiche** die Schwungfeder mit der Daunenfeder. Nenne Gemeinsamkeiten und Unterschiede.

Eine Aufgabe die mit dem Verb „vergleiche“ beginnt, fordert, dass man Gemeinsamkeiten und Unterschiede von zu untersuchenden Merkmalen darstellt.

Aufgabenlösung:

Schwungfeder	Daunenfeder
lang und kräftig	klein und zart
Federfahnen unterschiedlich breit	keine Federfahne
Federfahne durch Haken- und Bogenstrahlen geschlossen	Federfahne wegen fehlender Haken- und Bogenstrahlen nicht vorhanden

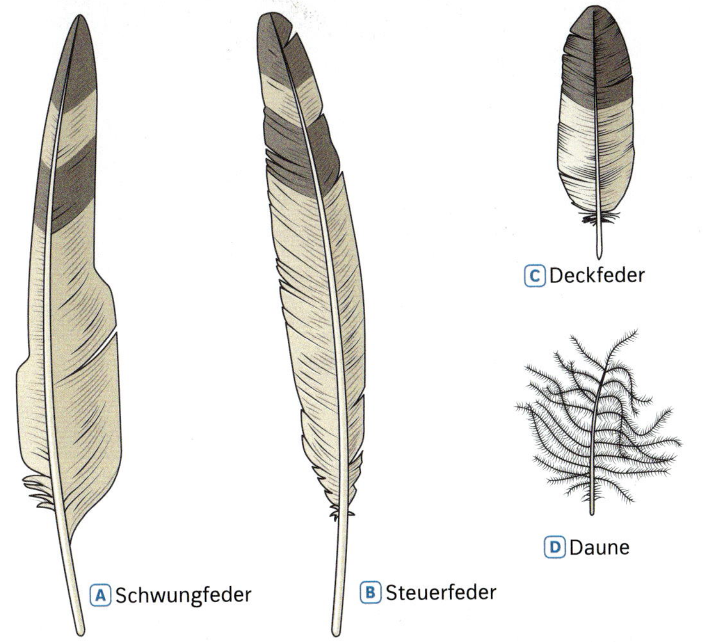

4 **Erläutere** den Zusammenhang zwischen dem Bau und der Funktion einer Schwungfeder.

Eine Aufgabe, die mit dem Verb „erläutere“ beginnt, verlangt eine anschauliche Beschreibung eines Sachverhalts unter Zuhilfenahme zusätzlicher Informationen. Auch ergänzende Beispiele oder übergeordnete Zusammenhänge können zur Erläuterung verwendet werden.

Aufgabenlösung: Die Flügel vieler Vogelarten dienen der Fortbewegung in der Luft. Die leichten Schwungfedern bilden die Tragflächen. Der Federkiel ist biegsam und fest. Beim Segeln, Gleiten und beim Abwärtsschlag während des Ruderflugs bilden die Schwungfedern eine geschlossene Fläche. Haken- und Bogenstrahlen sind durch kleine Haken miteinander verzahnt. Dadurch lassen die Federflächen der Schwungfedern auch beim Abwärtsschlag der Flügel kaum Luft durch. Der Bau der Schwungfedern steht also im Zusammenhang mit der Funktion, dem Fliegen.

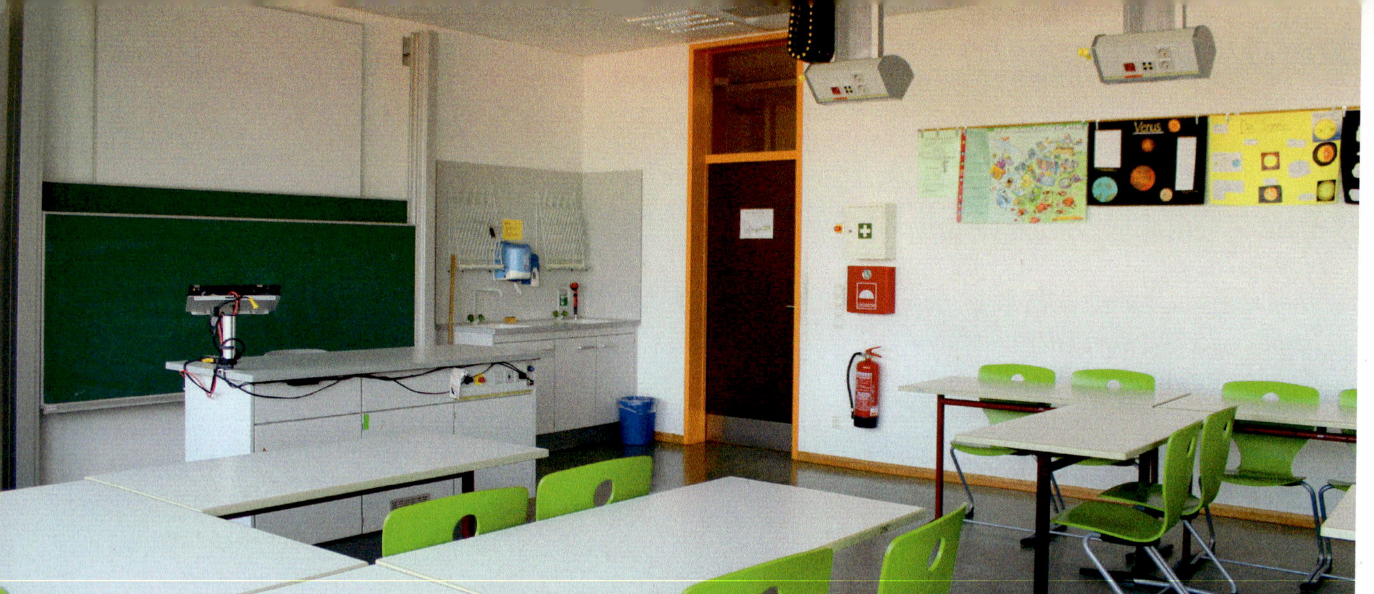

1 Fachraum der Naturwissenschaften

Verhalten im Fachraum der Naturwissenschaften

Ein Fachraum, in dem das Fach Naturwissenschaften unterrichtet wird, unterscheidet sich von einem normalen Klassenraum. Die Ausstattung erlaubt es, viele interessante Experimente durchzuführen. Um sicher und erfolgreich zu experimentieren, muss man sich in einem Fachraum gut auskennen. Worauf ist beim Experimentieren zu achten?

Sicherheit – Je nachdem, was man im naturwissenschaftlichen Unterricht untersucht, arbeitet man mit scharfen Gegenständen, heißen Flüssigkeiten, dem Gasbrenner, Strom oder gefährlichen Stoffen. Deshalb muss jeder auf die eigene Sicherheit und auf die Sicherheit der anderen achten. Laufen, Essen und Trinken sind verboten. Tische müssen frei von nicht benötigten Gegenständen sein und Gänge frei von Rucksäcken und Jacken. Langes Haar muss zurück gebunden werden. Man darf niemals direkt an gefährlichen oder unbekannten Stoffen riechen.

Um Sicherheit zu gewährleisten und damit im Notfall geholfen werden kann, haben Fachräume eine besondere Ausstattung.

Sicherheitsausstattung – Passiert ein Unfall, muss schnell die Strom- und Gaszufuhr für die Geräte unterbrochen werden. Dies geschieht durch das Drücken des roten **Not-Aus-Schalters.** Er befindet sich in jedem Fachraum. Für die Erstversorgung einer Verletzung gibt es Verbandsmaterial im **Erste-Hilfe-Kasten.** Wenn jemand einen gefährlichen Stoff ins Auge bekommt, muss das Auge so schnell wie möglich ausgespült werden. Dazu gibt es am Waschbecken eine **Augendusche.** Falls es brennt, können Lehrkräfte versuchen, kleine Brände mit dem **Feuerlöscher** zu löschen. Schülerinnen und Schüler sollten im Brandfall zügig und geordnet den Raum verlassen. In dringenden Notfällen ist die **Notruf-Nummer 112** zu wählen. Unter dieser Nummer kann man Unfälle oder Brände melden und Hilfe durch Rettungskräfte bekommen.

MATERIAL MIT AUFGABEN

A Verhalten im Fachraum der Naturwissenschaften

1 Nenne das gefährdende Verhalten, das in Feld A3 dargestellt ist. ●○○

2 Erkläre, weshalb der Schüler in B5 und die Schülerin in E1 sich und andere mit ihrem Verhalten gefährden. ●●●

3 Erstelle eine Tabelle in deinem Heft nach folgendem Muster und fülle sie aus: ●●○

Feld	Gefährdendes Verhalten	Erklärung	Sicheres Verhalten
C3	Schulranzen liegt im Gang	Stolpergefahr	Gänge frei räumen
B3	?	?	?

Von den Sinnen zum Messen

Dieses Kapitel hat folgenden Inhalt:

Kälte nimmt man über die Haut wahr. Mithilfe eines Thermometers lässt sie sich messen.

1 Sinneseindrücke beim Pizzaessen

1.1 Die Sinne des Menschen

Wird im Restaurant eine Pizza serviert, kann man sie sehen und riechen. Beißt man hinein, schmeckt man sie auch. Wie können die von der Pizza ausgehenden Einflüsse wahrgenommen werden?

Reize – Beim Pizzaessen wirken Aussehen, Geruch und Geschmack der Pizza auf die Restaurantbesucherin ein. Einflüsse aus der Umwelt, die auf den Körper einwirken, bezeichnet man als **Reize.** Die Pizza ist in diesem Fall die **Reizquelle.**

Sinnesorgane – Mit der Nase riecht man den Geruch der Pizza. Bestimmte Körperteile, wie die Nase, können Reize empfangen. Diese Teile des Körpers nennt man **Sinnesorgane.** Die Sinnesorgane des Menschen sind das Auge, das Ohr, die Nase, die Zunge und die Haut.

Sinneseindrücke – Zwischen der Nase und dem Gehirn verlaufen Verbindungen, die **Nerven.** Über die Nerven wird die Information über den Pizzageruch an das Gehirn weitergeleitet. Im Gehirn werden dann **Sinneseindrücke** wahrgenommen.

Reiz-Reaktions-Schema – Riecht die Pizza lecker, greift man nach der Pizza und beißt hinein. Auf den Reiz folgt eine **Reaktion.** Man spricht von einer **Reiz-Reaktions-Schema.** Die Fähigkeit des Menschen, einen bestimmten Reiz empfangen und darauf zu reagieren, nennt man **Sinn.** Sehsinn, Gehörsinn, Geruchssinn, Geschmackssinn, Tastsinn, Temperatursinn und Gleichgewichtsinn sind die **Sinne,** die dem Menschen ermöglichen, Reize zu empfangen. Über die Sinne steht der Mensch in Kontakt mit der Außenwelt.

MATERIAL MIT AUFGABEN

A Sinneseindrücke

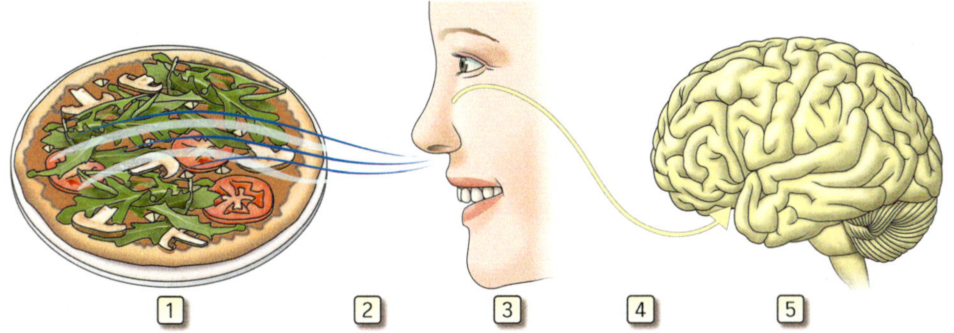

1 Ordne den Ziffern die Begriffe Reiz, Sinnesorgan, Nerven, Gehirn, und Reizquelle zu. ●○○

2 Erläutere die Aussage „Sinnesorgane sind wie ein Fenster zur Welt." ●●○

B Sinne und Sinnesorgane

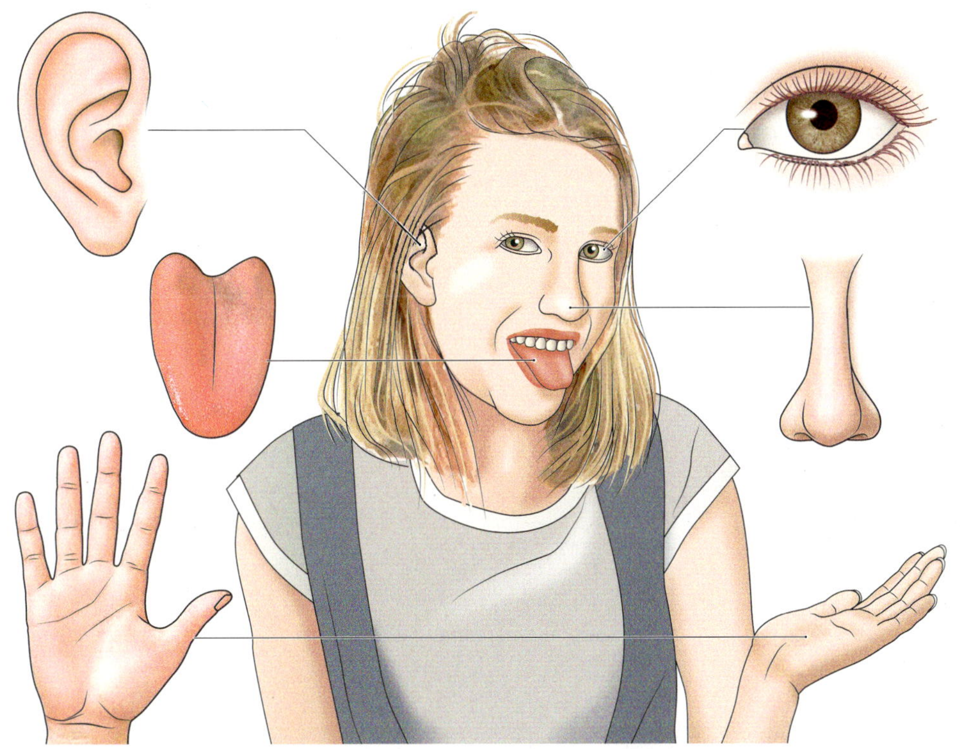

1 Ordne den Sinnesorganen ihre jeweiligen Sinne und Reize zu. Erstelle dazu eine Tabelle nach folgendem Muster in deinem Heft: ●○○

Sinnesorgan	Sinn	Reiz
Nase	Riechen	Duftstoffe
Ohr	?	?

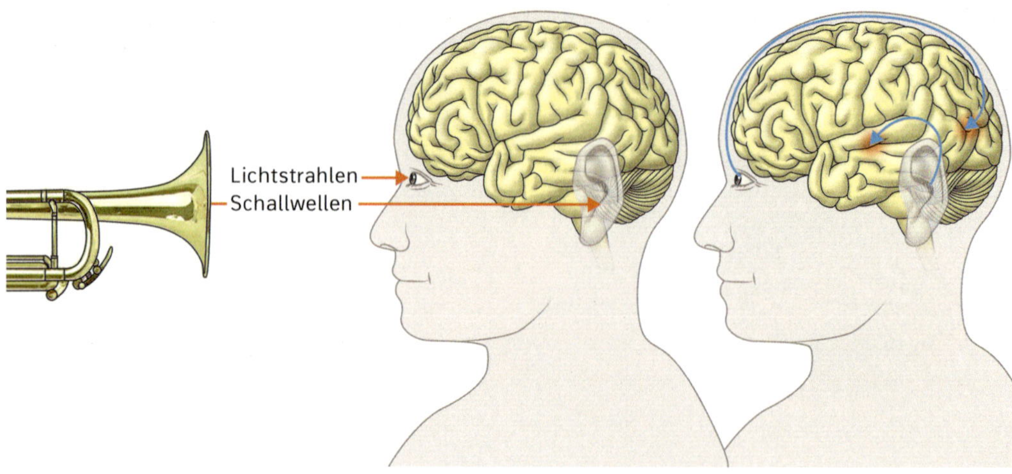

2 Reizaufnahme und Wahrnehmung

Wahrnehmen – In einem Konzert hört man die Trompete und man sieht den Musiker, wie er in die Trompete bläst. Lichtstrahlen treffen auf die Augen. Schallwellen treffen auf die Ohren. Lichtstrahlen und Schallwellen reizen die Sinnesorgane. In den Sinnesorganen werden die Reize in Informationen umgewandelt. Die Nerven leiten sie zum Gehirn. Im Gehirn werden die ankommenden Informationen verarbeitet und der Konzertbesucher nimmt die Musikerin, die Trompete und die Musik wahr. Für die **Wahrnehmung** müssen Sinnesorgane, Nerven und Gehirn zusammenarbeiten.

Erkennen – Hört man ein Musikstück zum ersten Mal, nimmt man die Tonfolge wahr. Sie wird im Gehirn als Melodie gespeichert. Hört man diese Tonfolge ein zweites Mal, so kann das Gehirn sie als Melodie **erkennen.** Wahrnehmen und Erkennen sind Leistungen des Gehirns. Auf diese Leistungen kann eine Reaktion erfolgen. Gefällt dem Konzertbesucher die Musik, gibt das Gehirn über die Nerven die Information zur Bewegung der Hände an die Muskeln weiter. Der Konzertbesucher klatscht. Dieser gesamte Ablauf ist ein **Reiz-Reaktions-Schema.**

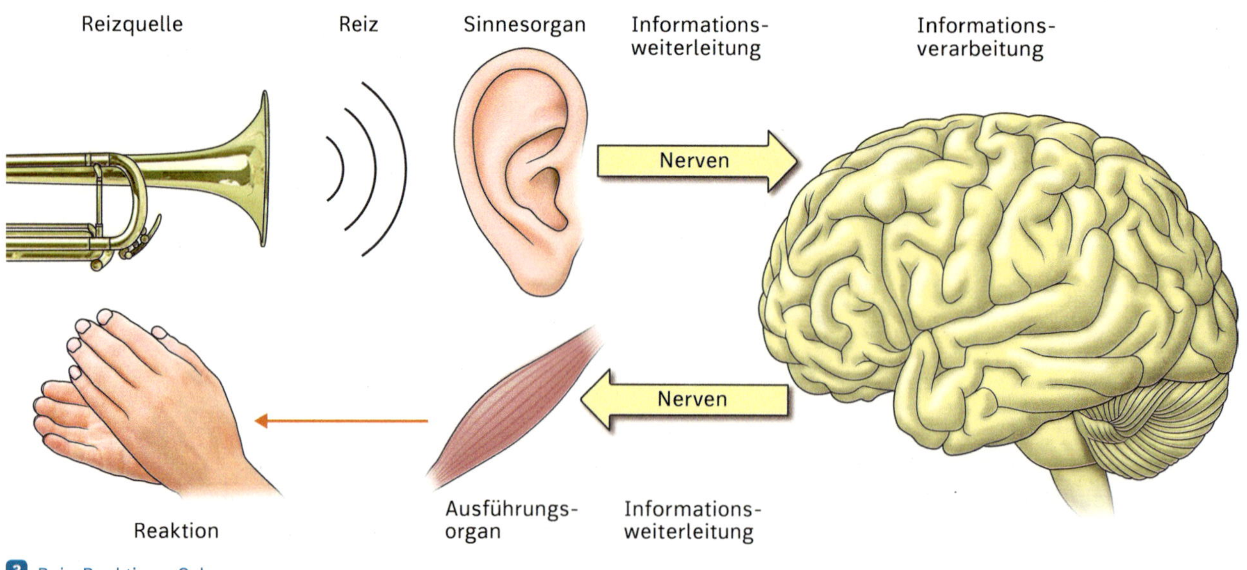

3 Reiz-Reaktions-Schema

Schutz von Sinnesorganen – Funktionierende Sinnesorgane sind für den Menschen lebenswichtig. Mithilfe seiner Sinnesorgane kann er Reize aus der Umwelt empfangen und auf sie reagieren. Deshalb ist es wichtig, dass man auf seine Sinnesorgane achtet und sie schützt.

Die Ohren kann man mit Gehörschutz vor zu lauten Geräuschen schützen. Laborschutzbrillen schützen die Augen vor spritzenden Flüssigkeiten. Fasst man heiße Gegenstände wie beispielsweise Pizzableche an, sollte man seine Haut mit mehreren Stofflagen oder besonderen Handschuhen schützen.

Beim Experimentieren darf man an bestimmten Stoffen niemals direkt riechen, da sie den Geruchssinn schädigen können.

MATERIAL MIT AUFGABEN

C Radfahrer im Straßenverkehr

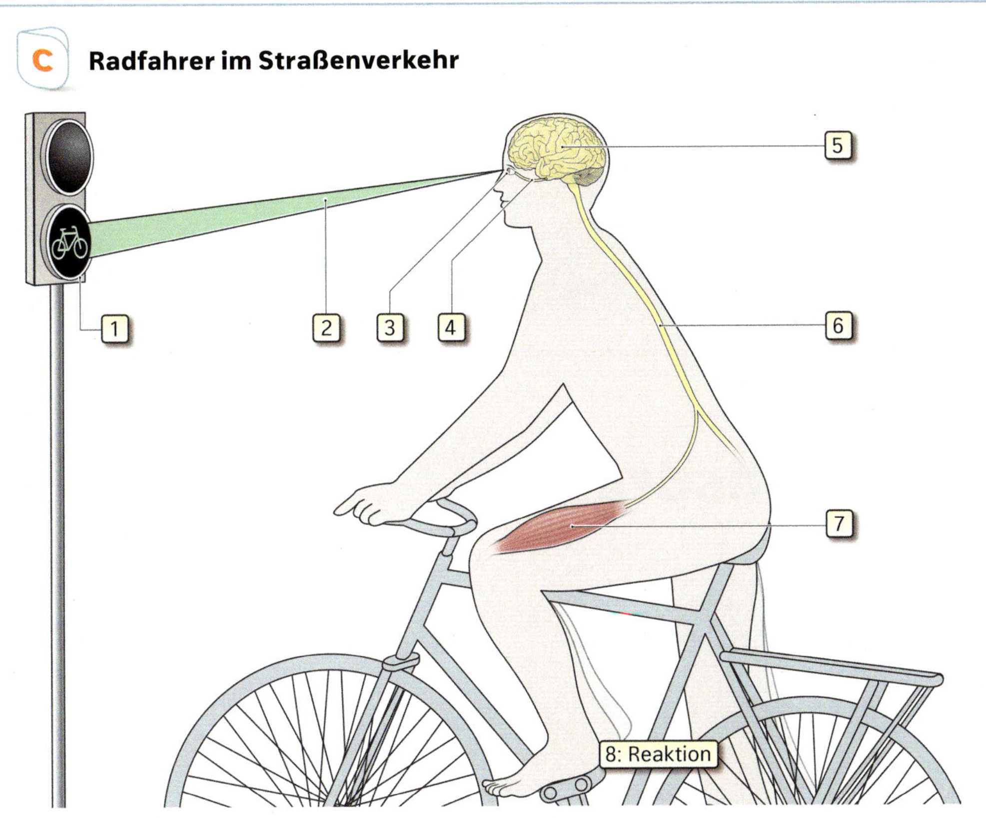

Ein Radfahrer steht an einer Ampel. Die Ampel springt in diesem Augenblick von „Rot“ auf „Grün“ um. Der Radfahrer reagiert.

1 Ordne den Ziffern die Fachbegriffe Reiz, Reizquelle, Informationsweiterleitung, Sinnesorgan, Informationsverarbeitung und Ausführungsorgan zu. ●●○

2 Erkläre am Beispiel des Radfahrers im Straßenverkehr den Begriff Reiz-Reaktions-Schema. ●●○

3 Formuliere ein Beispiel für ein weiteres Reiz-Reaktions-Schema aus deinem Alltag. ●●○

4 Erläutere mithilfe dieses Beispiels den Unterschied zwischen Wahrnehmen und Erkennen. ●●●

1 Säugling mit seinem Großvater

1.2 Die Haut – ein Sinnesorgan

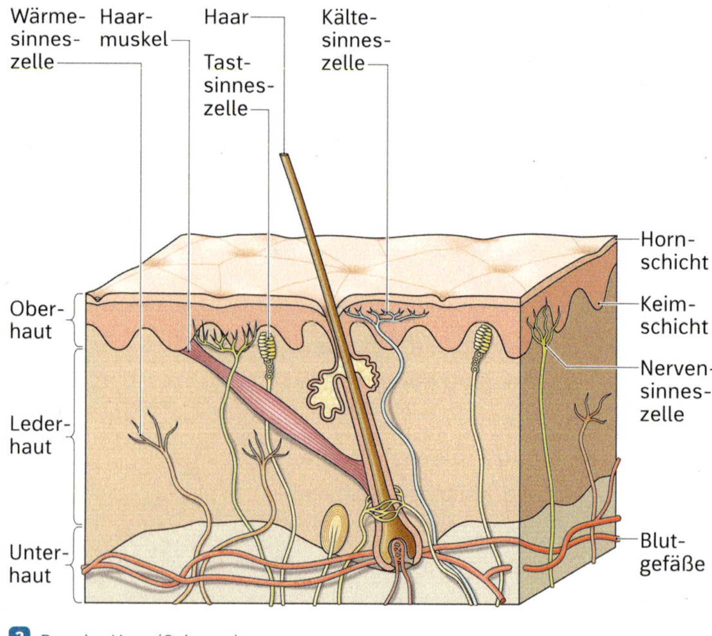

2 Bau der Haut (Schema)

Ein Säugling liegt auf der Brust seines Großvaters. Er nimmt die Berührungen und die Körperwärme seines Großvaters wahr. Wie ist das möglich?

Bau der Haut – Lebewesen sind aus kleinen „Bausteinen“ aufgebaut, den **Zellen.** Die Haut besteht aus vielen verschiedenen Zellen. Sie bilden Schichten. Die oberste Schicht der Haut nennt man **Oberhaut.** Sie wird unterteilt in die **Hornschicht** und die **Keimschicht.** Die Hornschicht besteht aus abgestorbenen Hautzellen. In der Keimschicht werden neue Zellen gebildet. Unter der Oberhaut liegt die **Lederhaut.** Die unterste Schicht, die **Unterhaut,** ist sehr dick. In ihr fließt das Blut durch Röhren, die man Blutgefäße nennt.

Sinneszellen – In den Sinnesorganen befinden sich Zellen, die durch den Reiz erregt werden. Diese **Erregung** führt zur Umwandlung des Reizes in eine Information. So ermöglichen die **Sinneszellen** dem Säugling, die Berührung und die Körperwärme des Großvaters wahrzunehmen. Es gibt auch Sinneszellen für Druck, Bewegung, Kälte und freie **Nervenzellenden** für das Schmerzempfinden. Die Haut stellt über Sinneszellen und Nervenzellenden eine Verbindung zur Außenwelt her.

Berührung – Berührungen der Haut reizen die **Tastsinneszellen** in der Haut. Zwei nah beieinander liegende Berührungen am Oberarm werden als eine Berührung wahrgenommen. Dagegen werden die gleichen Berührungen an der Fingerspitze als zwei Berührungen empfunden. Die Anzahl der Tastsinneszellen in der Haut ist im Gegensatz zum Oberarm besonders hoch. Je mehr Tastsinneszellen in der Haut vorhanden sind, desto empfindlicher ist die Haut.

Wärme – Körperliche Anstrengungen oder hohe Außentemperaturen erwärmen die Haut. Die **Wärmesinneszellen** werden gereizt. Die Haut scheidet Schweiß aus, der vor allem aus Wasser besteht. Die im Wasser befindliche Wärme verlässt so den Körper. Der Körper wird gekühlt.

Kälte – Sinkt die Außentemperatur, werden **Kältesinneszellen** in der Haut gereizt. Als Reaktion auf die Kälte ziehen sich Muskeln, die mit den Haaren verbunden sind, in der Haut zusammen. Dadurch richten sich die Körperhaare auf. Es entstehen um die Haare kleine Erhebungen auf der Haut. Die Haut ähnelt der einer Gans, der die Federn entfernt wurden. Deshalb spricht man von einer **Gänsehaut.**

Für Tiere mit einem Fell hat diese Reaktion eine wichtige Bedeutung. Stellen sich die Haare auf, kann mehr Luft zwischen die Haare des Fells einströmen. Diese eingeströmte Luft bildet ein vor Kälte schützendes Luftpolster. Der Körper gibt weniger Wärme ab. Beim Menschen reicht die Anzahl der Haare nicht aus, um den Körper vor Auskühlung zu bewahren. Menschen bedecken ihre Hautoberfläche mit wärmender Kleidung.

Werden die Kältesinneszellen durch niedrige Temperaturen gereizt, reagieren die Muskeln. Sie ziehen sich in kurzen Abständen wiederholt zusammen. Dieses **Zittern** zeigt eine hohe Muskelaktivität an, bei der Wärme freigesetzt wird. Die Wärme verhindert, dass der Körper auskühlt.

MATERIAL MIT AUFGABEN

A Berührungen

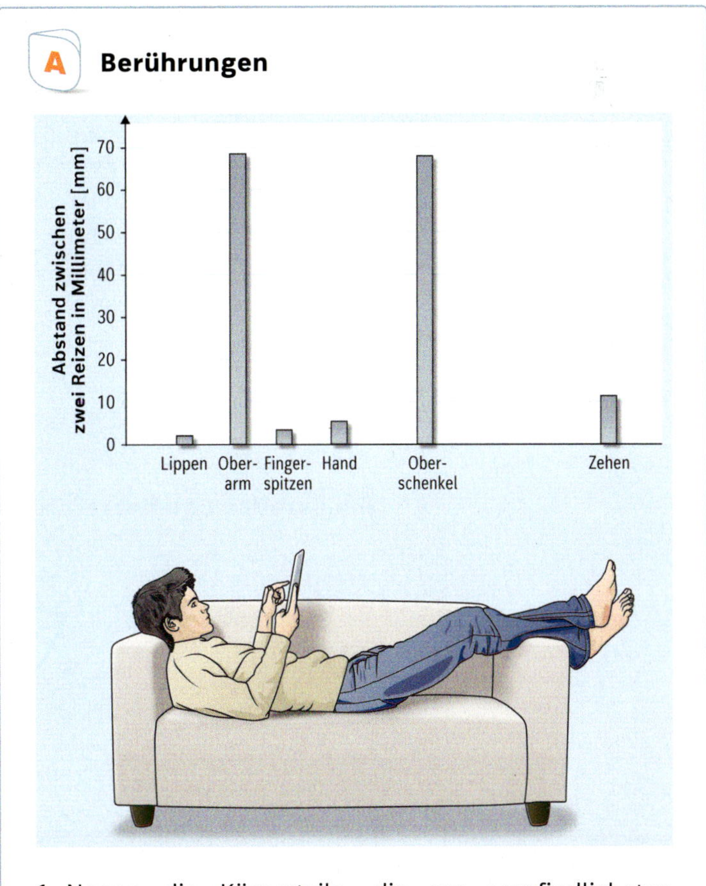

1 Nenne die Körperteile, die am empfindlichsten sind. ●○○

2 Erkläre die Ursache für die Empfindlichkeit von Körperteilen. ●●○

Schmerzen – Verbrennungen oder durch starken Druck verursachte Prellungen sind sehr schmerzhaft. Hitze und Druck reizen **Nervenzellenden** in der Haut. Nervenzellenden befinden sich in großer Anzahl in der Haut und allen anderen Organen des Körpers. Sie informieren über Verletzungen oder Reizungen im Körper wie zum Beispiel Bauch- oder Rückenschmerzen. Schmerzen sind wichtige Signale. Sie helfen frühzeitig auf gefährliche Verletzungen oder Schäden im Körper zu reagieren.

Natürlicher Schutz der Haut – Das in der Haut produzierte Fett schützt die Haut vor Austrocknung. Die ultravioletten Strahlen der Sonne, abgekürzt **UV-Strahlen,** bewirken in der Keimschicht der Haut die Bildung von Farbstoffen. Die Farbstoffe bräunen die Haut. Die Bräunung der Haut schützt vor den Sonnenstrahlen. Mit einer gebräunten Haut ist ein längerer Aufenthalt in der Sonne möglich als mit einer nicht gebräunten Haut. Dieser Eigenschutz der Haut ist bei den Menschen unterschiedlich stark ausgebildet. Der Eigenschutz der Haut hängt vom Hauttyp ab.

Manche Menschen bräunen schnell, andere dagegen nicht. Menschen mit dem Hauttyp 1 sind sehr hellhäutig, Menschen mit dem Hauttyp 6 haben eine dunkle Haut. Je dunkler eine Haut ist, desto besser ist sie gegen die Sonnenstrahlen geschützt.

Hautschäden – Dringen die UV-Strahlen des Sonnenlichts tief in die Haut ein, können sie die Haut schädigen. Sie verursachen einen **Sonnenbrand.** Einige Hautzellen sterben ab. Die Haut wird stark durchblutet und rötet sich. Nach einiger Zeit fällt die geschädigte Haut ab. Die Haut pellt sich. Die UV-Strahlen können die Hautzellen aber auch dauerhaft verändern. Die Veränderungen zeigen sich oft erst Jahre später. Bösartige Veränderungen der Haut werden als **Hautkrebs** bezeichnet.
Um Schaden von der Haut abzuwenden, darf man sich nicht in der starken, intensiv strahlenden Mittagssonne aufhalten. Die Haut muss beim Sonnenbaden mit Kleidung und Sonnencremes geschützt werden. Vor Verbrennungen oder anderen Hautschäden schützen Schutzhandschuhe und Schutzkleidung.

MATERIAL MIT AUFGABEN

B Sinneszellen und Nervenzellenden

1 Kubikzentimeter	Anzahl Tastsinneszellen	Anzahl Nervenzellenden	Anzahl Kältesinneszellen	Anzahl Wärmesinneszellen
Handrücken	14	188	7	0,5
Oberkörper	29	196	9	0,3
Gesicht	50	184	8	0,6

1 Kubikzentimeter = 1 cm^3 = 1 cm x 1 cm x 1 cm

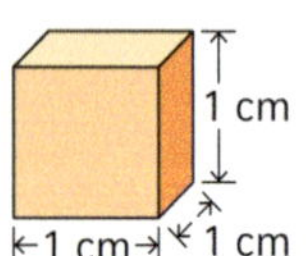

In einem Kubikzentimeter Haut wurden die Sinneszellen gezählt.

1 Vergleiche die unterschiedliche Anzahl von Sinneszellen in den drei verschiedenen Körperteilen. ●●○

2 Begründe, in welchem Körperteil der Tastsinn am empfindlichsten ist. ●●○

3 Stelle Vermutungen an, weshalb alle Körperregionen eine sehr hohe Anzahl an Nervenzellenden besitzen. ●●○

C Entstehung von Hautkrebs

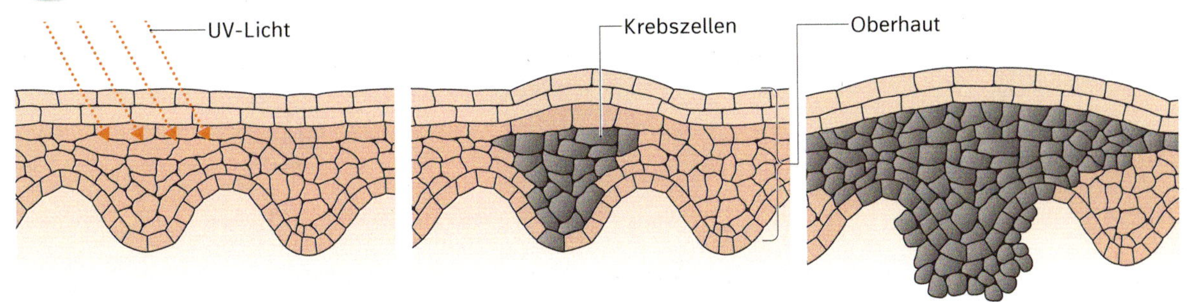

1 Beschreibe die Entstehung von Hautkrebs.

2 Stelle Vermutungen an, weshalb man Hautkrebs erst Jahre später erkennt.

D Hauttypen

Merkmale	helle Haut, Sommersprossen, kaum Bräunung	helle Haut, blondes Haar, mäßige Bräunung	mittelhelle Haut, dunkelblondes Haar, gute Bräunung	leicht braune Haut, braunes bis dunkles Haar, schnelle Bräunung	dunkle Haut, dunkles Haar, schnelle Bräunung, selten Sonnenbrand	dunkle bis sehr dunkle Haut, schwarzes Haar, Sonnenbrand sehr selten
Eigenschutzzeit	5-10 Minuten	10-20 Minuten	20-30 Minuten	40-50 Minuten	über 60 Minuten	über 90 Minuten
	Typ 1	Typ 2	Typ 3	Typ 4	Typ 5	Typ 6

1 Bestimme deinen Hauttyp.

2 Nenne Maßnahmen mit denen du deine Haut schützen kannst.

3 Erkläre, weshalb sich Menschen mit Hauttyp 1 bis 3 nicht ungeschützt sonnen dürfen.

4 Nenne Schäden, die UV-Strahlung verursachen kann.

5 Erkläre, weshalb Menschen mit dem Hauttyp 1 bis 3 schneller einen Sonnenbrand bekommen als Menschen mit dem Hauttyp 4 bis 6.

1 Groß oder klein?

1.3 Die Wahrnehmung hat Grenzen

Auf den ersten Blick erscheint die rote Kugel auf der rechten Seite viel größer zu sein als die auf der linken Seite. Genaues Nachmessen mit dem Lineal zeigt jedoch, dass der erste Eindruck täuscht. Was ist die Ursache dieser Täuschung?

Optische Täuschungen – Zwischen den kleinen blauen Kugeln erscheint die rote Kugel groß. Dagegen wirkt die rote Kugel zwischen den großen blauen Kugeln klein. Aus dem Vergleich dieser beiden Wahrnehmungen zieht das Gehirn den Schluss, dass die rechte rote Kugel größer sein muss als die linke Kugel. Der Vergleich beruht auf der abgespeicherten Erfahrung, die das Gehirn beim ersten Betrachten der Kugeln gewonnen hat. Die Erfahrung führt beim Vergleich dazu, dass die Größe der roten Kugeln falsch gedeutet wird. Es handelt sich um eine **optische Täuschung.**

Grenzen der Wahrnehmung – Mit der Hundepfeife werden Töne erzeugt, die Hunde hören können. Die Töne reizen die Sinneszellen des Menschen dagegen nicht. Die Fledermäuse erzeugen Töne, die als Ultraschall bezeichnet werden. Auch diesen Ultraschall hört der Mensch nicht.
Die Sinneszellen im Auge der Bienen werden vom UV-Licht gereizt. Die Bienen können im Gegensatz zum Menschen diesen Teil des Lichts sehen. Greifvögel, wie die *Wanderfalken,* haben besonders leistungsfähige Augen. Sie nehmen sehr kleine Beutetiere aus großer Höhe wahr. Menschen können mit ihren Augen kleine Tiere nicht auf vergleichbare Entfernungen wie der *Wanderfalke* sehen.
Die Klapperschlange hat zwei Sinnesorgane am Kopf, die Grubenorgane. Mit diesen kann sie im Gegensatz zum Menschen kleinste Temperaturunterschiede wahrnehmen.

MATERIAL MIT AUFGABEN

Optische Täuschungen

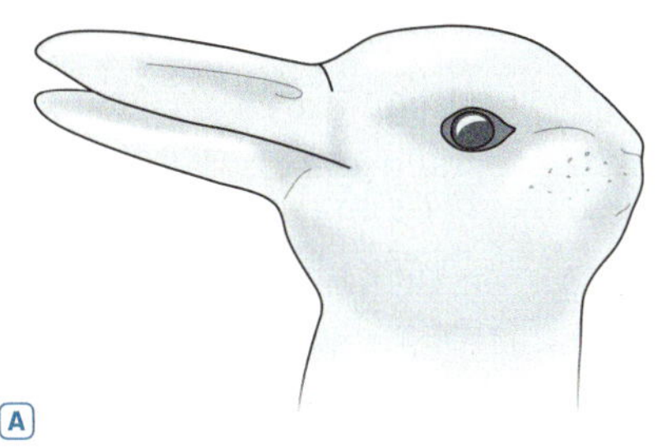
A

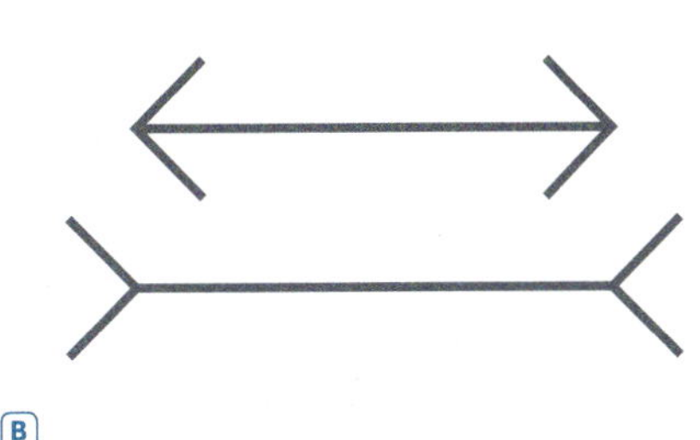
B

C

1 Betrachte die drei Abbildungen A bis C und beschreibe deine Wahrnehmung. ●●○

2 Überprüfe deinen Eindruck in Abbildung B durch Nachmessen mit einem Lineal. ●●○

PRAKTIKUM

Blindenschrift

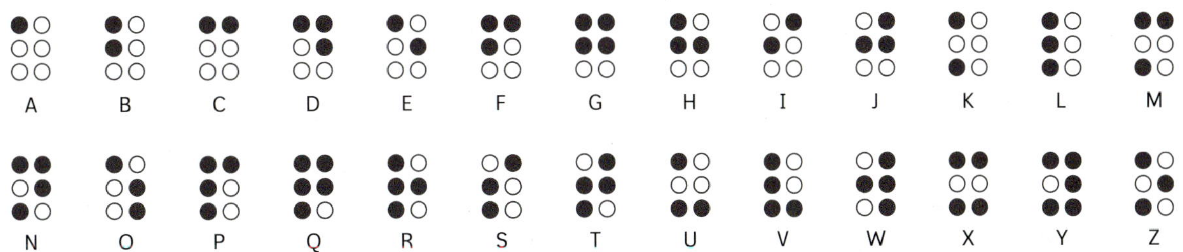

Ist das Auge des Menschen geschädigt, kann eine Brille helfen. Kann der Mensch nichts mehr sehen, ist er **blind.** Dem Menschen fehlen dann alle Informationen, die er mithilfe des Sehsinns wahrnimmt. Blinde Menschen können aber mit den „Fingern lesen". Die Blindenschrift besteht aus bis zu sechs Punkten in zwei Spalten. Diese Punkte können mit den Fingern ertastet werden.

Materialien:
dunkler Stift; stumpfer Bleistift; kariertes Papier, Papiertaschentuch

Durchführung:
Schreibe dein Lieblingstier mit dem Stift in Blindenschritt auf das Papier. Halte dich dabei an die Kästchenvorgabe in der Vorlage. Lass zwischen jedem Buchstaben ein Kästchen frei. Lege das Papier mit der Schrift nach unten auf das Papiertuch. Drücke mit dem Bleistift die durchscheinenden Punkte nach unten. Dreh das Blatt wieder um.

Aufgaben:

1 Tausche das Blatt mit deiner Mitschülerin oder deinem Mitschüler aus und ertaste, welches Lieblingstier „aufgeschrieben" wurde. ●●○

2 Erkläre, weshalb es möglich ist, mit den Fingerspitzen die „Buchstaben" der Blindenschrift zu ertasten. ●●○

Alles auf einen Blick

1.1 Die Sinne des Menschen

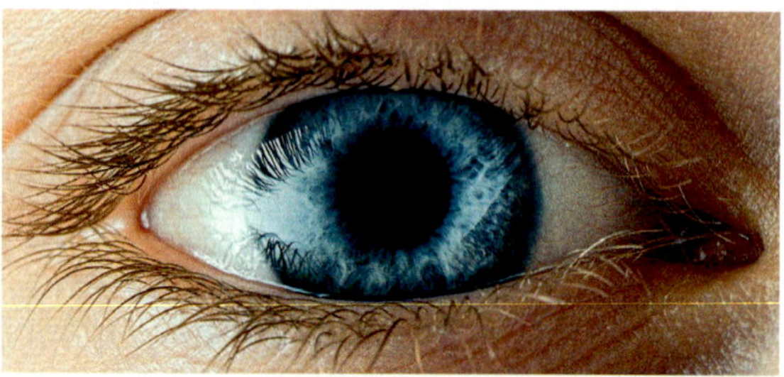

Ein Geruch oder ein Geräusch sind Einflüsse aus der Umwelt, die auf den Körper wirken. Diese Einflüsse reizen bestimmte Organe. Deshalb nennt man sie **Reize.** Gereizt werden die **Sinnesorgane** Auge, Ohr, Nase, Zunge und Haut. Die Sinnesorgane sind über **Nerven** mit dem Gehirn verbunden. Über die Nerven werden die Informationen zum **Gehirn** geleitet. Im Gehirn werden sie zu Sinneseindrücken verarbeitet. Für die Wahrnehmung müssen Sinnesorgane, Nerven und Gehirn zusammenarbeiten.

Der Mensch besitzt einen Sehsinn, Gehörsinn, Geruchssinn, Geschmackssinn, Tastsinn, Wärmesinn und Gleichgewichtssinn. Reagiert der Mensch auf einen Reiz, spricht man von einem **Reiz-Reaktions-Schema.**

1.2 Die Haut – ein Sinnesorgan

Die Haut ist aus der Oberhaut, der Lederhaut und der Unterhaut aufgebaut. In der Haut befinden sich Zellen, die durch einen Reiz erregt werden. In diesen **Sinneszellen** wird der Reiz in eine Information umgewandelt, die zum Gehirn geleitet wird. Durch Berührungen werden Tastsinneszellen gereizt und durch hohe oder kalte Außentemperaturen Wärme- oder Kältesinneszellen. Hitze und Druck reizen dagegen die Nervenzellenden in der Haut. Diese sind für das Schmerzempfinden verantwortlich.

Die UV-Strahlen der Sonne bewirken die Bildung von Farbstoffen in der Haut. Je mehr Farbstoffe die Haut enthält, desto besser ist sie gegen die Sonnenstrahlung geschützt. Zu intensive UV-Strahlung kann zu einem Sonnenbrand führen oder auch Hautkrebs verursachen.

1.3 Die Wahrnehmung hat Grenzen

Sehr hohe Töne reizen die Sinneszellen im Ohr des Menschen nicht. Der Hund hat dagegen ein viel feineres Gehör, sodass er auch sehr hohe Töne hört. Auch das UV-Licht kann der Mensch im Gegensatz zur Biene nicht wahrnehmen. Ihre Sinneszellen werden durch das UV-Licht gereizt. Eine Klapperschlange kann im Gegensatz zum Menschen mithilfe besonderer Sinnesorgane Temperaturunterschiede wahrnehmen. Auch die Leistungsfähigkeit der Augen eines *Wanderfalken* ist viel größer als beim Menschen. Er kann sehr kleine Gegenstände in großer Entfernung sehen.

Teste dich

A Reiz-Reaktions-Schema

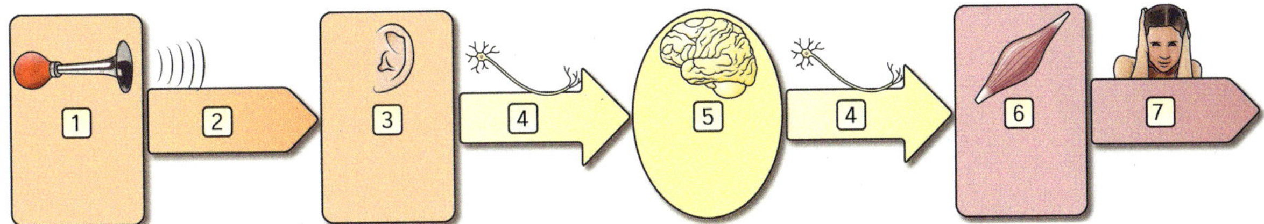

B Fangen eines Balls

C Reaktion auf Reize

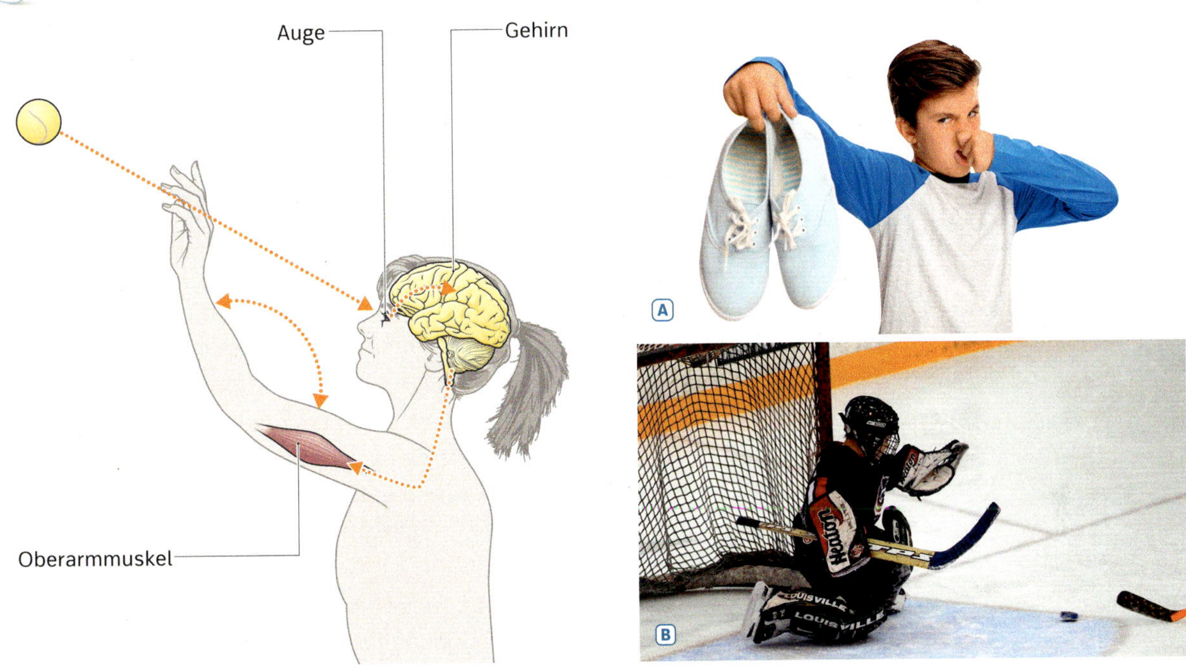

AUFGABEN

Bearbeite die Aufgaben mit Material A, B und C

1 Ordne den Ziffern die Begriffe Ausführungsorgan, Informationsweiterleitung, Sinnesorgan, Reaktion, Informationsverarbeitung und Reiz zu. ●○○

2 Zeichne für das den Ball fangende Mädchen ein Reiz-Reaktions-Schema. Ergänze in den Kästen jeweils folgende Formulierungen: Auge, Ball, leitet Information weiter, Mädchen fängt den Ball, verarbeitet Information, Arm wird angehoben. ●●○

3 Zeichne für eine der in den Fotos abgebildeten Situationen ein Reiz-Reaktions-Schema. ●●●

1 Auf dem Rückweg vom Einkaufen:
A Kind mit den Wasserflaschen;
B Vater mit den Wasserflaschen

2.1 Vom Schätzen zum Messen

Auf dem Rückweg vom Einkaufen tragen Vater und Kind beide einen Sechserpack Wasser. Das Kind sagt zu seinem Vater: „Das Wasser ist so schwer". Der Vater findet das nicht. Wer hat Recht? Und wie kann das gemessen werden?

Leicht oder schwer – Der Sinneseindruck „schwer" sagt etwas über das Gefühl des Trägers aus und ist schlecht überprüfbar. Daher muss dieser Sinneseindruck messbar gemacht werden.

2 Stiftwaage

Die Stiftwaage – Wird eine Stoppuhr auf die linke Seite einer Balkenwaage gelegt, senkt sie sich auf dieser Seite. Auf der anderen Seite werden so lange Stifte hinzugefügt, bis die Balkenwaage im **Gleichgewicht** ist. Hier wiegt die Stoppuhr so viel wie sieben Stifte.
Wird die Stoppuhr durch einen anderen Gegenstand ersetzt, gerät die Waage aus dem Gleichgewicht. Müssen Stifte weggenommen werden, damit die Waage wieder ins Gleichgewicht kommt, ist der neue Gegenstand leichter. Müssen Stifte dazugelegt werden, ist der Gegenstand schwerer. Der Sinneseindruck „leicht" oder „schwer" wird somit messbar.
Um ein allgemein gültiges Maß für das Messen der Schwere eines Körpers zu haben, wird in den Naturwissenschaften der Begriff der **Masse,** abgekürzt ***m*****,** verwendet. Sie wird in Gramm, abgekürzt g, oder Kilogramm, abgekürzt kg, gemessen. Mit der Zuordnung 1 Stift = 6 g kann auch die Masse der Stoppuhr angegeben werden:
Sie beträgt: $m = 7 \cdot 6\ \text{g} = 42\ \text{g}$.

Messgeräte – Als Messgerät für die Masse eignet sich neben einer Balkenwaage auch jede andere Art von Waage. Meist wird das Messergebnis direkt in der gewünschte Einheit angezeigt. Weitere Beispiele sind das Maßband, das die Entfernung und eine Uhr, die die Zeitdauer in Sekunden misst. Damit werden auch andere Sinneseindrücke wie „weit weg“ oder „dauert lang“ messbar.

Sinneseindruck	Messgerät
„weit weg“	Maßband
„dauert lange“	Uhr
„teuer“	Kasse
„leicht“	Waage
„schnell“	Tachometer
„hoch“	Zollstock

3 Sinneseindrücke und deren Messgeräte

Kalibrierung – Natürlich wäre es auch möglich, für die Masse völlig andere Maße und Einheiten zu verwenden. Im englischsprachigen Raum wird beispielsweise das „Pound“ verwendet: 1 Pound entspricht ungefähr 454 Gramm. Die „Stiftwaage“ aus Abbildung 2 wäre auch in England benutzbar, da ungefähr 76 Stifte 1 Pound entsprechen. Eine solche Zuordung der Messgröße „Stifte“ zur genutzten Einheit heißt **Kalibrierung**. Ein anderes Beispiel hierfür ist die Kalibrierung eines Thermometers anhand des Gefrierpunktes und des Siedepunktes von Wasser.

Durch Messgeräte und Einheiten werden Sinneseindrücke messbar und vergleichbar.

MATERIAL MIT AUFGABEN

A Messen und Kalibrieren

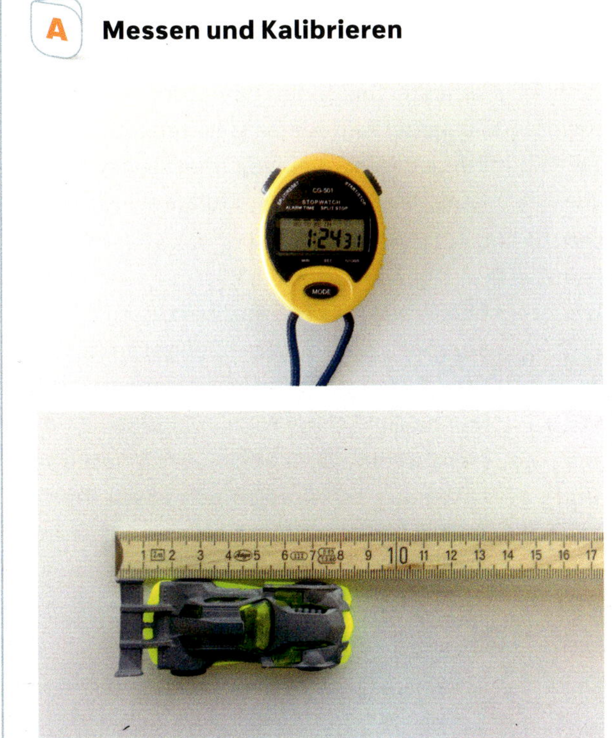

1 Die Abbildungen zeigen zwei verschiedene Messmethoden. Lege eine Tabelle an, in der du die jeweils gemessene Größe, den jeweiligen Wert sowie das verwendete Messgerät einträgst. Ergänze geeignet. ●○○

2 Für die Messgröße „Länge“ sind verschiedene Messgeräte und ganz unterschiedliche Einheiten gebräuchlich. Nenne wenigstens drei Messgeräte und drei gebräuchliche Einheiten. ●●○

a) Schätze zunächst die Länge eines Tisches. ●○○

b) Miss die Tischlänge danach mit der Spanne deiner Hand. Das ist der Abstand zwischen gestrecktem Daumen und Zeigefinger. ●○○

c) Kalibriere deine Spannen, indem du mit einem Lineal deine Spanne in Zentimeter umrechnest. Gib dann auch die Tischlänge in Zentimeter an. ●●●

4 Zeitmessungen: **A** Schnecke; **B** Bobfahrer

Messen und Skala – Beim Messen des zurückgelegten Wegs einer kriechenden Schnecke wird die Länge der Strecke mit der aufgedruckten Skala eines Maßbands verglichen. So kann der Messwert direkt abgelesen werden. „Messen“ bedeutet, dass für eine gesuchte Größe der Wert immer mit einer vorgegebenen Skala verglichen wird. So hat zum Beispiel die Schnecke in einer Stunde eine Strecke von 15 Zentimetern zurückgelegt. Dabei ist es wichtig, für jede Messgröße auch immer die verwendete Einheit anzugeben. „Ein Meter“ klingt wenig, ist aber im Vergleich zu 15 Zentimetern recht viel.

Messgenauigkeit – In manchen Situationen ist auch die Messgenauigkeit von besonderer Bedeutung. Beispielsweise werden beim Bobfahren sehr große Geschwindigkeiten erreicht. Dadurch wird viel Weg in einer gewissen Zeit zurückgelegt. Um die Ergebnisse der Bobfahrer auf einer Rodelbahn bestmöglich miteinander vergleichen zu können, wird die Zeit in tausendstel Sekunden gemessen.
Für eine Zeitmessung in tausendstel Sekunden kriecht eine Schnecke viel zu langsam. Hier reicht es, in Stunden und Minuten zu messen.

Die Wahl des Messgeräts – Zur Messung der Zeit, die eine Schnecke für einen Weg benötigt, wird eine Uhr verwendet. Die Masse der Schnecke würde mit einer Waage bestimmt. Die Länge der Schnecke kann mit einem Geodreieck gemessen werden. Immer bestimmt die interessierende Größe die Wahl des Messgeräts.

Für Messungen muss ein geeignetes Messgerät mit einer passenden Skala verwendet werden.

STREIFZUG

Erwärmung von Wasser

Manchmal ist nicht von vornherein klar, welches Messgerät zur Untersuchung einer Entdeckung verwendet werden soll. Oft müssen erst Beobachtungen erfolgen, um zu entscheiden, was mit welchem Gerät erforscht werden soll.

Bei der Untersuchung von Wasser in einem dünnen Glasgefäß haben Forscher eine überraschende Entdeckung gemacht: Bei Erwärmung des eingesperrten Wassers ist die Wasserhöhe angestiegen, bei Abkühlung ist sie gefallen. Offenbar dehnt sich Wasser bei Erwärmung aus – eine spannende Entdeckung!

METHODE

Darstellen von Messwerten

Bei den meisten Versuchen im Physikunterricht werden Messungen durchgeführt. Die Messwerte müssen übersichtlich dargestellt werden, damit Erkenntnisse aus dem Versuch gewonnen werden können. In diesem Versuch wird Wasser in einem Becherglas erhitzt. Alle zwei Minuten wird die Steighöhe des Wassers gemessen.

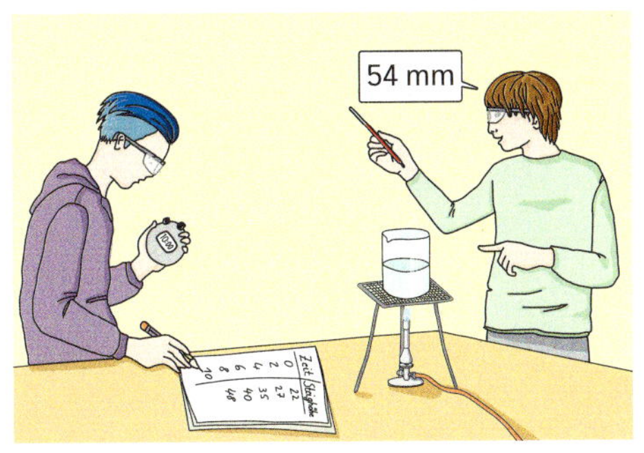

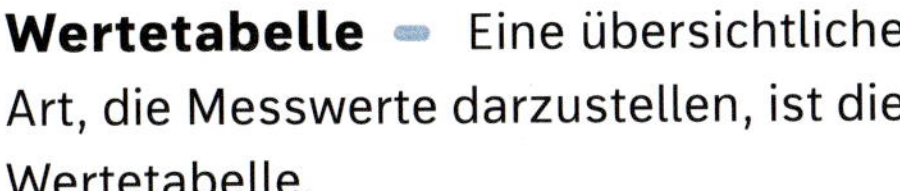

Wertetabelle – Eine übersichtliche Art, die Messwerte darzustellen, ist die Wertetabelle.
Weil in diesem Beispiel zu verschiedenen Zeiten die Steighöhe des Wassers gemessen wird, besteht die Wertetabelle aus einer Spalte für die Zeit und einer für die Steighöhe. Die Einheiten stehen mit in der Überschrift der Spalte. Vor dem Zeichnen der Tabelle muss überlegt werden, wie viele Zeilen gebraucht werden.
Nachdem die Messwerte in der Tabelle notiert worden sind, werden die jeweiligen Messwertpaare von Zeit und Steighöhe in ein Diagramm eingetragen.

Zeit in Minuten	Steighöhe in Millimeter
0	22
2	27
4	35
6	40
8	48
10	54

Diagramm – Obwohl die Steighöhe nur alle zwei Minuten gemessen wurde, hat das Wasser zu jeder Zeit eine bestimmte Steighöhe. Weil ständig Wärme zugeführt wird, steigt die Wassersäule an. Zudem treten bei jeder Messung Ungenauigkeiten auf. Diese werden berücksichtigt, indem die Messpunkte nicht direkt miteinander verbunden werden, sondern eine Ausgleichsgerade durch die Punkte gezeichnet wird. Mithilfe dieser Geraden können nun auch Werte bestimmt werden, die nicht in der Tabelle stehen.

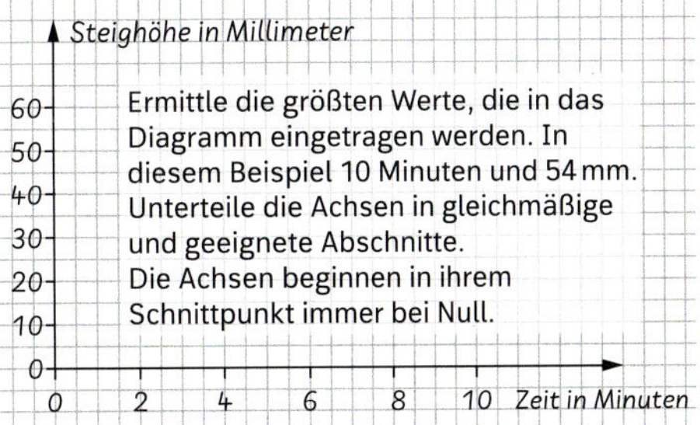

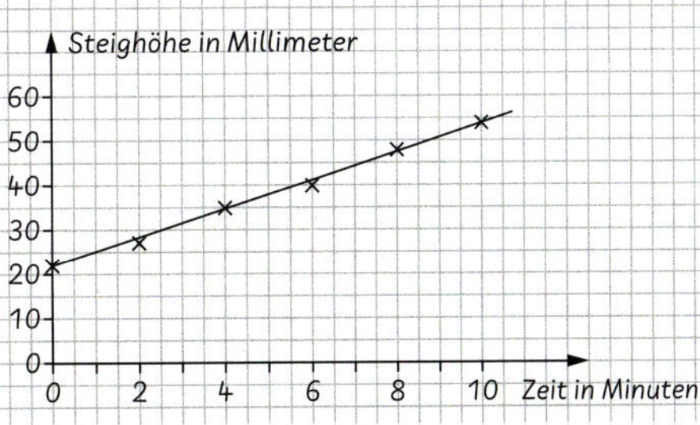

Aus dem Diagramm kann die Steighöhe nach 7 Minuten abgelesen werden, es sind ungefähr 44 mm.

1 Geräte zur Erweiterung der Sinnesleistungen: **A** Fernglas; **B** Hundepfeife

2.2 Die Sinneswahrnehmung erweitern

Augen, Ohren, Nase und Haut sind Sinnesorgane. Mit ihnen nehmen der Mensch und die Tiere Reize aus der Umwelt wahr. Aber nehmen diese Sinnesorgane wirklich alles auf?

Das Fernglas – Von einem Aussichtspunkt lässt sich gut in die Ferne schauen. Jedoch sind die weit entfernten Häuser, Bäume und Schilder nicht mehr so gut zu erkennen wie die nahe gelegenen.

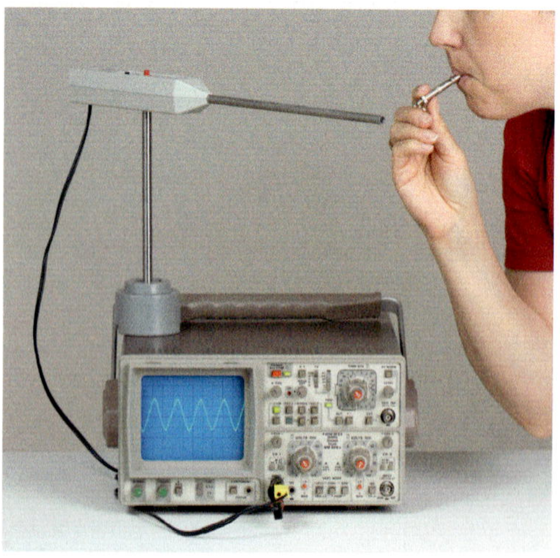

2 Versuch mit Hundepfeife

Erst mithilfe eines Fernglases können auch weit entfernte Einzelheiten gut sichtbar gemacht werden. Ein Fernrohr hilft dem Auge „mehr" wahrzunehmen als ohne Hilfsmittel. Also wird so der Sinneseindruck der Augen erweitert.

Hundepfeife – Manche Hundebesitzer haben eine Hundepfeife. Anders als bei der Trillerpfeife ertönt überraschenderweise kein Ton, wenn der Hundebesitzer in diese Pfeife hineinbläst. Trotzdem reagiert der Hund und kommt zum Hundebesitzer zurück.

Experiment mit Hundepfeife – Hört der Hund einen Ton, der vom Menschen nicht wahrgenommen wird? Um das herauszufinden, wird die Hundepfeife vor ein Mikrofon gestellt und hineingeblasen. Das Mikrofon zeichnet Schallwellen auf, die von der Hundepfeife ausgehen und so sichtbar gemacht werden können. Mit unserem Ohr hören wir die Töne allerdings nicht. Sie liegen außerhalb unseres Wahrnehmungsbereichs.

UV-Licht – Die Augen des Menschen unterscheiden Farben. Es gibt jedoch eine Art von Licht, die das menschliche Auge nicht wahrnimmt. Dieses ultraviolette Licht, abgekürzt UV-Licht, kann beim Menschen einen Sonnenbrand verursachen. Das Auge der Biene kann diese Strahlung wahrnehmen. Viele Blüten sind im UV-Licht für die Biene als Nahrungsquelle besonders attraktiv.

3 Bienenauge

Ultraschall – Eine Fledermaus jagt in der Nacht, obwohl sie nichts sehen kann. Um sich trotzdem in der Dunkelheit orientieren zu können, sendet sie Ultraschall aus und empfängt die von Beutetieren oder Hindernissen zurückgeworfenen Echos. Diesen Ultraschall können wir Menschen mit unserem Gehör nicht wahrnehmen.

4 Fledermaus

Nicht alle Reize aus der Umwelt werden von den Sinnesorganen aufgenommen. Hilfsmittel können die Wahrnehmung verbessern und erweitern.

MATERIAL MIT AUFGABEN

A Fledermäuse und Ultraschall

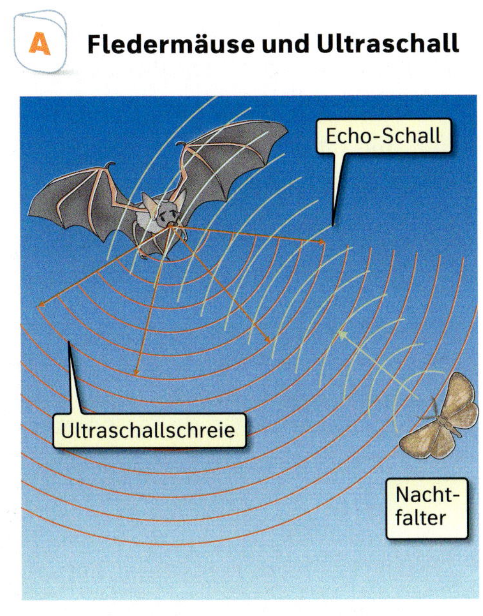

Eine Fledermaus stößt im Flug zehn bis zwölf Peilrufe pro Sekunde zur Orientierung aus. Ortet sie ein Beutetier, erhöht sie die Anzahl der Peilrufe pro Sekunde.

1 Beschreibe die abgebildeten Inhalte. ●○○
2 Erkläre, weshalb es für die Fledermaus von Vorteil ist, sich per Ultraschall orientieren zu können. ●●○
3 Erkläre, weshalb die Fledermaus die Anzahl der Peilrufe erhöht, wenn sie ein Beutetier ortet und sich ihm nähert. ●●●

1 Wärmeempfinden:
A Stahlarbeiter am Hochofen;
B Versuch zum Wärmeempfinden

2.3 Temperaturen messbar machen

Um sich vor der extremen Hitze am Hochofen zu schützen, muss der Arbeiter Sicherheitskleidung tragen. Geht er nach der Arbeit ins Freie, wird er die Luft auch an einem heißen Sommertag als angenehm kühl empfinden. Die Wahrnehmung eines Menschen kann also kein Maß dafür sein, wie kalt oder warm es tatsächlich ist. Wie kann Temperatur besser gemessen werden?

Anders Celsius 1756–1803

Versuch – Zunächst hält eine Person eine Hand in eine Schüssel mit kaltem Wasser und die andere Hand in eine Schüssel mit warmem Wasser. Nach etwa einer Minute taucht sie die Hände gleichzeitig in lauwarmes Wasser. Der Hand, die aus dem kalten Wasser kommt, erscheint das lauwarme Wasser warm, der anderen kalt.

Temperatur – Unser Wärmeempfinden kann offenbar kein Maß dafür sein, wie warm ein Körper ist. Im täglichen Leben und in der Technik werden aber genaue Angaben gebraucht. Das Maß muss unabhängig vom menschlichen Empfinden sein und überall in der Welt in gleicher Weise gelten.

Thermometer – Die physikalische Größe **Temperatur** gibt an, wie warm ein Körper ist. Temperaturen werden mit einem Thermometer gemessen und durch ein Formelzeichen, einen Zahlenwert und eine Einheit angegeben.
Die Einheit der Temperatur ist nach dem Arzt und Physiker Anders Celsius benannt. Mit der Temperatur kann die Hitze am Hochofen physikalisch beschrieben werden. Die normale Raumtemperatur beträgt etwa 20 Grad Celsius. Flüssiger Stahl dagegen hat eine Temperatur von etwa 1400 Grad Celsius.

Die physikalische Größe Temperatur gibt an, wie warm ein Körper ist. Das Messgerät ist das Thermometer. Das Formelzeichen der Temperatur ist der griechische Buchstabe Theta: ϑ. Die Einheit ist 1 °C, ein Grad Celsius.

Flüssigkeitsthermometer Da sich Flüssigkeiten bei Erwärmung ausdehnen, sind sie besonders gut für die Verwendung in Thermometern geeignet. Im Vorratsgefäß und im Steigrohr des Thermometers befindet sich die eingefärbte Flüssigkeit. An der Oberkante der Flüssigkeitssäule kann mithilfe der angebrachten Skala die Temperatur abgelesen werden. Das abgebildete Thermometer zeigt zum Beispiel eine Temperatur von 33 ° Celsius an.
Mit solchen Thermometern können Temperaturen im Bereich zwischen – 80 ° Celsius und + 110 ° Celsius gemessen werden.

Digitalthermometer Die Temperaturmessung erfolgt hier elektronisch. Der Wert wird direkt auf einem Display angezeigt, im abgebildeten Beispiel 29,4 ° Celsius. Ein Vorteil dieser Thermometer ist, dass der Messfühler weit vom Display entfernt sein kann. Die Übertragung der Signale erfolgt mithilfe von Kabeln oder per Funk.

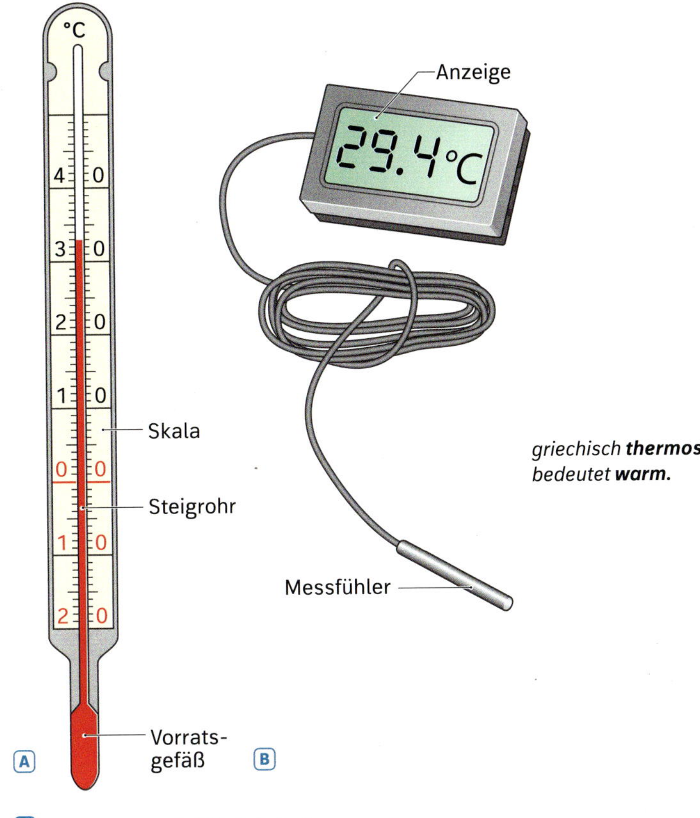

2 Thermometer: **A** Flüssigkeitsthermometer; **B** Digitalthermometer

*griechisch **thermos** bedeutet **warm.***

MATERIAL MIT AUFGABEN

A Arten von Thermometern

1 Gib die Temperaturen an, die diese drei Thermometer jeweils anzeigen. ●○○

2 Beschreibe, für welchen Einsatz die drei gezeigten Thermometer jeweils geeignet sind. ●●○

3 Das Wärmeempfinden ist subjektiv, also für jeden Menschen anders. Beschreibe weitere Beispiele, in denen sich das Wärmeempfinden und die tatsächliche Temperatur unterscheiden. ●●○

4 Informiere dich im Internet, wie die Temperatur von flüssigem Stahl gemessen werden kann, der gerade aus dem Hochofen ausfließt. Schreibe dazu Stichpunkte auf. ●●○

STREIFZUG

Fieberthermometer

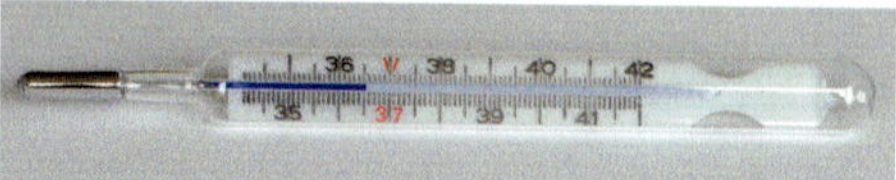

3 Fieberthermometer mit Flüssigkeitsfüllung

4 Digitales Fieberthermometer

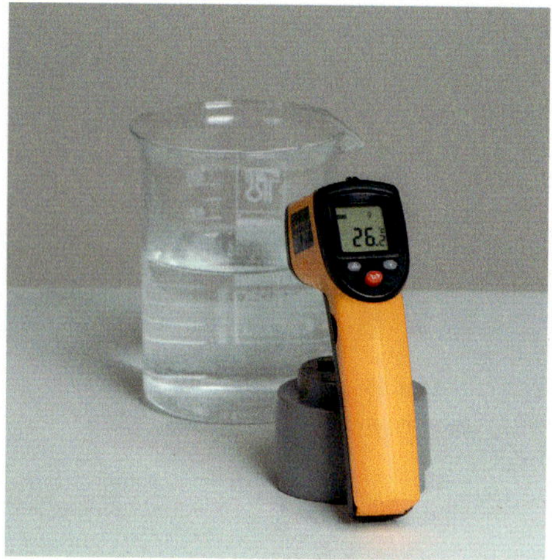

5 Berührungsloses Fieberthermometer

Ein Fieberthermometer **mit Flüssigkeitsfüllung** hat am Anfang des Steigrohrs eine Engstelle, die verhindert, dass die Flüssigkeit nach dem Messen zurückläuft. Dadurch kann die Temperatur auch dann noch abgelesen werden, wenn sich das Thermometer nicht mehr an der Messstelle befindet. Vor einer neuen Messung muss die Flüssigkeit wieder heruntergeschüttelt werden.

Mit dem **digitalen** Fieberthermometer wird die Körpertemperatur elektronisch bestimmt. Ein Piep-Ton macht erkennbar, wenn die Messung abgeschlossen ist.

Das **berührungslose** Fieberthermometer registriert in Form von Infrarotstrahlung die Wärme, die von der Haut abgegeben wird. Elektronisch wird daraus die Temperatur berechnet. Der Temperaturwert wird schon nach kurzer Zeit auf dem Display angezeigt und ist bis zur nächsten Messung gespeichert.

MATERIAL MIT AUFGABEN

Wärmebildkamera

1 Beschreibe, was die Wärmebildkamera auf dem Foto misst. ●○○

2 Vergleiche mit dem berührungslosen Fieberthermometer. ●●○

3 Ermittle mithilfe der Skala jeweils die Temperaturen des Dachs und des gelb gefärbten Mauerwerks ●○○

4 Gib den kältesten Punkt des Hauses an. ●○○

5 Nenne einen Vorteil und einen Nachteil der Temperaturmessung mit der Wärmebildkamera. ●●●

PRAKTIKUM

A Kalibrieren eines Thermometers

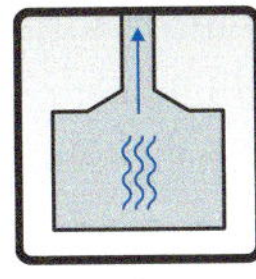
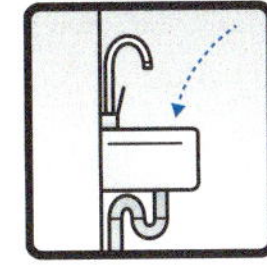

Gefahrenhinweise
Vorsicht vor Verbrennungen an der heißen Heizplatte!
Vorsicht beim Umgang mit dem siedenden Wasser, das Umkippen und Verbrennungen verursachen kann!

Materialien:
Zwei Bechergläser; Wasser; Eiswürfel; Thermometer ohne Skala; Lineal; Folienstift; Heizplatte; Papier; Schere; Lineal

Durchführung:
Fülle 100 Milliliter Wasser in das Becherglas und lege eine Handvoll Eiswürfel dazu. Stelle das Thermometer ohne Skala in das Eiswasser und rühre gut um. Bleibt die Flüssigkeitssäule des Thermometers auf gleicher Höhe, markiere diese Stelle des Thermometers mit einem Folienstift. Hier beträgt die Temperatur Null Grad Celsius.
Nimm das andere Becherglas und fülle wieder 100 Milliliter Wasser hinein. Stelle es mit dem Wasser auf die Heizplatte und bringe das Wasser zum Kochen. Steigt die Flüssigkeitssäule nicht mehr, markiere diese Stelle des Thermometers mit dem Folienstift. Hier beträgt die Temperatur 100 Grad Celsius. Das Wasser siedet und verdampft.
Miss mit dem Lineal den Abstand zwischen den markierten Stellen auf dem Thermometer. Übertrage die Strecke zwischen den beiden markierten Stellen auf das Papier. Unterteile den Abstand zwischen Null Grad Celsius und 100 Grad Celsius in zehn gleiche Abstände auf dem Papier. Lege anschließend das Papier neben das Thermometer und übertrage alle Markierungen auf das Thermometer.

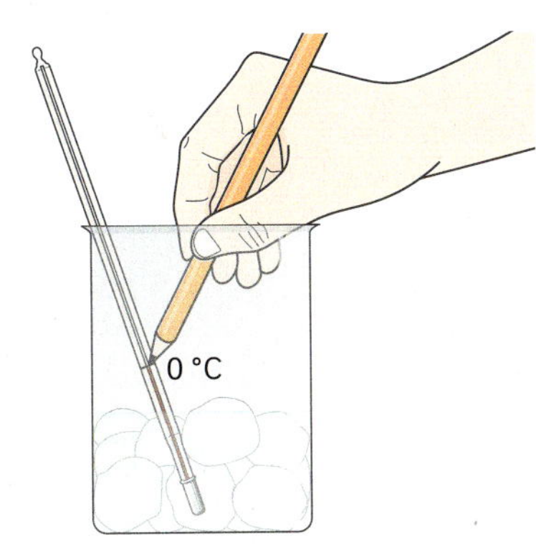

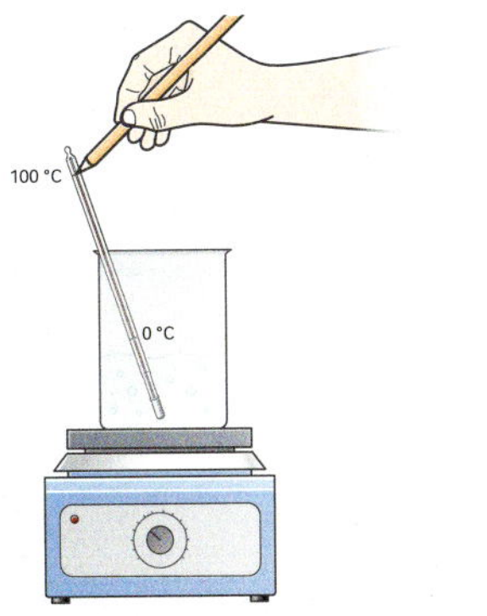

Alles auf einen Blick

2.1 Vom Schätzen zum Messen

Ein Sinneseindruck wie „schwer" wird in den Naturwissenschaften in ein allgemeingültiges Maß überführt. Es wird der Begriff **Masse** verwendet. Sie wird oft in Gramm oder Kilogramm angegeben. Zum Messen der Masse werden Waagen verwendet. Für das Messen weiterer Sinneseindrücke stehen **Messgeräte** wie beispielsweise ein Maßband für die Entfernung oder eine Uhr für die Zeitdauer zur Verfügung. Die Wahl des Messgerätes hängt von der zu messenden Größe ab. Gemessen wird, indem der gesuchte Wert mit einer vorgegebenen Skala verglichen wird. So kriecht eine Schnecke in einer Stunde etwa vier Meter. Zu jeder Messgröße wird die verwendete Einheit angegeben. Die zurückgelegte Strecke eines Autos misst man dagegen in Metern oder Kilometern, nicht in Zentimetern. Die Zuordnung einer Messgröße zu einer verwendeten Einheit heißt **Kalibrierung.** Ein Thermometer wird beispielsweise mithilfe von Gefrier- und Siedepunkt des Wassers kalibriert.

2.2 Die Sinneswahrnehmung erweitern

Menschen nutzen **Ferngläser,** um sehr weit entfernte Gegenstände zu beobachten, die mit bloßem Auge nicht mehr zu sehen wären. Über ein Mikrofon können **Schallwellen** aufgezeichnet und mithilfe von Geräten sichtbar gemacht werden, die das menschliche Ohr im Gegensatz zum Hund nicht hört. Die **UV-Strahlen** der Sonne reizen die Sinneszellen im Auge nicht. Im Gegensatz zum Menschen können Bienen diese Strahlung sehen.

Die Fledermaus stößt während ihres Fluges Rufe aus, die der Mensch nicht hören kann. Sie empfängt die von Beutetieren und Hindernissen zurückgeworfenen Echos dieser **Ultraschall-Rufe.** So orientiert sich die Fledermaus im Raum und fängt ihre Beutetiere.

2.3 Temperaturen messbar machen

Die Empfindungen Kalt und Warm werden in den Naturwissenschaften mit der Größe **Temperatur** messbar gemacht. Temperaturen werden mit Flüssigkeitsthermometern oder Digitalthermometern gemessen. Die Temperatur wird in Europa in der Einheit **Grad Celsius** angegeben.

Teste dich

A Grüner Diamant

B Balkenwaage

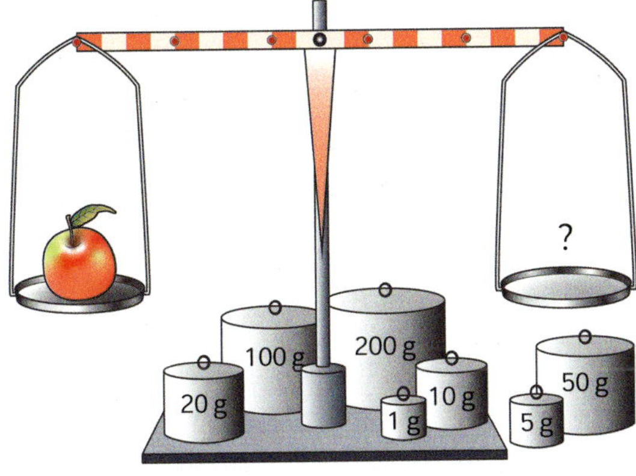

C Temperatur

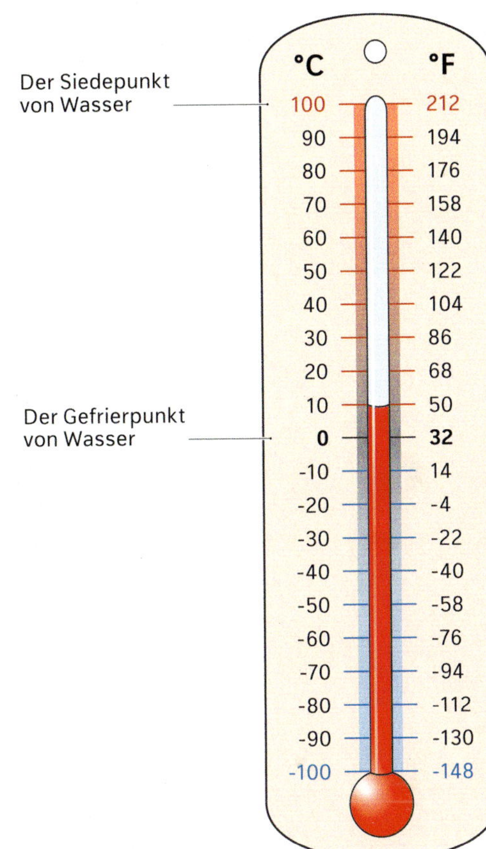

AUFGABEN

Bearbeite die Aufgaben mit Material A, B und C

1 Der Dresdner Grüne Diamant hat 41 Karat. Karat ist die Einheit für die Bestimmung der Masse von Edelsteinen. Fünf Karat entsprechen einem Gramm. Berechne die Masse des Diamanten in Gramm und in Kilogramm. ●●○

2 Herr May hat seiner Frau einen Ring mit einem Diamanten geschenkt. Der Diamant wiegt zwei Gramm. Berechne die Masse in Karat. ●●○

3 Der Apfel wiegt 136 Gramm. Es stehen folgende Wägestücke zur Verfügung 1g, 5g, 10g, 20g, 50g, 100g und 200g. Bring die Waage ins Gleichgewicht. Beschreibe dein Vorgehen. ●●○

4 In Alaska wurden Minus 22 Grad Fahrenheit und in Spanien Plus 40 Grad Celsius gemessen. Gib die beiden Temperaturen in der jeweils anderen Einheit an. ●●○

Vom ganz Kleinen und ganz Großen

Dieses Kapitel hat folgenden Inhalt:

Mit Teleskopen kann man den weit entfernten Planeten Mars beobachten. Auf dem Mars wurden Salzlager entdeckt. Salzkristalle kann man mithilfe eines Mikroskops genauer untersuchen.

1 Wasserflöhe

1.1 Messen, Maß und Einheit

Wasserflöhe leben in seichten Tümpeln und Teichen oder in der Uferzone größerer Gewässer. Sie kommen sehr häufig vor und treten oft massenhaft auf. Es sind sehr winzige Lebewesen, die kaum noch mit dem bloßen Auge zu erkennen sind. Wie groß sind diese Wasserflöhe?

Messen – Um die Körperlänge eines Wasserflohs zu bestimmen, muss er gemessen werden. Zum Messen wird ein Lineal, ein Maßband oder ein Metermaß verwendet. Auf ihnen sind Zahlen aufgetragen. Die Zahlenreihe beginnt immer mit der 1, dann folgen die 2 und die 3. In immer gleichen Abständen folgen aufsteigend die Zahlen bis zum Ende des Lineals. Der Abstand zwischen den Zahlen beträgt immer ein **Zentimeter.** Der Zentimeter, abgekürzt **cm,** wird als das **Maß** bezeichnet. Wird ein Lineal neben einen Gegenstand gelegt, so kann durch Ablesen festgestellt werden, ob er dreimal, fünfmal oder achtmal so lang ist wie ein Zentimeter. Das sind dann drei, fünf oder acht Zentimeter.

lateinisch centesimus = der Hundertste

Die Höhe eines Baumes wird nicht in Zentimetern, sondern in Metern gemessen. Auch der **Meter,** abgekürzt ***m,*** ist ein **Maß.** Der Meter als Maß wurde von Wissenschaftlern zuletzt 1983 festgelegt. Deswegen ist überall auf der Welt ein Meter immer gleich lang. Meter und Zentimeter hängen zusammen. Wird ein Meter in 100 „Stücke" von gleicher Länge geteilt, entspricht ein solches Stück genau einem **Zentimeter.**

Einheit – Wasserflöhe sind sehr winzig. Zum Messen wäre das Maß Zentimeter zu groß. Um die Körperlänge zu messen, werden nur „Stücke" eines Zentimeters gebraucht. Ein solches „Stück" heißt **Millimeter,** abgekürzt **mm.** Auch der Millimeter ist ein Maß. Ein Meter besteht aus 1000 Millimetern. Die erneute Unterteilung eines Millimeters in 1000 „Stücke" führt zu einem unglaublich kleinen Maß, dem **Mikrometer,** abgekürzt µm. Biologen haben bei Wasserflöhen Körperlängen zwischen einem und vier Millimetern gemessen. Auch in ganz kleinen Bereichen bedeutet messen, vergleichen mit einem Maß.

Messen ist ein Vergleich mit einem Maß. Längen werden mit einem Meter, einem Zentimeter, einem Millimeter oder einem Mikrometer verglichen. Diese „Stücke" werden als **Einheit** bezeichnet. Die Einheiten werden immer auf einen Meter als Grundmaß bezogen. Das bedeutet:

1 m = 100 cm

1 m = 1 000 mm

1 m = 1 000 000 µm

lateinisch mille = Tausend

µ = griechischer Buchstabe, gesprochen mü

MATERIAL MIT AUFGABEN

Sprungleistungen im Vergleich

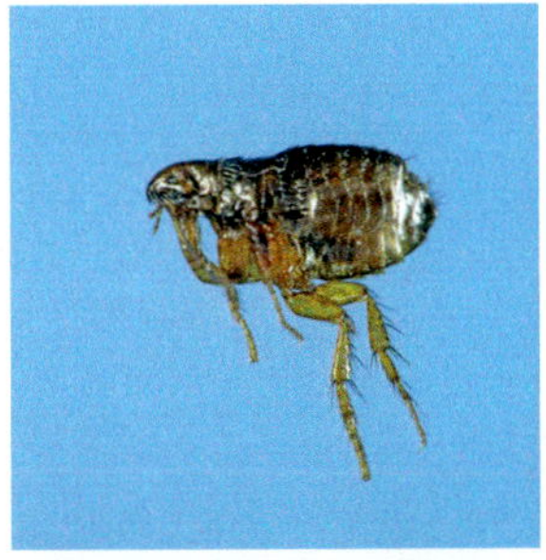

1 Nenne Einheiten von Längen und gib Beispiele an, die damit gemessen werden können. ●○○

2 Ein Floh springt 600 Millimeter hoch. Ein Delfin springt 7 Meter hoch aus dem Wasser. Ein Hochspringer überspringt 245 Zentimeter, ein Stabhochspringer 616 Zentimeter. Ordne die Sprungleistungen nach der Höhe. ●○○

Kleine Gegenstände im Vergleich

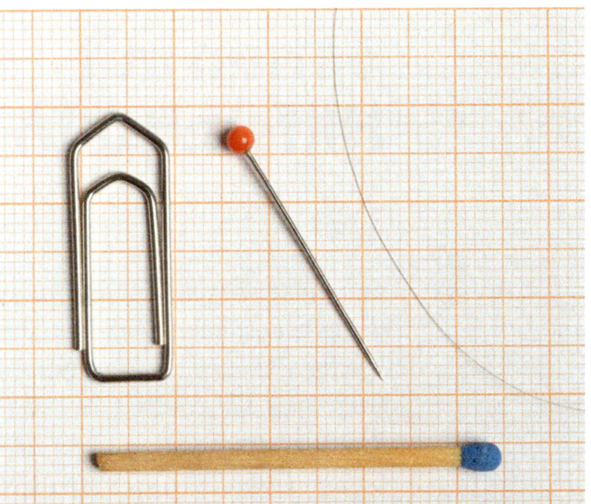

Um die Länge von kleinsten Gegenständen zu bestimmen, wird Millimeterpapier verwendet. Die dünnen Linien haben einen Abstand von einem Millimeter.

1 Bestimme Höhe und Breite der Klammer, der Nadel und des Streichholzes. ●○○

2 Erkläre, weshalb der Durchmesser eines menschlichen Haares nicht mit dem Millimeterpapier bestimmt werden kann. ●●○

1 Wassertropfen auf einer Heidelbeerpflanze

1.2 Sehen mit Hilfsmitteln

Es regnet. Wassertropfen fallen auf eine Heidelbeerpflanze. Auf den Blättern und Früchten bleiben die Wassertropfen liegen. Beim Blick durch einen Wassertropfen auf das Blatt erscheint es hinter dem Wassertropfen vergrößert. Was ist die Ursache für diese Vergrößerung?

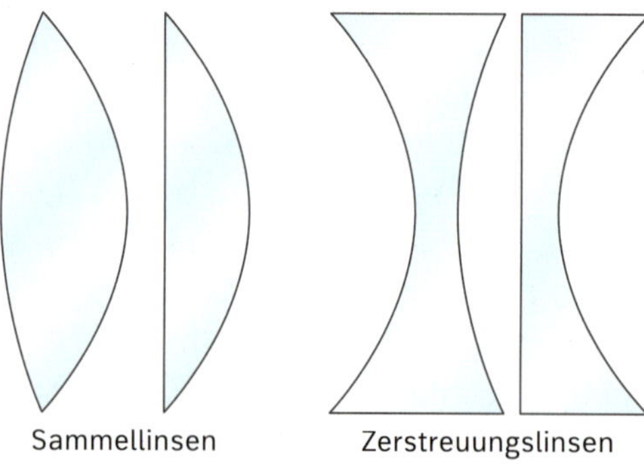

2 Linsenformen

Linsen – Der Wassertropfen hat eine gewölbte Form. Diese Wölbung wird auch als **Krümmung** bezeichnet. Der gewölbte Wassertropfen hat die Form einer **Linse.** Künstliche Linsen sind durchsichtige Körper aus Glas oder aus Kunststoff. Sie haben eine gewölbte Oberfläche. Je stärker die Krümmung einer Linse ist, desto stärker ist die Vergrößerung beim Durchschauen. Der Wassertropfen wirkt wie eine Linse. Die Gegenstände unter dem Wassertropfen erscheinen vergrößert.

Je stärker die Krümmung der verwendeten Linse ist, desto mehr vergrößert erscheint der betrachtete Gegenstand.

Linsen sammeln Licht – Manche Linsen sind in der Mitte dicker als am Rand. Trifft Licht auf eine solche Linse, so werden die Lichtstrahlen abgelenkt. Sie sammeln sich in einem Punkt hinter der Linse. Je stärker die Krümmung der Linse ist, desto näher liegt dieser Punkt an der Linse. Linsen, die das Licht in einem Punkt sammeln, heißen **Sammellinsen.** Wenn das Sonnenlicht durch eine Sammellinse scheint, dann wird es im Sammelpunkt hinter der Linse so heiß, dass trockenes Papier entzündet werden kann.
Manche Linsen sind in der Mitte dünner als am Rand. Treffen zwei Lichtstrahlen, die nebeneinander verlaufen, auf eine solche Linse, dann laufen sie danach auseinander. Diese Linsen zerstreuen das Licht. Sie heißen **Zerstreuungslinsen.**

Sammellinsen erzeugen Bilder – Mit einer Sammellinse kann ein scharfes Bild erzeugt werden, wenn der betrachtete Gegenstand den richtigen Abstand von der Linse hat. Ist die Entfernung zu groß oder zu klein, dann erscheint der Gegenstand unscharf. Bei richtigem Abstand erscheint der betrachtete Gegenstand stärker vergrößert.

Verwendung von Linsen – Lupen werden nach der Stärke der Vergrößerung unterschieden. Lupen sind Sammellinsen. Sie gibt es in vielen Geräten. Beispiele sind:

- Brillen und Kontaktlinsen
- Teleskope und Ferngläser
- Mikroskope und Kameras

In einem **Mikroskop** sind mehrere sehr stark gewölbte Linsen eingebaut. Dadurch wird ein kleiner Gegenstand sehr stark vergrößert. Bei sehr guten Mikroskopen kann mit einer geeigneten Linsenkombination eine mehr als 1 000-fache Vergrößerung erreicht werden.

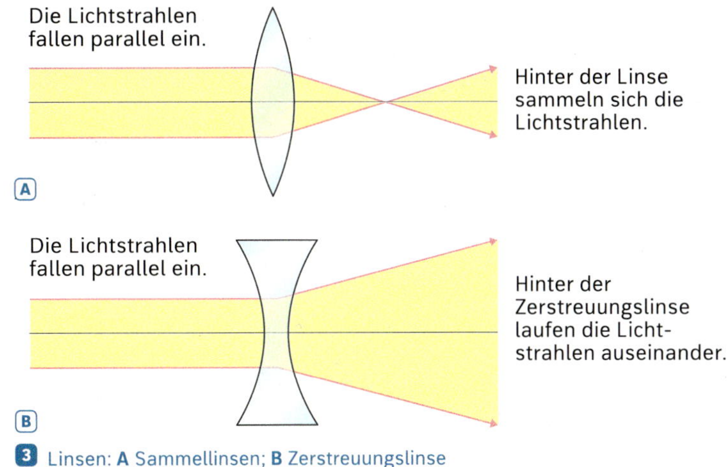

3 Linsen: **A** Sammellinsen; **B** Zerstreuungslinse

PRAKTIKUM

A Bau einer Lupe

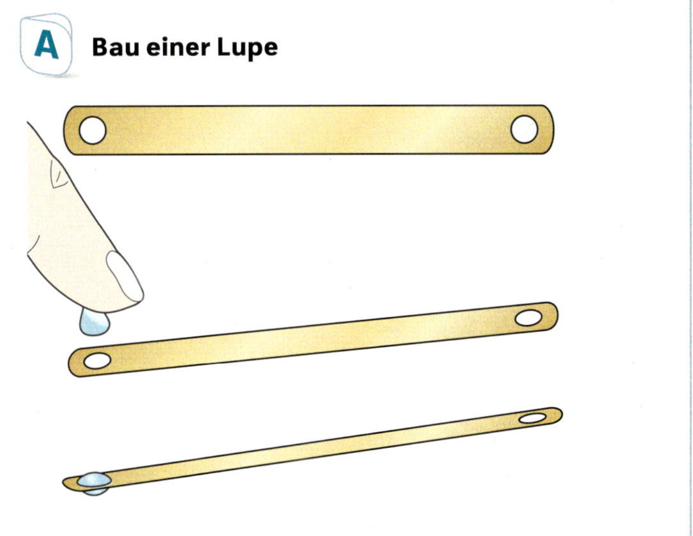

Materialien:
Steg eines Schnellhefters; Schulbuch; Becherglas mit Wasser gefüllt

Durchführung:
Gib in eine der beiden Öffnungen des Steges einen Tropfen Wasser. Halte den Steg über einen Text in deinem Schulbuch. Schau durch den Wassertropfen auf den Text. Verändere den Abstand des Steges zum Text, bis er gut zu lesen ist.

Aufgaben:
1 Beschreibe deine Beobachtungen. ●●○
2 Nenne die Unterschiede zwischen Sammel- und Zerstreuungslinsen. ●●○

1 Sternmoos: **A** Pflanze; **B** Zellen aus dem Blättchen des Sternmoos (lichtmikroskopische Aufnahme)

1.3 Die Zelle im Lichtmikroskop

Betrachtet man das Blättchen eines Sternmoos unter dem Lichtmikroskop, erkennt man ein Linienmuster, das an ein Netz erinnert. Die eckig verlaufenden Linien begrenzen kleine, wasserhell erscheinende Bereiche. Man nennt sie ***Zellen.*** *Wie ist eine Zelle aufgebaut?*

Zellbestandteile – Jede Pflanzenzelle ist von einer **Zellwand** umgeben. Sie verleiht ihr Festigkeit und bestimmt ihre Gestalt. Im Inneren der Zelle befindet sich eine zähe Flüssigkeit, das **Zellplasma.** Dieses wird von einer feinen, elastischen Begrenzung, der **Zellmembran** umhüllt. Das Zellplasma jeder Zelle enthält einen **Zellkern.** Er ist ein rundliches Gebilde, das alle Lebensvorgänge in der Zelle steuert. Im Zellplasma liegt ein mit Zellsaft gefüllter Raum, die **Vakuole.** Der Zellsaft kann Farb-, Speicher- oder Abfallstoffe enthalten. So ist zum Beispiel die violette Farbe von Rotkohl auf den violetten Farbstoff in den Vakuolen der Blattzellen zurückzuführen.

Zellbestandteile und Energie – Der grüne Farbstoff in den Zellen des Sternmoosblättchen liegt dagegen in Zellbestandteilen, die wie Körner aussehen. Diese enthalten den Farbstoff **Chlorophyll,** den man auch Blattgrün nennt. Daher nennt man die Körner auch Blattgrünkörner. Biologen bezeichnen sie als **Chloroplasten.** Sie haben die Aufgabe, Nährstoffe für die Pflanzen aufzubauen. Meist sind sie so zahlreich, dass sie den Zellkern verdecken. In manchen Zellen sieht man die Chloroplasten nur in der Nähe der Zellwand. Zellkern und Chloroplasten sind durch Membranen abgeschlossene Zellbereiche.

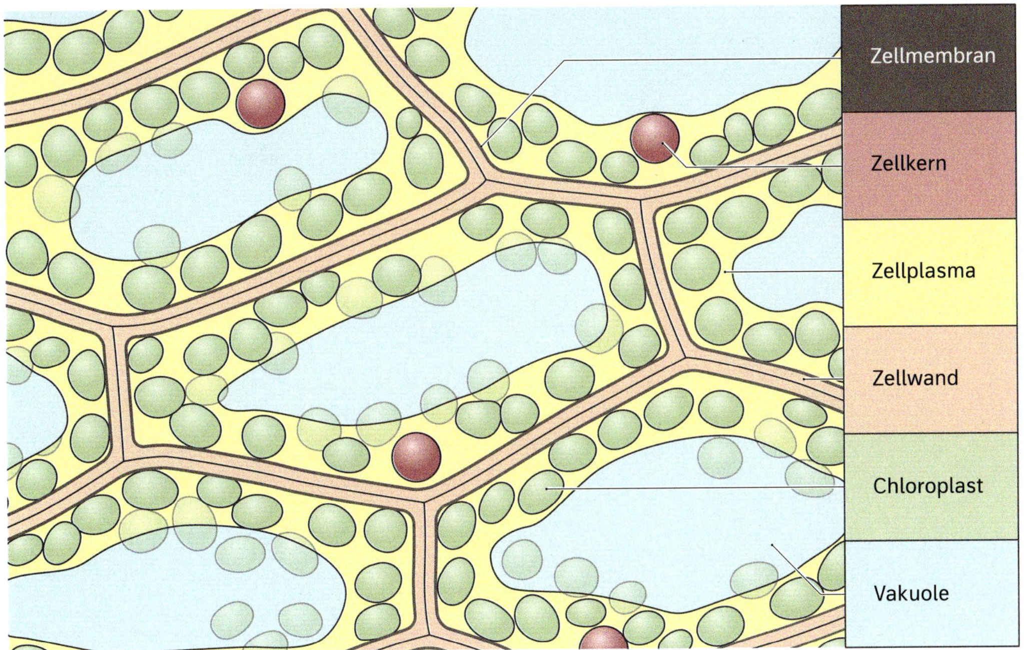

2 Schema der Zellen aus dem Blatt des Sternmooses

In ihnen können gleichzeitig unterschiedliche Vorgänge ablaufen, ohne dass sich diese gegenseitig stören. So kann zum Beispiel in den Chloroplasten Glucose gebildet werden. In einem anderen Zellbestandteil wird gleichzeitig Glucose abgebaut. Er ist nur bei starker Vergrößerung unter dem Lichtmikroskop als ein winziges Pünktchen sichtbar. Dabei handelt es sich um ein längliches, von Membranen umhülltes Gebilde, das man **Mitochondrium** nennt. Beim Abbau der Glucose in der Zelle wird die in der Glucose enthaltene Energie freigesetzt. Die Energie steht der Zelle nun zur Verfügung. Da das Mitochondrium am Abbau der Glucose und der Energiefreisetzung beteiligt ist, bezeichnet man Mitochondrien als „Kraftwerke der Zelle“.

MATERIAL MIT AUFGABEN

A Zellmodell

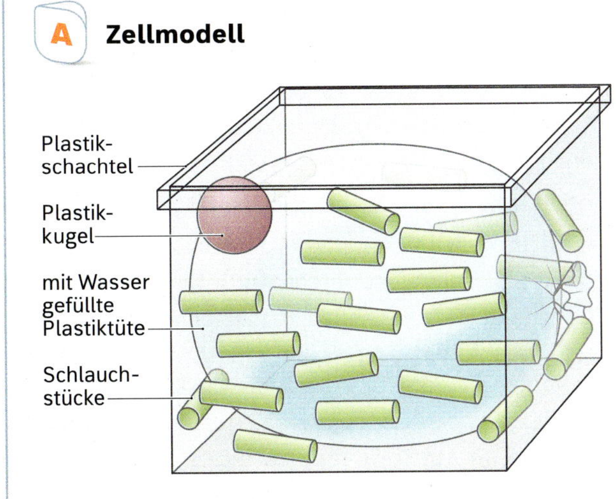

1 Nenne die Bestandteile einer Zelle, die im Zellmodell zu erkennen sind. ●○○
2 Nenne Bestandteile einer Zelle, die nicht im Modell zu erkennen sind. ●○○
3 Nenne Zellbestandteile, die durch eine Membran abgegrenzt sind. ●○○
4 Erkläre, weshalb es wichtig ist, dass durch Membranen abgegrenzte Zellbereiche entstehen. ●●○
5 Erläutere, was mit dem Modell veranschaulicht werden kann und was nicht. ●●●

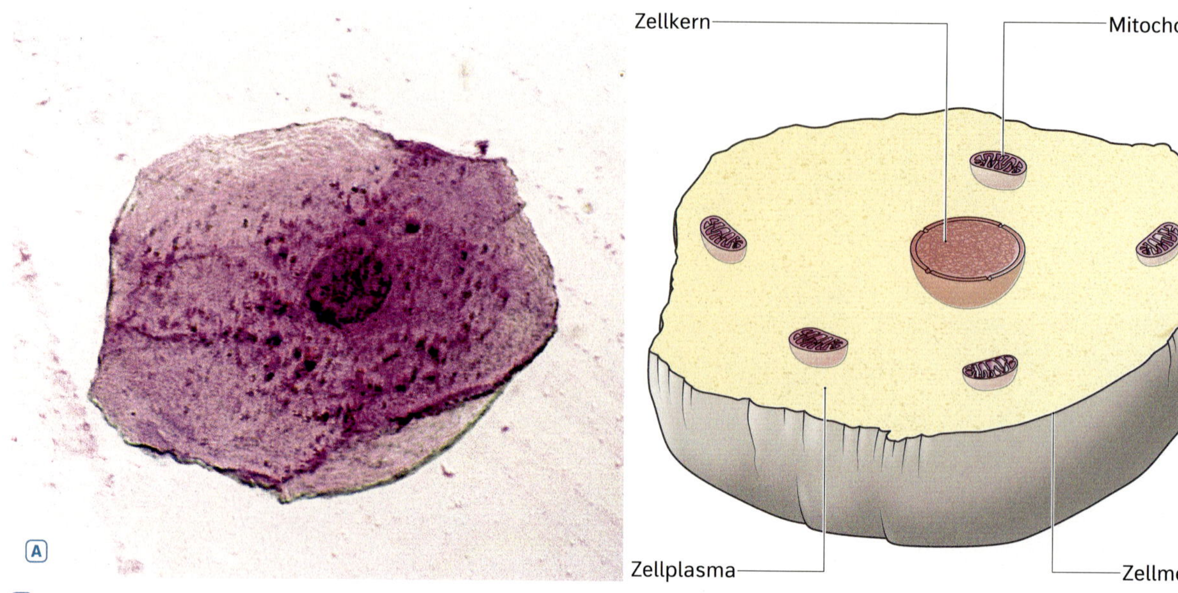

3 Mundschleimhautzelle: **A** lichmikroskopische Aufnahme; **B** Schema

Tier- und Pflanzenzelle Auch der Körper eines Tieres und eines Menschen ist wie die Pflanzen aus Zellen aufgebaut. Die Mundschleimhautzellen sind wie alle Tierzellen vollständig von Zellplasma ausgefüllt. Im Gegensatz zu den Pflanzenzellen haben sie keine Vakuole. Der Zellkern liegt in der Mitte der Zelle und nicht wie bei der Pflanzenzelle am Rand. Die Mitochondrien sind in der Tierzelle über das gesamte Zellplasma verteilt. Die meisten Tierzellen sind kleiner als Pflanzenzellen. Da die Tierzelle keine Zellwand wie die Pflanzenzelle besitzt, ist sie weich und biegsam. Sie wird nur von einer feinen, elastischen Zellmembran umhüllt und kann daher leichter als Pflanzenzellen zerreißen. Chloroplasten fehlen in der Tierzelle ebenfalls. Deshalb kann in der Tierzelle keine Glucose gebildet werden. Tiere und Menschen müssen ihre Nährstoffe mit der Nahrung aufnehmen. Während des Wachstums eines Lebewesens, aber auch bei ausgewachsenen Lebewesen, müssen ständig neue Zellen gebildet werden. Diesen Vorgang nennt man **Zellteilung.**

MATERIAL MIT AUFGABEN

B Mikroskopische Aufnahme von Zellen

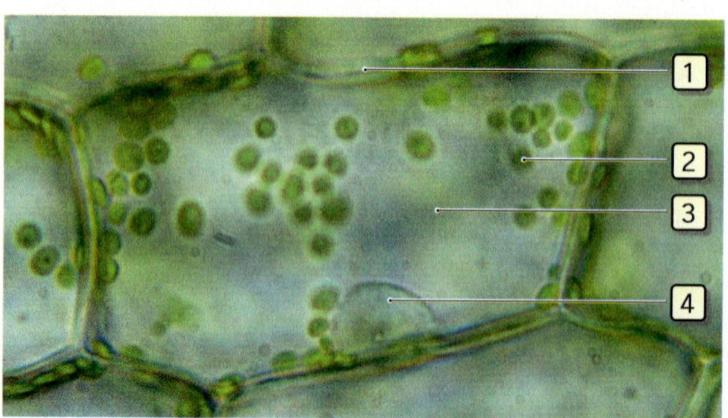

1 Ordne den Ziffern die Fachbegriffe zu.
2 Beschreibe für die abgebildeten Zellbestandteile jeweils ihre Funktion.
3 Nenne Gemeinsamkeiten und Unterschiede bei Tier- und Pflanzenzelle und präsentiere diese in einer Tabelle.
4 Erkläre, weshalb sind Form und Stabilität einer Tierzelle weniger stark als bei der Pflanzenzelle festgelegt.

Untersuchung mit Lupe und Binokular

4 Lupen

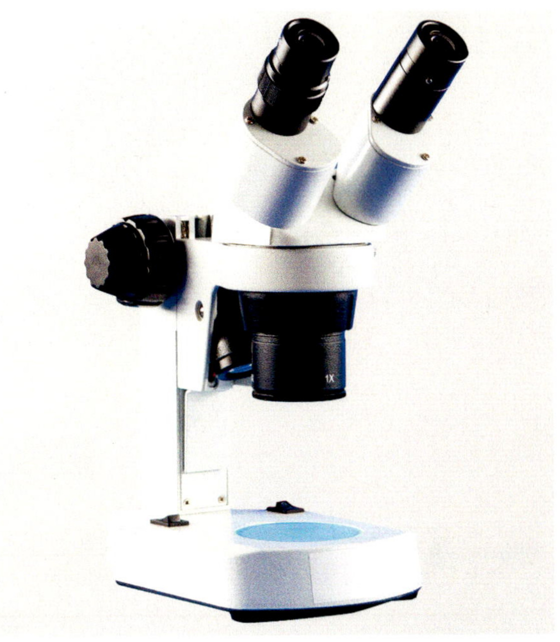

5 Binokular

Zum Untersuchen eines Blattes des Sternmooses kann man Vergrößerungsgeräte nutzen. Ein einfaches Gerät zur Vergrößerung ist die Lupe. Je nach Lupe kann man das Blatt bis zu 15-mal vergrößert betrachten. Die Wahl einer Lupe hängt vom Untersuchungsobjekt ab. Kleine **Einschlaglupen** vergrößern stark und werden beim Arbeiten im Freiland verwendet. **Stiellupen** dagegen vergrößern nur zwei- bis dreifach. Sie nutzt man, wenn größere Ausschnitte eines Untersuchungsobjektes betrachtet werden sollen, wie zum Beispiel die Blattadern eines Sternmoosblattes. **Becherlupen** eignen sich besonders gut zur Beobachtung von Insekten, da diese aus dem Becher nicht wegfliegen oder wegkrabbeln können.

Benötigt man eine stärkere Vergrößerung, nutzt man eine Stereolupe, die man auch **Binokular** nennt. Unter Binokularen kann man sich je nach Gerät die Objekte zwischen 20-mal und 40-mal vergrößert anschauen. Da man mit beiden Augen gleichzeitig durch die Okulare auf das Objekt schaut, erscheint das Bild räumlich.

Regeln für den Gebrauch einer Lupe

- Schließe beim Betrachten eines Objektes ein Auge.
- Halte die Lupe vor dein geöffnetes Auge.
- Nimm das Objekt vorsichtig in die Hand und führe es so lange zur Lupe, bis es gut zu erkennen ist.
- Tiere, die in der Becherlupe beobachtet werden, müssen nach der Untersuchung wieder freigelassen werden.

Regeln für den Gebrauch eines Binokulars

- Lege das Objekt auf den Objekttisch oder in eine kleine Glasschale.
- Drehe das Objektiv mit dem Triebrad bis auf wenige Zentimeter über das Objekt nach unten.
- Schaue durch die beiden Okulare. Stelle durch vorsichtiges Drehen des Triebrades nach oben das Objekt scharf ein.
- Stelle die Lampe so ein, dass das Objekt gut ausgeleuchtet ist.

Mikroskopieren

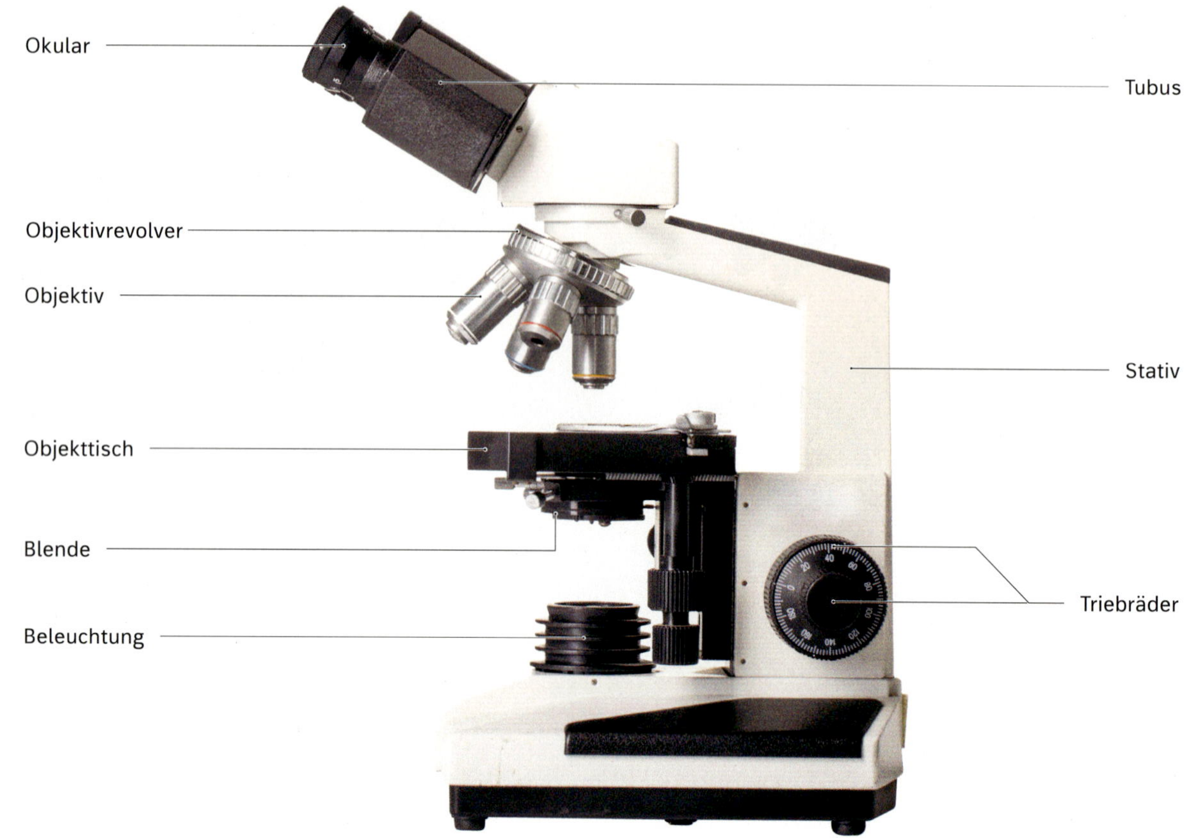

5 Bau eines Lichtmikroskops

Ein wichtiges Vergrößerungsgerät ist das Lichtmikroskop. Es liefert ein stärker vergrößertes Bild als die Lupen.

Regeln für den Gebrauch des Lichtmikroskops

1 Trage das Mikroskop mit einer Hand am Stativ und mit der anderen unter dem Fuß.

2 Schließe die Stromversorgung an und anschließend die Beleuchtung.

3 Klemme den Objektträger so auf dem Objekttisch fest, dass das Objekt genau über dem Loch im Objekttisch liegt.

4 Drehe den Objektivrevolver so, dass das Objektiv mit der kleinsten Vergrößerung über dem Objekt steht.

5 Schaue von der Seite auf den Objekttisch. Drehe langsam mit dem Grobtrieb das Objektiv so nah wie möglich an das Objekt, ohne den Objektträger zu berühren.

6 Schaue durch das Okular und drehe den Grobtrieb in die entgegengesetzte Richtung, bis das Bild zu erkennen ist.

7 Stelle mit dem Feintrieb das Bild scharf.

8 Reguliere mit der Blende den Lichtdurchlass, bis möglichst viele Einzelheiten des Bildes zu erkennen sind.

9 Schaue durch das Okular und verschiebe gleichzeitig den Objektträger, bis ein weiterer Bereich des Objektes zu erkennen ist.

10 Wird eine höhere Vergrößerung benötigt, muss das Objektiv gewechselt werden. Geh dann vor wie in den Schritten 5 bis 8.

11 Entferne nach dem Mikroskopieren den Objektträger und schalte die Beleuchtung aus.

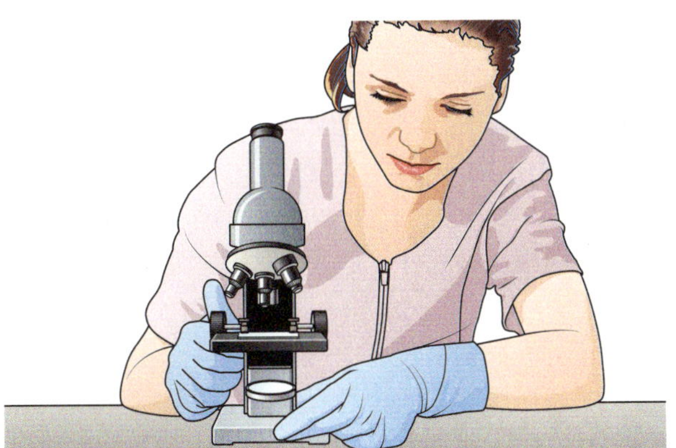

6 Heben des Objekttisches

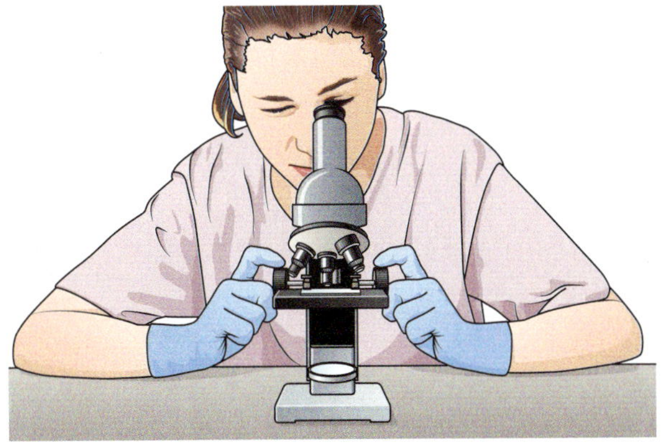

7 Einstellen der Bildschärfe

Ergebnissicherung

Die Beobachtung beim Mikroskopieren lässt sich in der Regel gut durch eine beschriftete Zeichnung sichern. Beim Zeichnen muss entschieden werden, welche Strukturen des Objektes für die Zeichnung wichtig sind. Für die Anfertigung von mikroskopischen Zeichnungen gelten die folgenden Regeln.

Regeln für das Zeichnen

1 Verwende weißes, unliniertes Papier und zeichne möglichst groß, mindestens aber eine halbe DIN-A4-Seite.
2 Beschrifte dein Zeichenblatt zunächst mit dem Datum, deinem Namen, dem Namen des Objektes, der eingestellten Vergrößerung und der Darstellung wie zum Beispiel „Zelle eines Laubmoosblattes aus einem Zellverband“.
3 Zeichne nur mit angespitztem Bleistift. Ziehe durchgehende Linien, ohne zu stricheln.
4 Lasse auf der rechten Seite des Zeichenblattes ausreichend Platz für die Beschriftung der Zeichnung.
5 Achte beim Zeichnen darauf, die Größenverhältnisse korrekt wiederzugeben. Ziehe dazu zunächst dünne Hilfslinien ein, die du nach Fertigstellung deiner Zeichnung wieder wegradierst.

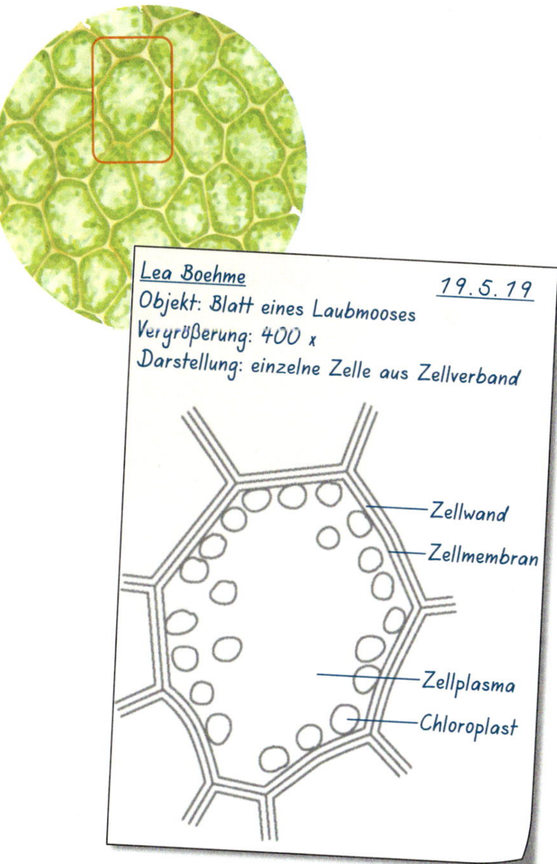

8 Zellen eines Laubmooses: **A** lichtmikroskopische Aufnahme; **B** Zeichnung

1 Tropfsteine in einer Höhle

1.4 Kristalle und Teilchen

In Höhlen sieht man manchmal geheimnisvoll erscheinende Gebilde aus Gestein. Lang und spitz hängen sie von der Decke oder wachsen aus dem Boden. Diese Gebilde sind Tropfsteine. Wie entstehen solche Tropfsteine?

Lösen – Die Entstehung der Tropfsteine beginnt mit dem Regen, der auf die Erde fällt. Das Regenwasser wird vom Boden aufgenommen und wandert durch das Erdreich. Dabei löst sich Kalk aus dem Erdreich im Wasser. Der gelöste Kalk wird vom Wasser auf dem Weg durch den Boden mitgenommen. Manchmal sickert das Wasser in eine Höhle. An der Decke der Höhle bilden sich kleine Wassertröpfen. Von der Höhlendecke tropft das Wasser nach unten. Auf dem Boden der Höhle sammelt sich das Wasser in kleinen Pfützen.

Kristallisation – Das Wasser an der Decke und auf dem Boden der Höhle verdunstet mit der Zeit. Zurück bleibt der im Wasser gelöste Kalk. Im Laufe vieler Jahre lagert sich immer mehr Kalk an der Decke und am Boden ab. So bilden sich aus dem Kalk die Tropfsteine.
Wenn Wasser verdunstet und die gelösten Stoffe in fester Form übrig bleiben, spricht man von **Kristallisation.** Manche Stoffe bilden beim Kristallisieren sehr regelmäßige Formen. Diese Formen können viereckig, sechseckig, achteckig oder nadelförmig sein. Man nennt sie **Kristalle.** Kristalle können mehrere Meter groß sein. Sie können aber auch winzig klein sein. Kleine Kristalle kann man unter dem Mikroskop betrachten. Manche Stoffe bilden besonders regelmäßige und farbige Kristalle, die man Edelsteine nennt.

2 Ablagerung von Kalk in einer Tropfsteinhöhle

PRAKTIKUM

A Schatzsuche

Materialien:
Binokular oder Lupe; Petrischale; Pinzette; Reagenzglas mit Stopfen; Spatel; Gesteinsprobe oder Kupfererz; Wasser

Durchführung:
1 Gib etwas von der Gesteinsprobe in die Petrischale und betrachte sie mit dem Binokular oder der Lupe.
2 Fülle die Probe in das Reagenzglas und fülle es zur Hälfte mit Wasser. Schüttle es und gieße das Schmutzwasser ab. Wiederhole das Reinigen der Gesteinsprobe, wenn nötig.
3 Gib die Probe danach wieder in die Petrischale und betrachte erneut mit dem Binokular oder der Lupe.

Aufgabe:
1 Bestimme mithilfe der Abbildung die Kristalle in der Probe. ●●○

PRAKTIKUM

B Kristalle züchten

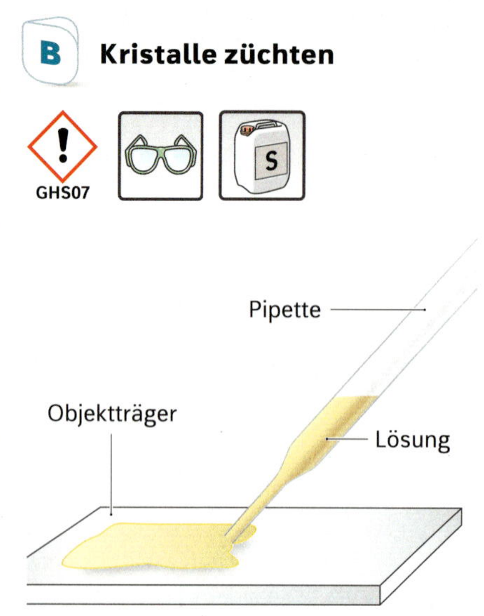

Materialien:
Objektträger; Binokular; Einwegpipetten; 3 Petrischalen; 3 Bechergläser mit verdünnten Lösungen von gelbem Blutlaugensalz, Chromalaun (GHS07) und Natriumcitrat

Durchführung:
1 Gib mit der Pipette einen Tropfen der Lösung auf den Objektträger und verstreiche ihn darauf.
2 Lege den Objektträger für 15 Minuten auf die Fensterbank, bis das Wasser verdunstet ist.
3 Untersuche die entstandenen Kristalle mit dem Mikroskop.
4 Gib die Reste der drei Salzlösungen in je eine Petrischale.
5 Lass die Schalen bis zur nächsten Chemiestunde offen stehen.

Aufgaben:
1 Zeichne die Kristalle. ●●○
2 Beschreibe die Formen und Farben der Kristalle. ●●○
3 Zeichne den Aufbau eines Kristalls aus kleinsten Teilchen. ●●○

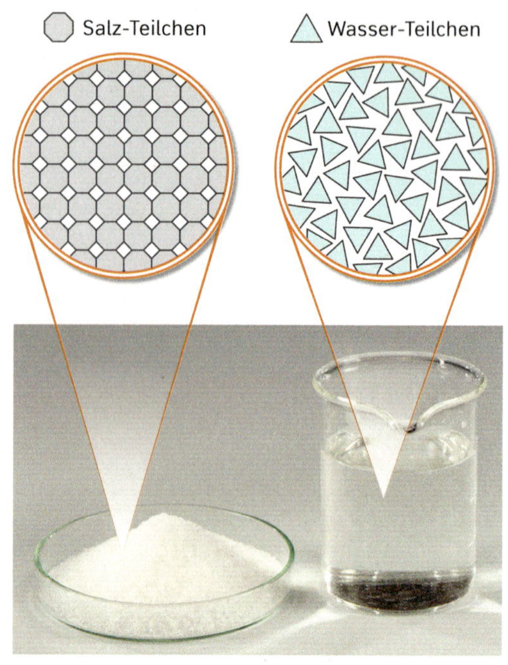

3 Kleinste Teilchen in Salz und Wasser

Kleinste Teilchen – Forscher haben Kristalle untersucht. Mit speziellen Mikroskopen kann man einen Kristall sehr stark vergrößern. Viel stärker als man es mit einer Lupe oder einem Lichtmikroskop kann. Dabei haben die Forscher entdeckt, dass die Kristalle aus **kleinsten Teilchen** aufgebaut sind. In Kristallen liegen diese Teilchen wie Bauklötze gut geordnet nebeneinander. Aber nicht nur Kristalle bestehen aus kleinsten Teilchen. Auch Wasser besteht aus kleinsten Teilchen, den Wasser-Teilchen. Salz besteht aus Salz-Teilchen. Alle Wasser-Teilchen sind gleich. Sie sind gleich schwer, haben die gleiche Form und die gleiche Größe. Auch alle Salz-Teilchen sind gleich. Sie unterscheiden sich aber von den Wasser-Teilchen.

Alle Stoffe bestehen aus kleinsten Teilchen. Die Teilchen eines Stoffes sind alle gleich. Die Teilchen verschiedener Stoffe unterscheiden sich in Form und Größe. Teilchen haben eigentlich keine Farben. Zur besseren Unterscheidung werden sie in diesem Buch farbig dargestellt.

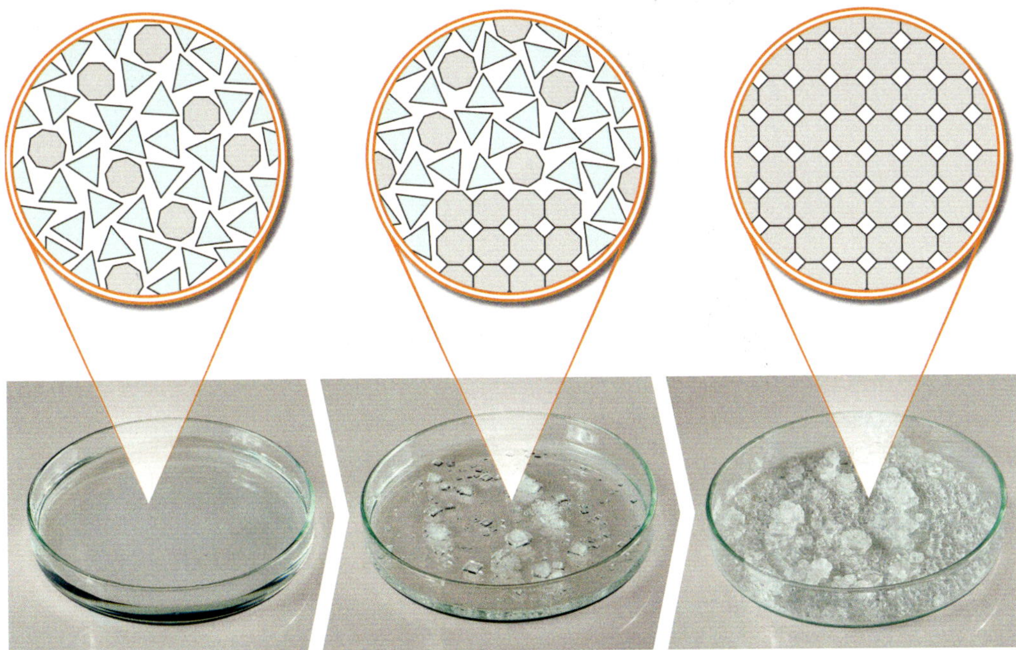

4 Bildung von Salzkristallen aus Salzwasser

Bildung von Kristallen – Löst man Salz in Wasser auf, mischen sich die Salz-Teilchen mit den Wasser-Teilchen. Die Salz-Teilchen befinden sich dann ungeordnet zwischen den Wasser-Teilchen. Wenn das Wasser verdampft, entweichen die Wasser-Teilchen in die Umgebung. Der Abstand zwischen den Salz-Teilchen wird dadurch immer geringer. Schließlich bilden die Salz-Teilchen kleine Gruppen. Nach und nach lagern sich immer mehr Salz-Teilchen zusammen. Die Gruppe aus Salz-Teilchen wird immer größer. So bildet sich mit der Zeit ein kleiner Salzkristall.

PRAKTIKUM

C Kristallbildung im Modell

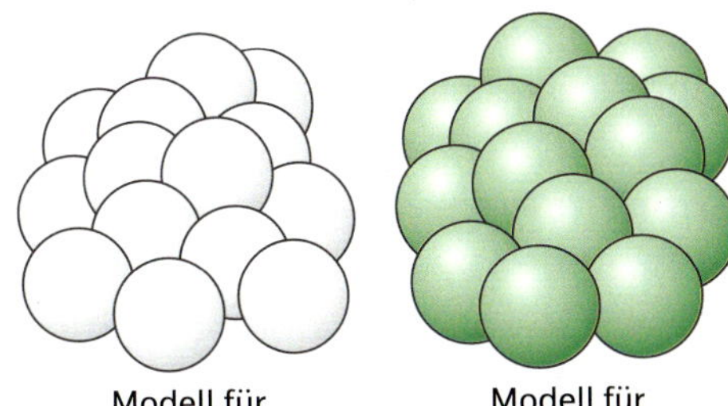

Die weißen Kugeln sollen die Wasser-Teilchen darstellen, die grünen Kugeln die Salz-Teilchen. Man sagt, die Kugeln sind **Modelle** für die Teilchen.

Materialien:
Zellstoffkugeln in zwei verschiedenen Farben; Kleber oder Heißklebepistole; Unterlage, zum Beispiel eine Zeitung

Aufgaben:

1 Stelle mit Zellstoffkugeln die Anordnung der Teilchen in einer Salzlösung dar. Nutze dazu Abbildung 4. ●●○

2 Klebe die Zellstoffkugeln zu einem Modell eines Salz-Kristalls zusammen. Beachte, dass die Teilchen in Kristallen geordnet vorliegen. ●●●

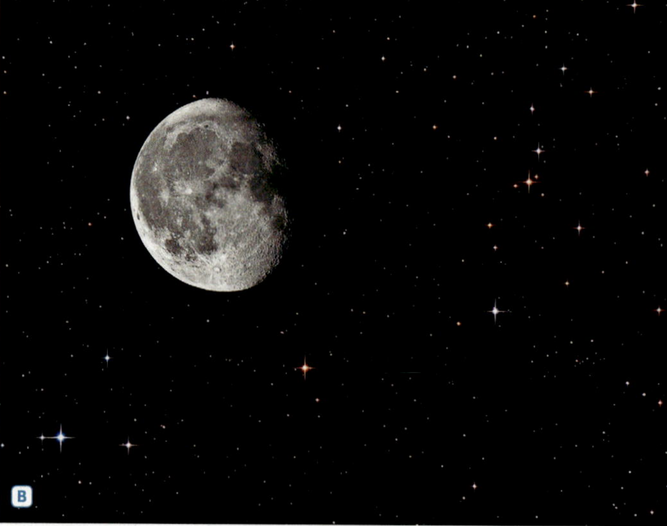

1 Der Himmel bei Nacht:
A Milchstraße;
B Mond und Sterne

2.1 Unser Sonnensystem

Ist der Himmel in der Nacht wolkenlos, dann sind außer dem Mond auch viele Lichtpunkte am Himmel zu sehen. Es sind Sterne und Planeten. Was unterscheidet diese Himmelskörper?

Sonne und Sterne – Die meisten der hellen Lichtpunkte sind Sterne. **Sterne** sind selbstleuchtende Himmelskörper. Auch unsere Sonne zählt zu den Sternen. Sie ist ein glühend heißer Ball aus Gas. Sie strahlt Licht auf die Erde. Einen Teil des Lichtes nutzen die Pflanzen zum Wachsen. Ein anderer Teil des Lichtes wird als **Wärmestrahlung** bezeichnet. Sie erwärmt die Erde auf Temperaturen, die für das Leben notwendig sind.

Planeten – Im Gegensatz zu den Sternen leuchten Planeten nicht selbst. Sie werden von einer Sonne beleuchtet. **Planeten** sind beleuchtete Himmelskörper. Sie bewegen sich auf kreisähnlichen Bahnen um die Sonne, die sie anleuchtet. Der Planet, der unserer Sonne am nächsten ist, heißt **Merkur.** Es folgt die **Venus,** die fast doppelt so weit von der Sonne entfernt ist. In der Reihenfolge des größer werdenden Abstands von der Sonne folgen die Planeten **Erde, Mars, Jupiter, Saturn, Uranus** und **Neptun.**

Monde – Um manche Planeten kreisen kleinere Himmelskörper. Diese werden als Mond bezeichnet. **Monde** sind wie die Planeten von einer Sonne beleuchtete Himmelskörper. Die Planeten Merkur und Venus haben keinen Mond. Die Erde hat einen Mond, der Mars zwei. Jupiter und Saturn haben jeweils etwa 60 Monde.

Sonnensystem – Die Sonne und alle Himmelskörper, die sich um sie bewegen, bilden das **Sonnensystem.** Das Sonnensystem ist selbst wiederum Teil einer Galaxie.

griechisch gala = Milch

Eine **Galaxie** ist eine Anhäufung von Milliarden Sternen. Die Galaxie, in der sich unser Sonnensystem befindet, heißt **Milchstraße.** So wurden die vielen Sterne am Himmel genannt, die aussehen wie über den ganzen Himmel verschüttete Milch.

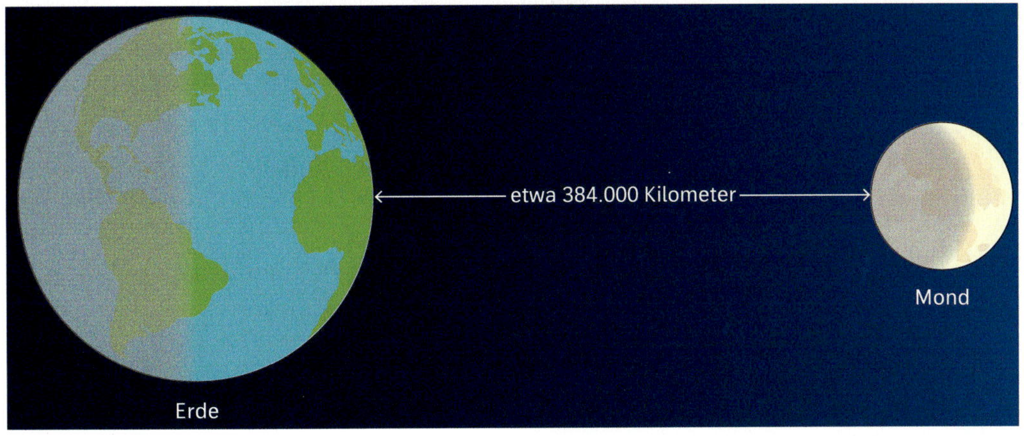

2 Erde und Mond

Maßstab – Eine große Entfernung, wie die 384 000 Kilometer vom Mond zur Erde, lässt sich nicht in einem Bild darstellen. Dafür werden verkleinerte Zeichnungen angefertigt. Aus 56 000 Kilometer wird ein Zentimeter im Bild. Es ist dann eine Verkleinerung im **Maßstab** 1 : 5 600 000 000. Der Maßstab besagt, dass ein Zentimeter im Bild in Wirklichkeit 5,6 Milliarden Zentimeter sind. Das entspricht 56 000 Kilometer.

Entfernungen im Weltall – Mit Fernrohren wird immer tiefer in den Weltraum geschaut. Um die gewaltigen Entfernungen zu messen, wird ein besonders großes Maß benötigt. Dazu wird das Licht genutzt. Es legt in einem Jahr 9,46 Billionen Kilometer zurück. Diese Strecke heißt ein **Lichtjahr,** abgekürzt **Lj.** Eine Lichtminute sind etwa 18 000 000 Kilometer. Da die Erde etwa 150 Millionen Kilometer von der Sonne entfernt ist, benötigt das Licht für diesen Weg etwa acht Minuten.

Entfernungen im Weltall werden mit einem Lichtjahr als Maß gemessen, 1 Lj = 9,46 Billionen km.

Sehr große Strecken werden in einem Maßstab verkleinert, um dargestellt werden zu können.

MATERIAL MIT AUFGABEN

A Maßstab

1 Kilometer = 1 000 Meter

1 Die Länge des Modellautos beträgt 25 Zentimeter. Das echte Auto ist 5 Meter lang. Berechne, in welchem Maßstab das Original verkleinert wurde. ●●○
2 Das Modell eines anderen Autos hat im Maßstab 1 : 8 eine Länge von 60 Zentimeter. Berechne die wirkliche Länge des Originalautos. ●●○
3 Die Aufnahme der Wasserflöhe auf der Seite 38 hat den Maßstab 20 : 1. Berechne, wie lang der in der rechten oberen Ecke abgebildete Wasserfloh in Wirklichkeit ist. ●●●

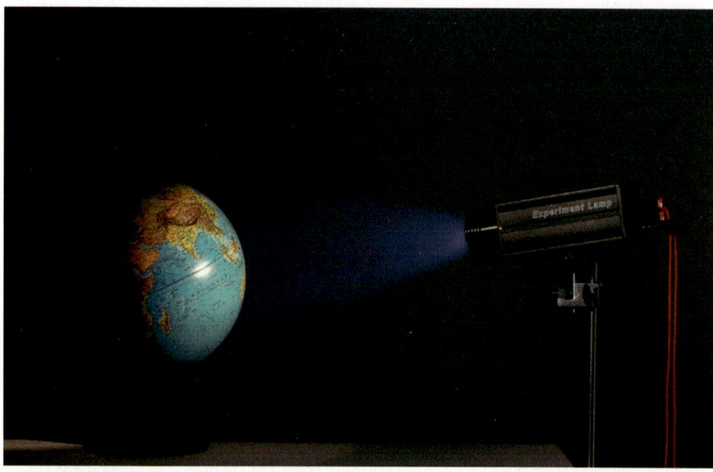

3 Tag und Nacht auf der Erde

4 Sternhimmel im Mai über Deutschland

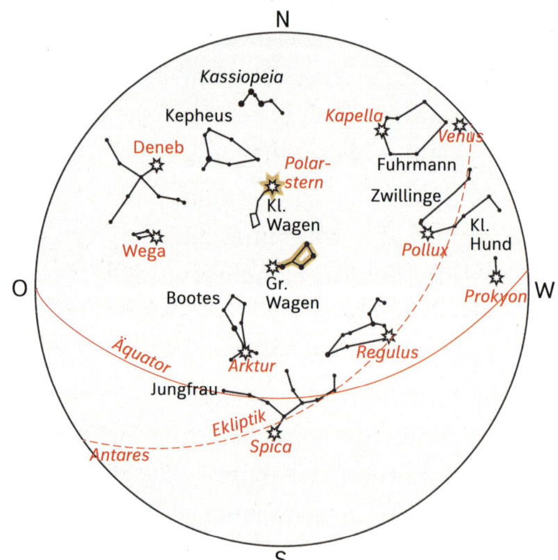

5 Schema des Sternhimmels im Mai über Deutschland

Fixsterne – Die Sonne scheint auf die Erde. Auf dieser Seite der Erde ist es Tag. Die andere Seite liegt im Schatten. Hier ist es Nacht. In einer sternklaren Nacht sind unglaublich viele **Sterne** am Himmel zu sehen. Sehr viele dieser Sterne haben seit Jahrtausenden ihre Position zueinander nicht verändert. Deswegen werden sie auch **Fixsterne** genannt.

Sternbilder – Menschen haben die Sterne vor langer Zeit zu Gruppen zusammengefasst. Diese **Sternbilder** dienten der Orientierung. Mit ihrer Hilfe fanden Seefahrer in dunkler Nacht den Hafen und Jäger den Weg nach Hause zurück. Viele Sternbilder tragen Namen aus der griechischen Sagenwelt wie zum Beispiel Kassiopeia, Kepheus oder Orion. Andere Fixsterne haben Namen, deren Ursprung in der arabischen Sprache liegt wie zum Beispiel Sirius, Wega oder Rigel. Beim Blick nach Süden sind zu jeder Jahreszeit andere Sternbilder zu sehen. Im Frühjahr fallen dort drei sehr helle Sterne auf, sie bilden das Frühlingsdreieck. Es sind Regulus, Arktur und Spica.

Polarstern – Mithilfe des Sternbildes **Großer Wagen** ist der **Polarstern** leicht zu finden. Da er immer über dem Nordpol steht, ist er für die Orientierung besonders wichtig. Die Sternbilder in seiner Nähe sind in Deutschland in jeder sternklaren Nacht zu sehen. Weil sich die Erde in 24 Stunden einmal um ihre Achse dreht, scheinen sie sich auf einem Kreis um den Polarstern zu bewegen.

Menschen haben vor Jahrtausenden den Sternen Namen gegeben und sie zu Sternbildern zusammengefasst. Die Sternbilder dienen der Orientierung in der Nacht. Der Polarstern steht genau im Norden.

A Bau eines Fernrohres

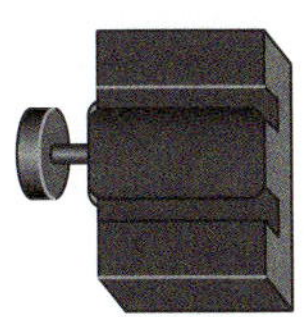

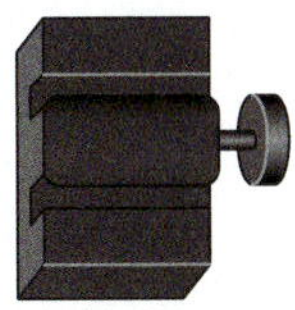

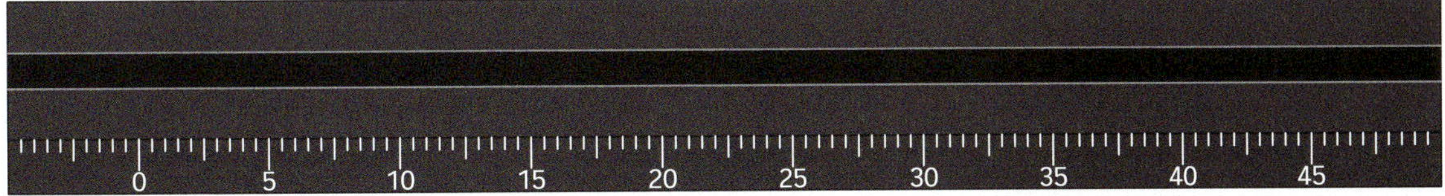

Materialien:

aus der Physiksammlung: 1 optische Bank; 2 Reiter; 1 Linse „30“ mit geringer Krümmung; 1 Linse „5“ mit starker Krümmung.

Durchführung:

Baue die beiden Linsen, wie in der Abbildung zu sehen ist, auf der optischen Bank auf. Schaue so durch die Linse mit der starken Wölbung (5), dass der Blick auch durch die zweite Linse (30) geht.

Aufgaben:

1 Blicke mit dem Fernrohr durch das Fenster auf einen entfernten Gegenstand. Verändere dabei den Abstand der beiden Linsen ein wenig. Beschreibe deine Beobachtungen. ●○○

2 Beobachte mit dem Fernrohr zwei verschiedene Gegenstände: einen in größerer und einen in näher Entfernung. Beschreibe, wie das Fernrohr dabei verändert werden muss. ●○○

3 Stelle Vermutungen an, weshalb Fernrohre zur Planetenbeobachtung auf einem Stativ befestigt sind und von einem Motor sehr langsam und sehr gleichmäßig gedreht werden. ●●●

Alles auf einen Blick

1.1 Messen, Maß und Einheit

Beim **Messen** wird der zu messende Gegenstand mit einem dazu passenden **Maß** verglichen. Zum Messen einer Körperlänge wird beispielsweise ein Maßband verwendet. Gemessen wird oft in der **Einheit** Zentimeter oder Meter. Weitere Einheiten sind Mikrometer, Millimeter oder Kilometer. Sie beziehen sich immer auf einen Meter als Grundmaß. Das heißt: 1 m = 1000 000 µm; 1 m = 1000 mm; 1 m = 100 cm; 1000 m = 1 km.

1.2–1.3 Sehen mit Hilfsmitteln – die Zelle

Um sehr kleine Gegenstände anzuschauen, verwendet man Hilfsmittel wie beispielsweise **Lupen** oder **Mikroskope.** In ihnen sind Linsen eingebaut. Mit ihrer Hilfe kann man den Aufbau eines Blattes untersuchen. Unter dem Lichtmikroskop werden die Zellen sichtbar, aus denen ein Blatt aufgebaut ist. Die **Zelle** besitzt außen eine Zellwand, auf die eine Zellmembran folgt. Im Inneren erkennt man im Lichtmikroskop noch den im Zellplasma liegenden Zellkern und die Vakuolen. Die grünen Chloroplasten enthalten den Farbstoff Chlorophyll. In ihnen wird die Glucose mithilfe von Licht, Wasser und Kohlenstoffdioxid gebildet. Am Abbau der Glucose in der Zelle sind die Mitochondrien beteiligt. Sie sind so klein, dass man sie im Lichtmikroskop nur als kleinen Punkt erkennt. Unter dem Lichtmikroskop sind bei einer Tierzelle keine Zellwand, keine Vakuole und keine Chloroplasten zu erkennen. Ohne Chloroplasten kann die Tierzelle im Gegensatz zur Pflanzenzelle keine Glucose bilden.

1.4 Kristalle und Teilchen

Unter dem Mikroskop werden die kleinen **Teilchen,** aus denen ein **Kristall** besteht, sichtbar. Kristalle entstehen, wenn Wasser verdunstet und die gelösten Stoffe im Wasser übrig bleiben. Auch Wasser und Salz bestehen aus kleinen Teilchen. Die Teilchen verschiedener Stoffe unterscheiden sich in der Masse, der Form und der Größe.

1.5 Unser Sonnensystem

Um Sterne zu beobachten, schaut man durch ein Fernrohr. **Sterne** sind selbstleuchtende Himmelskörper wie beispielsweise die Sonne. Verändern sie ihre Position am Himmel nicht, heißen Fixsterne. Der Polarstern ist ein Fixstern. Sterne bilden Sternbilder wie den Großen Wagen.
Planeten sind im Gegensatz zu Sternen beleuchtete Himmelskörper. Zu ihnen zählen zum Beispiel die Erde, der Mars oder die Venus. Die um die Planeten kreisenden Himmelskörper nennt man Monde. Die Sonne und die um sie kreisenden Himmelskörper bilden unser **Sonnensystem.** Es ist Teil einer Galaxie mit sehr vielen Sternen. Die Milchstraße ist die Galaxie, zu der unser Sonnensystem gehört.

Teste dich

A Unser Sonnensystem

B Optische Hilfsmittel

C Schema von Pflanzen- und Tierzelle

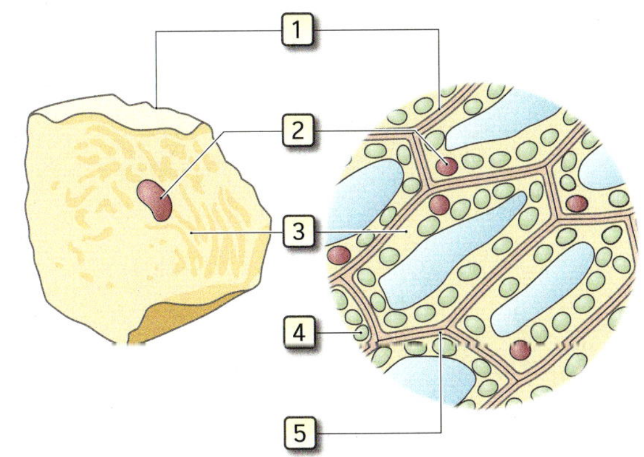

AUFGABEN

Bearbeite die Aufgaben mit Material A und B

1 Ordne den Himmelskörpern die folgenden Namen zu: Erde, Jupiter, Mars, Merkur, Mond, Neptun, Saturn, Sonne, Uranus, Venus. ●○○

2 Erkläre den Unterschied zwischen einem Stern und einem Planeten. ●●○

3 Skizziere, was der Junge durch die Lupe sieht. ●○○

Bearbeite die Aufgaben mit Material C

1 Ordne den Ziffern die Fachbegriffe zu. ●○○

2 Vergleiche die Tier- und die Pflanzenzelle. Nenne Gemeinsamkeiten und Unterschiede. ●●○

3 Erkläre die Bedeutung abgeschlossener Zellbereiche am Beispiel der Chloroplasten und der Mitochondrien. ●●●

Bewegung zu Wasser, zu Lande und in der Luft

Dieses Kapitel hat folgenden Inhalt:

Eisvögel fliegen durch die Luft, brüten an Land und jagen Fische im Wasser.

1 Lebewesen in Bewegung: **A** Gepard; **B** Schülerin

1.1 Bewegung und Geschwindigkeit

Mit großer Geschwindigkeit jagt der Gepard kleine und schnelle Beutetiere wie zum Beispiel Gazellen. Wie wird die Laufgeschwindigkeit des Gepards bestimmt?

Bewegungen an Land – Bei der Jagd einer Gazelle ist es für den Geparden wichtig, dem flüchtenden Tier möglichst schnell näher zu kommen. Auf einer glatten Eisfläche wäre dies sehr schwierig. Auf dem festen, griffigen Steppenboden kann er sich jedoch sehr gut abdrücken. Auch der Mensch stößt sich zum Gehen und Laufen am Boden ab. Ein Fahrrad drückt sich über die Bewegung der Reifen von der Straße ab, um voran zu kommen. Dieses Abstoßen vom Boden ist charakteristisch für alle Bewegungen von Tieren an Land.

Weg und Zeit – Der Gepard jagt hinter der Gazelle her. Er versucht, möglichst rasch den Weg zu ihr zu verkürzen. Der Weg und die Zeit scheinen zentrale Größen zu sein, um die Geschwindigkeit zu beschreiben. Legt der Gepard viel **Weg** in kurzer **Zeit** zurück, muss er eine hohe Geschwindigkeit haben.

Geschwindigkeit – Der Gepard sprintet in zehn Sekunden eine Strecke von etwa 300 Metern. Im Schulsport ist Laura die 60-Meter-Strecke in zwölf Sekunden gelaufen. Um die Geschwindigkeiten der beiden zu bestimmen, wird der zurückgelegte Weg pro Zeit betrachtet.

Für den Gepard gilt:
300 Meter geteilt durch 10 Sekunden ergibt 30 Meter pro Sekunde.
Für Laura gilt:
60 Meter geteilt durch 12 Sekunden ergibt eine Geschwindigkeit von 5 Metern pro Sekunde.

Zur Berechnung der Geschwindigkeit wird der zurückgelegte Weg durch die dafür benötigte Zeit dividiert.

2 Zeitmessung im Sportunterricht

Beispielrechnung – Carina läuft 50 Meter in acht Sekunden, abgekürzt 50 m in 8 s. Für die Geschwindigkeit verwendet man den Buchstaben *v*. Um die Geschwindigkeit zu berechnen, wird der Weg durch die Zeit geteilt. Das bedeutet:

Geschwindigkeit $v =$ Weg in m : Zeit in s

$50 \text{ m} : 8 \text{ s} = 6{,}25 \frac{\text{m}}{\text{s}}$

Carina läuft also 6,25 Meter pro Sekunde. Um Geschwindigkeiten möglichst einfach zu vergleichen, ist es am besten, wenn die vorliegenden Angaben immer in die Einheiten Meter und Sekunde umgeformt werden. Läuft Laura zum Beispiel 800 Meter in drei Minuten, müssen die Minuten in Sekunden umgerechnet werden:

$3 \text{ min} = 180 \text{ s}$

Dann folgt für die Geschwindigkeit:

$v = 800 \text{ m} : 180 \text{ s}$

$v = 4{,}44 \frac{\text{m}}{\text{s}}$

Laura läuft also 4,44 Meter pro Sekunde.

Je größer der Weg, der in einer festen Zeit zurückgelegt wird, desto größer ist die Geschwindigkeit. Je kürzer die Zeit, die für einen festen Weg benötigt wird, desto größer ist die Geschwindigkeit.

v für englisch velocity und lateinisch velocitas = Geschwindigkeit

s für lateinisch spatium = Weg

t für lateinisch tempus = Zeit

STREIFZUG

Die Geschwindigkeit als Formel

In den Naturwissenschaften arbeitet man mit Formeln und Abkürzungen: Statt Geschwindigkeit = Weg : Zeit werden Buchstaben verwendet. Es gilt: *v* steht für die Geschwindigkeit; *s* für den Weg und *t* für die Zeit.

Die Formel für die Geschwindigkeit lautet:

$$v = s : t$$

Jede verwendete Größe hat außerdem eine Einheit. Die Zeit hat die Einheit Sekunde s.

Der Weg hat die Einheit Meter m. Daraus folgt, dass die Geschwindigkeit die Einheit Meter pro Sekunde hat, kurz $\frac{\text{m}}{\text{s}}$.

Rechenbeispiel – Ein Auto fährt einen Kilometer in 40 Sekunden. Seine Geschwindigkeit ist also:

$v = s : t = 1 \text{ km} : 40 \text{ s}$

$= 1000 \text{ m} : 40 \text{ s} = 25 \frac{\text{m}}{\text{s}}$

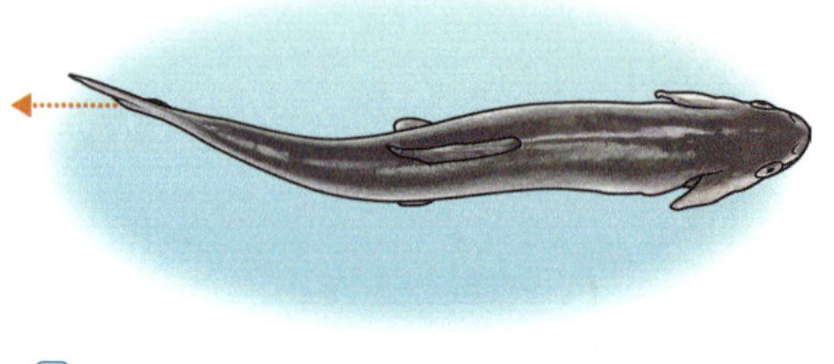

3 Fortbewegung bei Tieren: **A** Bachforelle; **B** Wanderfalke

Bewegungen im Wasser – Die *Bachforelle* ist ein guter Schwimmer. Ihr Körper ist lang und schlank aufgebaut. Durch diese **Stromlinienform** hat sie keinen großen Widerstand, wenn sie sich durch das Wasser bewegt. Wäre sie sehr unförmig und dick, würde sie durch das Wasser sehr stark gebremst werden. Außerdem ist ihr Körper von **Schuppen** bedeckt, die ebenfalls dafür sorgen, dass das Wasser gut an der Bachforelle vorbeigleitet und wenig bremst.

Die *Bachforelle* muss sich beim **Schwimmen** vom Wasser selbst abdrücken, um fortzubewegen. Mit kraftvollen Flossenbewegungen schiebt sie dabei das Wasser nach hinten. Beim Zurückführen der Flossen nach vorne, faltet sie die Flossen leicht ein, sodass hier wenig bremsender **Widerstand** entsteht.

Menschen machen es beim Schwimmen ähnlich. Statt Flossen verwenden sie ihre Arme und Beine, mit denen sie Wasser feste nach hinten wegdrücken. Dadurch bewegt sich ihr Körper nach vorn.

Bewegungen in der Luft – Der *Wanderfalke* ist ein pfeilschneller Jagdvogel, der sich mit kraftvollen Flügelschlägen in der Luft hält. Um überhaupt vom Boden abheben zu können, muss der Körper des *Wanderfalken* sehr leicht sein. Seine Knochen besitzen **Luftkammern,** die das Gewicht reduzieren. Außerdem besitzt er wie die *Bachforelle* einen stromlinienförmigen Körperbau, um wenig Widerstand beim Fliegen durch die Luft zu haben. Wie der Mensch vom Boden und der Fisch vom Wasser, drückt sich auch der Vogel ab und zwar von der ihn umgebenden Luft. Mit seinen großen Flügeln presst er kraftvoll die Luft nach unten weg.

Manche Vögel gleiten im **Segelflug** ohne Flügelschlag durch den Luftraum. Herrscht Wind oder steigen warme Luftmassen vom Boden auf, so lassen sich beispielsweise Störche bis in große Höhen tragen. Hierfür benötigen sie keine Flügelbewegung. Auf diese Weise legen sie kräfteschonend weite Strecken zurück.

A Laufen und Geschwindigkeit

Gelaufener Weg *s*	Benötigte Zeit *t*
4 m	2 s
100 m	10 s
800 m	1 min 40 s
3 km	10 min
10 km	33 min 20 s

Materialien:
Kreide; Maßband; Stoppuhr

Durchführung:
Markiere auf dem Schulhof eine Strecke, deren Länge du vorher ausmisst. Gib dann für eine Mitschülerin oder einen Mitschüler das Startzeichen und miss die Zeit, die für die Strecke benötigt wird. Wiederhole dies mit weiteren Schülerinnen und Schülern.

Aufgaben:

1 Berechne durch Teilung der Streckenlänge durch die gelaufenen Zeiten die Geschwindigkeiten deiner Mitschülerinnen und -schüler. ●○○

2 In der Tabelle sind verschiedene zurückgelegte Weglängen sowie die dafür benötigten Zeiten notiert.
  a) Rechne die gegebenen Wege und Zeiten zunächst in die Basiseinheiten Meter und Sekunde um. ●●○
  b) Berechne danach die in den jeweiligen Fällen vorliegende Geschwindigkeit. ●●○

B Gleiten durch Luft

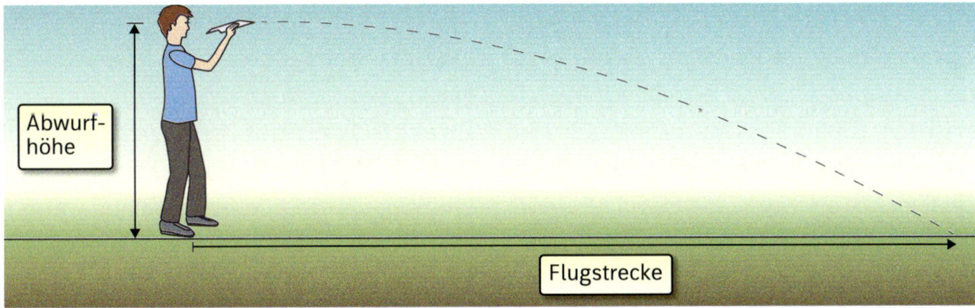

Materialien:
Verschiedene Blätter Papier in DIN-A3- und DIN-A4-Format

Durchführung:
Falte aus einem Blatt DIN-A4-Papier einen Papierflieger. Falte danach aus dem DIN-A3-Blatt einen baugleichen Papierflieger. Baue jeweils einen zweiten baugleichen Papierflieger aus doppelt gelegtem Papier. Wirf die Flieger immer mit der gleichen Kraft und aus der gleichen Höhe ab und miss die Flugweite.

Aufgaben:

1 Berechne die Gleitzahl, die ein Maß für die Gleitfähigkeit ist. Teile dazu die Flugweite durch die Starthöhe. ●●○

2 Erkläre, weshalb die Papierflieger unterschiedlich weit fliegen. ●●●

1 Marathonlauf: **A** beim Start; **B** beim Essen

1.2 Ohne Energie geht nichts

Beim Marathonlauf versuchen viele Profi- und Freizeitsportler Höchstleistungen zu erbringen. Um das zu schaffen, muss der Körper viel Energie bereitstellen. Wie kommt die Energie in den menschlichen Körper?

Energie – Bei einem Marathonlauf und bei jeder anderen Bewegung benötigen Mensch und Tier **Energie.** Ohne Energie würde auch in Ruhephasen das Herz nicht schlagen oder der Darm die Nahrung nicht verdauen.

lateinisch accumulator = Sammler

Die Energie kann man nicht sehen und man kann sie nicht „einfach so" aufnehmen. Energie kann nur über **Energieträger** zur Verfügung gestellt werden. Im Fall des Marathonläufers ist der Energieträger die Nahrung, mit der die Energie in den Körper gelangt.

Die Einheit der Energie – So wie für die Geschwindigkeit der Buchstabe *v* benutzt wird, steht der Buchstabe *E* für die Energie. Die Einheit der Energie ist das **Joule,** abgekürzt **J.** Wie bei Gramm und Kilogramm wird hier die Einheit **Kilojoule,** abgekürzt **kJ,** verwendet. So kann die in einem Körper gespeicherte Energie einfach angegeben werden.

Energiespeicher – Gegenstände, die Energie für eine längere Zeit aufnehmen können, werden Energiespeicher genannt. Hierzu zählen beispielsweise Batterien, Akkus, aber auch Holz, eine Kerze oder ein Stück Kohle. In ihnen ist die Energie so lange gespeichert, bis sie entnommen oder der Speicher verbrannt wird. Im Fall des Marathonläufers ist die Energie in der Banane gespeichert, die der Läufer während des Sports zu sich nehmen muss.

Die Energie hat das Formelzeichen *E* und wird in der Einheit Joule oder Kilojoule angegeben.
Energiespeicher können Energie für einen längeren Zeitraum aufnehmen.

Energieträger Überall da, wo Energie vorkommt, ist auch ein Energieträger beteiligt. Die Tabelle zeigt nur eine kleine Anzahl verschiedener Energieträger. Erdöl bringt Energie ins Haus, durch die im Winter das Haus geheizt wird.

Ein gespannter Bogen enthält Energie, die an einen abgeschossenen Pfeil weitergegeben werden kann. Eine Fahrradkette trägt die aus unseren Muskeln kommende Energie von den Pedalen zum Hinterrad, wo sie auf die Bewegung des Fahrrads übergeht.

Energieträger können also Energiespeicher wie ein Stück Kohle sein. Die Fahrradkette ist jedoch kein Energiespeicher. Daher gibt es auch Energieträger, die nur für eine gewisse Zeit mit Energie beladen werden können und diese dann wieder abgeben.

Wenn sich Energie fortbewegt, ist immer ein Energieträger beteiligt.

Energieträger	Verwendung
Erdöl	Heizung
Bewegte Luft	Windrad
Elektrizität	Toaster
Warmes Wasser	Heizkörper
Gespanntes Holz	Bogen
Bewegtes Wasser	Wasserkraftwerk
Nahrung	Essen
Fahrrad in Bewegung	Fortbewegung
Fahrradkette	Energietransport
Wärme	Föhn
Licht	Lampe
Schall	Musik
Kerze	Beleuchtung
Erdgas	Heizung
Drehbewegung	Bohrmaschine
Pressluft	Presslufthammer

2 Verschiedene Energieträger

MATERIAL MIT AUFGABEN

B Energieinhalte einiger Energieträger

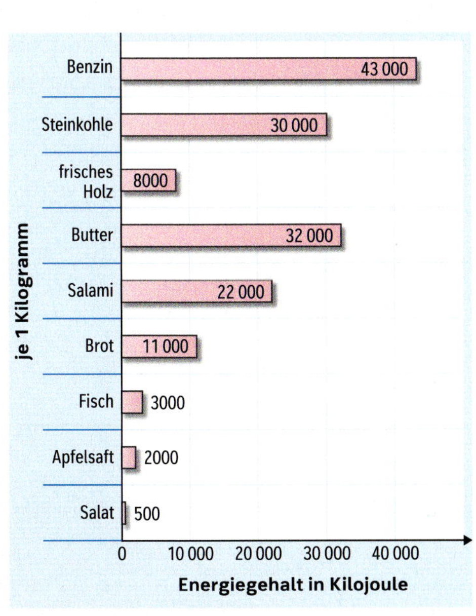

1 Ordne die gegebenen Energieträger nach Ihrem Energieinhalt.

2 Der Mensch benötigt am Tag etwa 10 000 Kilojoule.

a) Gib an, wie viel Brot, Butter oder Salat er in etwa hierfür essen könnte.

b) Auf gekauften Nahrungsmitteln ist die enthaltene Energiemenge pro 100 g aufgedruckt. Suche dir fünf verschiedene Lebensmittel und notiere diese Angabe.

c) Stelle aus diesen Lebensmitteln einen möglichen Speiseplan zusammen, um den Tagesbedarf an Energie zu decken.

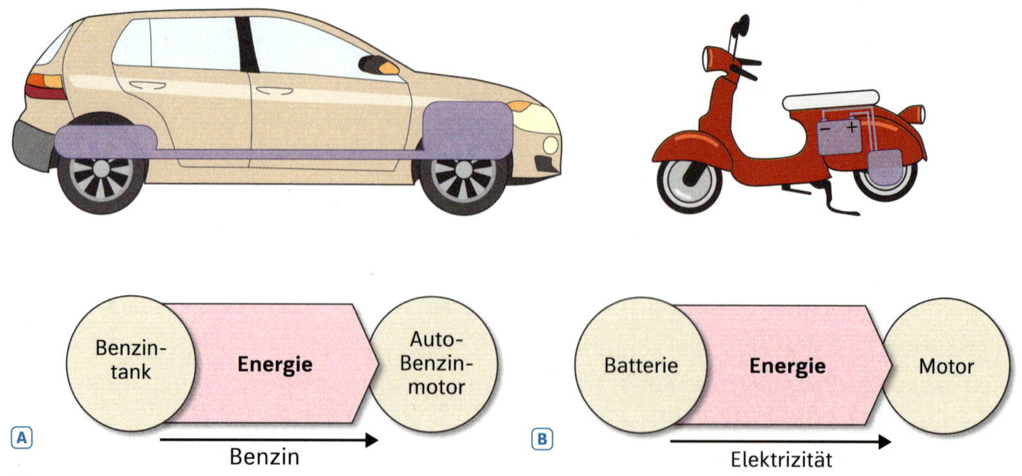

3 Energieflussdiagramm: **A** Auto; **B** E-Roller

Der Weg der Energie – Auch Autos und E-Rollern muss Energie zugeführt werden, damit sie fahren. Im Fall des Autos wird die Energie mit dem Energieträger Benzin zum Motor befördert. Eine Übertragung von Energie benötigt immer einen Energieträger, da sich Energie alleine nicht bewegen kann.
Im Motor wird das Benzin verbrannt. Die Energie wird dabei aber nicht vernichtet, sondern geht auf die Bewegung des Autos über. Je schneller ein Auto fährt, desto mehr Energie steckt in der Bewegung des Autos. Das erklärt auch, weshalb ein Auto völlig zerstört wird, wenn es mit hoher Geschwindigkeit gegen einen Baum fährt.

Energieflussdiagramme – Diese Vorstellung von Energie und Energieübertragung kann mithilfe eines **Energieflussdiagramms** veranschaulicht werden. Am Anfang des Diagramms steht oft in einem Kreis ein **Energiespeicher,** beispielsweise der Benzintank. Vom Energiespeicher führen zwei Pfeile zum **Energieempfänger,** dem Motor. Der obere Pfeil zeigt die Richtung der Energieübertragung an. Der untere zeigt, mit welchem Träger die Energie übertragen wird.

Energieumlader – Die Empfänger im Energieflussdiagramm werden oft auch als Energieumlader bezeichnet. Der Grund ist, dass in diesen Geräten die Energie den Träger wechselt. Beim Auto und E-Roller wechselt sie auf den Träger „Bewegung". Eine Heizung lädt die Energie auf den Träger Wärme, ein Windkraftrad lädt die Energie vom Träger „bewegte Luft" auf den Träger Elektrizität. Manchmal können auch mehrere Energieumlader hintereinandergeschaltet sein.

Schematisch werden Energietransporte in Energieflussdiagrammen dargestellt. In Energieumladern wechselt die Energie den Träger.

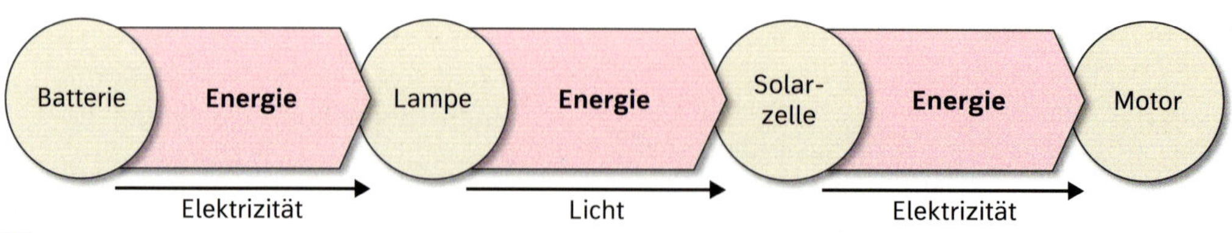

4 Energieflussdiagramm einer Umladerkette

MATERIAL MIT AUFGABEN

A Ohne Energie kein Sprung

1 Notiere, woher der Frosch die für seine Lebensvorgänge nötige Energie erhält. Nimm dazu Seite 90 und 91 zu Hilfe. ●●○

2 Beim Absprung des Froschs kommt die dafür nötige Energie nicht direkt aus dem Magen des Frosches. Erkläre, woher die für den Sprung nötige Energie in diesem Moment kommt. ●●●

5 Erkläre, weshalb der Frosch im Winter Winterschlaf hält. ●●●

B Energie und Energieträger

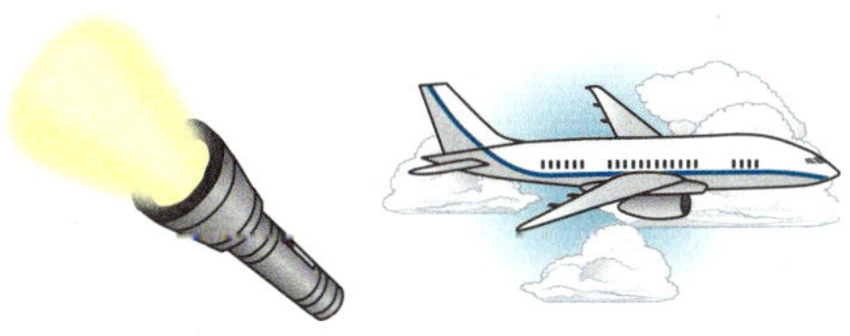

1 a) Beschreibe jeweils den Inhalt der Abbildungen. ●○○
  b) Ordne jedem Motiv einen Energieträger zu. ●●○

2 In drei der vier Abbildungen sind Energiespeicher beteiligt.
  a) Nenne die Abbildungen und die zugehörigen Speicher. ●○○
  b) Erkläre, weshalb in einem Fall kein Speicher vorliegt. ●●●

3 Zeichne für alle vier Fälle ein Energieflussdiagramm. ●●○

C Energieflussdiagramme

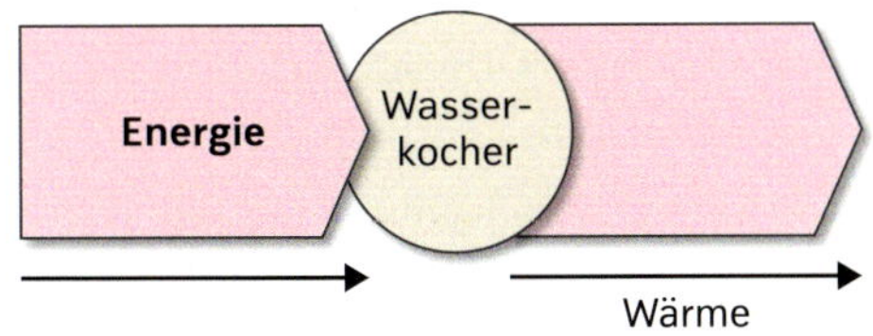

1 Zeichne die beiden Energieflussdiagramme von Wasserkocher und Pumpe vervollständigt ab. ●○○

2 a) Zeichne das Energieflussdiagramm für einen Elektromotor, der an eine Batterie angeschlossen ist und für eine Heizung mit Brenner und Heizkörper. ●●○
  b) Entwirf selbst zwei Energieflussdiagramme, die mehrere Energieumlader enthalten. ●●○

Energie

5 Reisender

Eine Energie – Sprechen Menschen von Energie, dann verwenden sie statt der Energieträgerbezeichnungen oft verkürzte Namen wie „elektrische Energie“ oder „Wärmeenergie“. Diese Namen lassen vermuten, dass es sich um unterschiedliche Energien handelt. Anhand der Geschichte eines Reisenden lässt sich veranschaulichen, dass es aber nur **eine Energie** gibt. So geht ein Reisender als „Fußreisender“ zum Bahnhof. Dort nimmt er den Zug zum Flughafen. Besteigt er das Flugzeug, wird aus dem „Zugreisenden“ ein „Flugreisender“. Am Ankunftsort steigt der Reisende in einen Bus. Er fährt als „Busreisender“ zum Hotel. Obwohl der Urlauber dauernd ein anderer Reisender ist, handelt es sich doch während der gesamten Reise um denselben Menschen. So verhält es sich auch bei der Energie.

Es gibt nur eine Energie, aber die verschiedenen Namen liefern Hinweise auf den beteiligten Träger oder Speicher der Energie. „Elektrische Energie“ weist zum Beispiel auf den Träger Elektrizität hin. „Wärmeenergie“ weist auf den Energieträger Wärme hin und „chemische Energie“ beispielsweise auf den Energieträger Heizöl.

Erscheinungsformen der Energie – Steht ein mit Wasser gefüllter Eimer am Fenster eines warmen Zimmers, verdunstet es. Das Wasser ist nicht weg. Es ist nur in Wasserdampf übergegangen. Wasserdampf ist somit neben der flüssigen eine weitere Erscheinungsform von Wasser. Steht der Eimer im Gefrierschrank, bildet sich Eis im Eimer. Eis ist als fester Körper eine dritte Erscheinungsform von Wasser. Obwohl das Wasser in drei verschiedenen Formen vorliegt, bleibt es immer Wasser. So ist es auch mit der Energie. Obwohl es nur eine Energie gibt, kann sie in verschiedenen **Erscheinungsformen** auftreten. Beispiele hierfür sind die Bewegungsenergie eines schnell laufenden Geparden oder eines schnell fahrenden Autos, die Spannenergie eines zusammengedrückten Gummiballs oder die Energie eines heißen Lagerfeuers. Die Energie in den verschiedenen Erscheinungsformen bleibt aber immer die eine Energie.

Energie geht nicht verloren

6 Bauklötze gesucht

Was ist Energie? – Der Physiker Richard FEYNMAN hat mithilfe eines Modells versucht, die Frage „Was ist Energie?“ zu beantworten. In dem Modell besteht die Energie aus 28 Bauklötzchen im Kinderzimmer von Denis. Solange niemand Bauklötze in das Kinderzimmer trägt oder entfernt, bleibt die Anzahl der Bauklötze immer gleich. Auch wenn Denis Bauklötze versteckt, bleiben es im Kinderzimmer immer 28 Bauklötze. Als seine Mutter an einem Tag nur 26 Bauklötze findet, sucht sie genau und entdeckt zwei unter der Bettdecke.

Am folgenden Tag findet sie nur 26 Bauklötze. Zwei liegen aber unter dem Schrank. Es bleiben im Kinderzimmer wieder 28 Bauklötze. Egal wie gut Denis seine Bauklötze versteckt, es bleiben immer 28. Auch wenn Denis Bauklötze aus dem Fenster wirft, sind sie nicht vernichtet. Sie sind nur nicht mehr im Kinderzimmer.

Das Modell gibt keine Antwort auf die Frage „Was ist Energie?“. Aber das Modell beschreibt eine wichtige Eigenschaft der Energie. Welche ist das?

Energie bleibt erhalten – Die Menge der Energie bleibt, wie die Anzahl der Bauklötze im Kinderzimmer von Denis, immer gleich. Auch wenn ein Bauklotz aus dem Fenster geworfen wird, ist der Bauklotz nicht verschwunden oder vernichtet. Das gilt auch für die Energie. Für diese Beobachtung verwendet man den Begriff **Energieerhaltung.** Richard FEYNMAN formuliert diese Beobachtung am Ende seiner Geschichte so: *„Es ist wichtig zu erkennen, dass die heutige Physik keine Kenntnis darüber hat, was Energie eigentlich ist. Energie sind keine kleinen Klumpen (...), aber wenn wir alles zusammenzählen, ergibt es (...) immer die gleiche Zahl.“*

1 Erkläre mithilfe des Modells der Bauklötze den Begriff Energieerhaltung. ●●○

2 Erläutere, ob die Bauklötze im Modell durch etwas anderes ersetzt werden könnten. ●●●

3 Es gibt nur eine Energie, die aber auf verschiedenen Trägern vorkommen kann. Übertrage diese Vorstellung von Energie auf das Modell der Bauklötze und gib hierfür Beispiele an. ●●●

1 Turner bei einer Bodenübung

2.1 Das Skelett des Menschen

Bei einer Bodenübung läuft, springt, beugt und streckt sich der Turner. Dabei muss der Körper Erschütterungen ausgleichen, Stöße abfangen und beweglich sein. Wie ist das möglich?

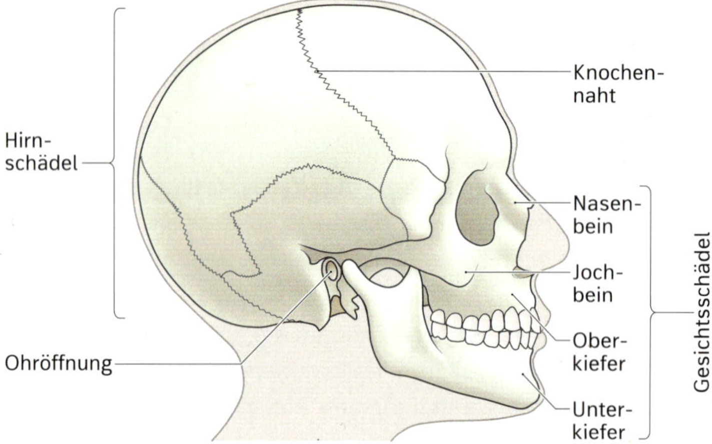

2 Kopfskelett

Skelett – Im Inneren des Körpers befinden sich über 200 Knochen. Sie sind zu einem Knochengerüst, dem **Skelett,** zusammengesetzt. Es verleiht dem Turner Halt und schützt seinen Körper. Dazu sind die Knochen besonders geformt und sinnvoll miteinander verbunden.

Kopfskelett – Das Kopfskelett, der Schädel, ist besonders widerstandsfähig. Seine Knochenplatten sind zu einem harten Schutzpanzer miteinander verwachsen. Ihre gezackten Verwachsungsstellen bezeichnet man als Knochennähte. Der **Hirnschädel** mildert Stöße ab und schützt so das empfindliche Gehirn. Der einzig bewegliche Knochen des Schädels ist der Unterkiefer. Er gehört zusammen mit dem Oberkiefer, dem Nasenbein und dem Jochbein zum **Gesichtsschädel.**

MATERIAL MIT AUFGABEN

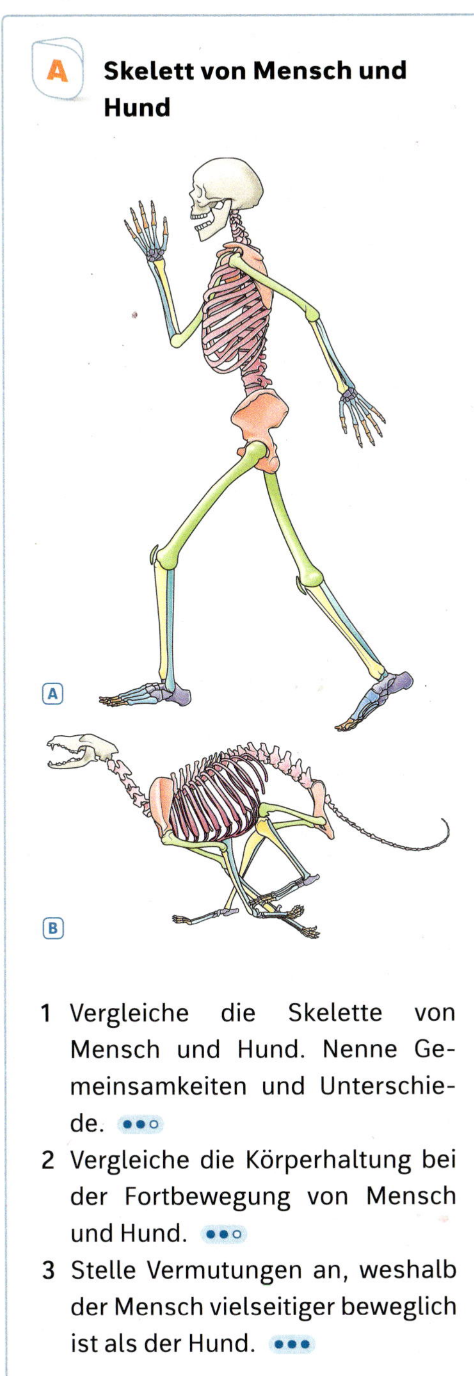

A Skelett von Mensch und Hund

1 Vergleiche die Skelette von Mensch und Hund. Nenne Gemeinsamkeiten und Unterschiede. ●●○

2 Vergleiche die Körperhaltung bei der Fortbewegung von Mensch und Hund. ●●○

3 Stelle Vermutungen an, weshalb der Mensch vielseitiger beweglich ist als der Hund. ●●●

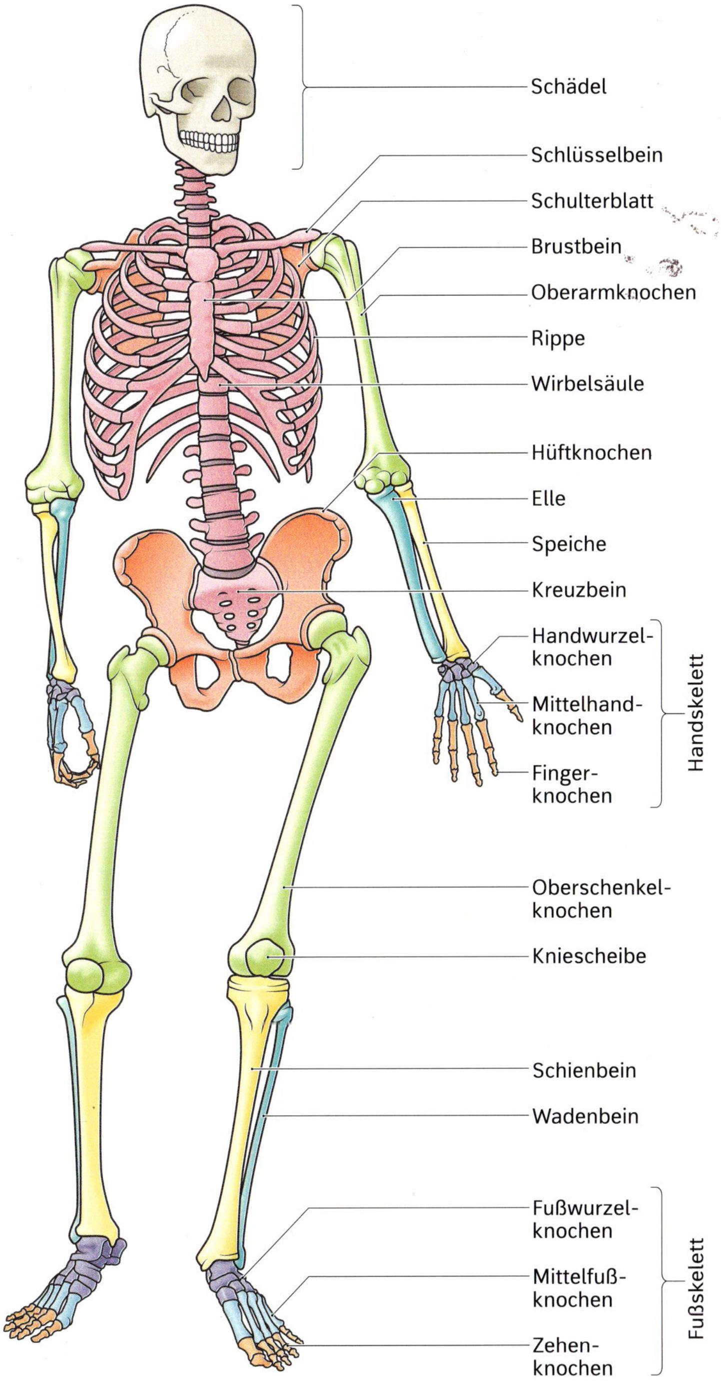

3 Skelett des Menschen

Rumpfskelett – Die Wirbelsäule ist die Hauptachse des Skeletts. Sie trägt den Kopf und den Brustkorb. Im Becken ist sie fest verankert. Der **Brustkorb** liegt schützend um Herz und Lunge. Zum Brustkorb gehören zwölf Paar Rippen, die mit der Wirbelsäule beweglich verbunden sind. Sie krümmen sich bogenförmig nach vorn. Die zehn oberen Rippenpaare sind durch elastische Knorpelstücke mit dem Brustbein verbunden. So bietet der Brustkorb Schutz und ist gleichzeitig noch beweglich.

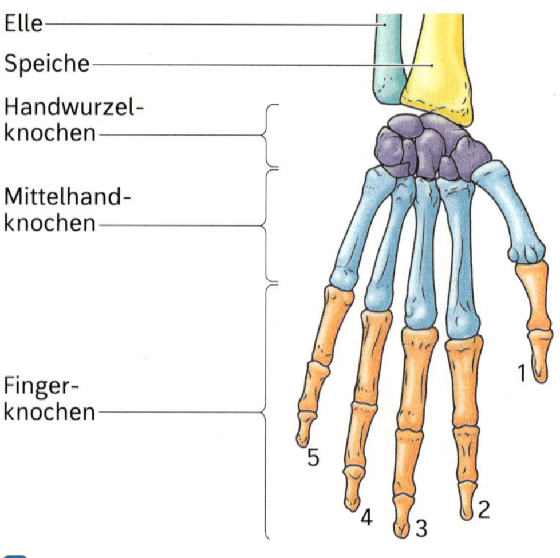

4 Skelett der rechten Hand

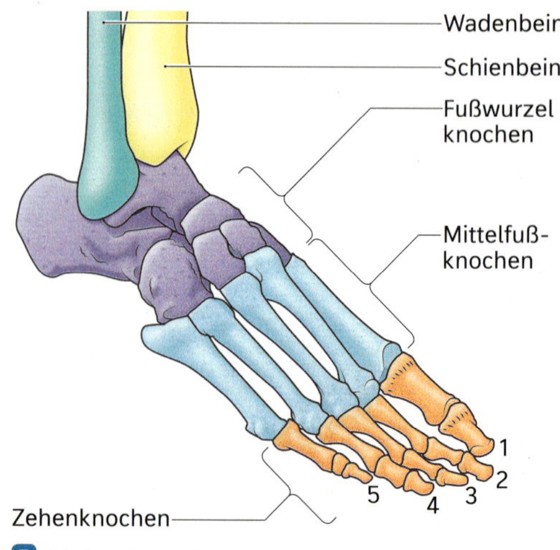

5 Skelett des rechten Fußes

Extremitäten – Jeder Arm und jedes Bein besteht aus 30 Knochen. Diese große Anzahl an Knochen machen die Arme und Beine so beweglich. Sie werden als Gliedmaßen oder **Extremitäten** bezeichnet.

MATERIAL MIT AUFGABEN

B Arm- und Handskelett

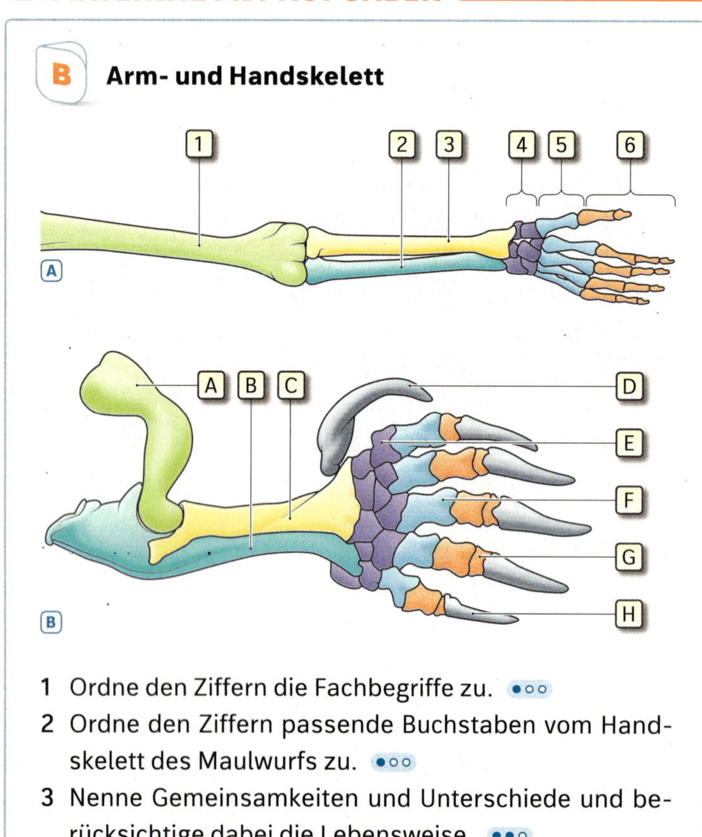

1 Ordne den Ziffern die Fachbegriffe zu. ●○○
2 Ordne den Ziffern passende Buchstaben vom Handskelett des Maulwurfs zu. ●○○
3 Nenne Gemeinsamkeiten und Unterschiede und berücksichtige dabei die Lebensweise. ●●○

Die Arme sind mit dem Rumpf über den **Schultergürtel** verbunden. Er besteht aus den beiden Schulterblättern und den Schlüsselbeinen. Der **Beckengürtel,** der die Beine mit dem Rumpf verbindet, stellt einen festen Knochenring dar. Er setzt sich aus dem Kreuzbein und den schalenförmigen Hüftknochen zusammen. Das Fußskelett besteht aus 26 kleinen Knochen, die zu einem Gewölbe zusammengefügt sind. Der Fuß ist stark belastbar und trägt das Körpergewicht.

Wirbelsäule – Die Wirbelsäule durchzieht den Rumpf wie eine geschwungene Achse. Sie ermöglicht die aufrechte Haltung des Menschen. Diese „Säule" ist jedoch kein starrer Knochenstab. Sie setzt sich vielmehr aus einzelnen **Wirbeln** zusammen und ist vielfältig beweglich. Die Wirbel bestehen aus einem Wirbelkörper und einem Wirbelbogen mit einem Dornfortsatz und zwei Querfortsätzen. In der Mitte des Wirbels liegt das Wirbelloch. Die übereinander liegenden Wirbel bilden mit ihren Wirbellöchern einen Kanal, in dem das Rückenmark liegt.

Die Beweglichkeit der Wirbelsäule wird dadurch erhöht, dass zwischen den Wirbeln elastische Knorpelscheiben liegen. Diese

Bandscheiben wirken wie Stoßdämpfer und fangen die meisten Stöße federnd auf. Gleichzeitig vermeiden sie die Reibung der harten, knöchernen Wirbel aneinander. Alle Wirbel des Hals-, Brust- und Lendenabschnitts sind gegeneinander beweglich. Dadurch kann der Rumpf vorwärts, rückwärts und seitwärts gebeugt und gestreckt werden. Das keilförmige Kreuzbein und das schwanzförmige Steißbein bestehen aus mehreren verwachsenen Wirbeln. Betrachtet man die Wirbelsäule von der Seite, fällt sofort die **doppelt-S-förmige** Krümmung auf. Das erste „S“ verläuft vom Beginn des Halsabschnitts bis etwa zur Brustmitte. Das zweite „S“ reicht von der Brustmitte bis zum Steißbein. Aufgrund dieser Form kann die Wirbelsäule stark belastet werden. Außerdem federt sie Stöße ab und fängt dadurch Erschütterungen auf.

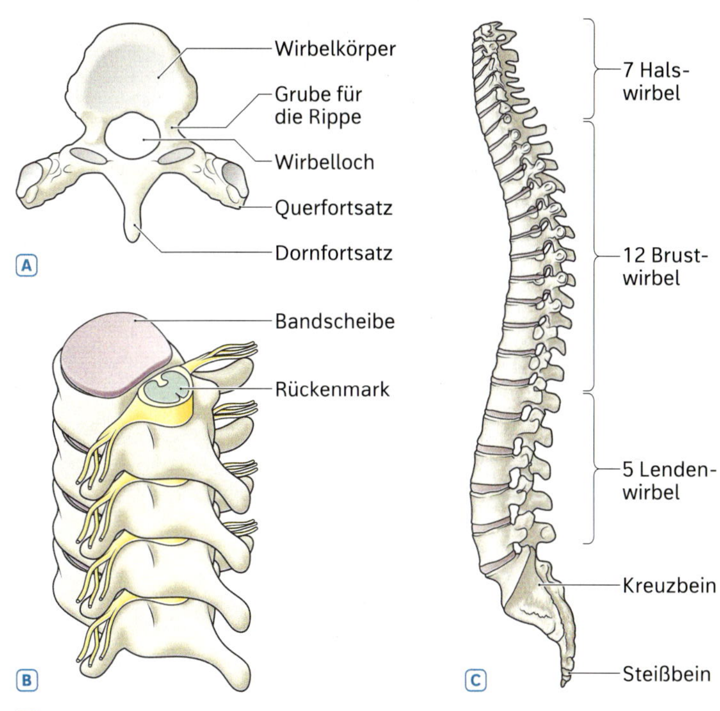

6 Wirbelsäule: **A** Brustwirbel; **B** Lage des Rückenmarks; **C** von der Seite

MATERIAL MIT AUFGABEN

C Wirbel im Vergleich

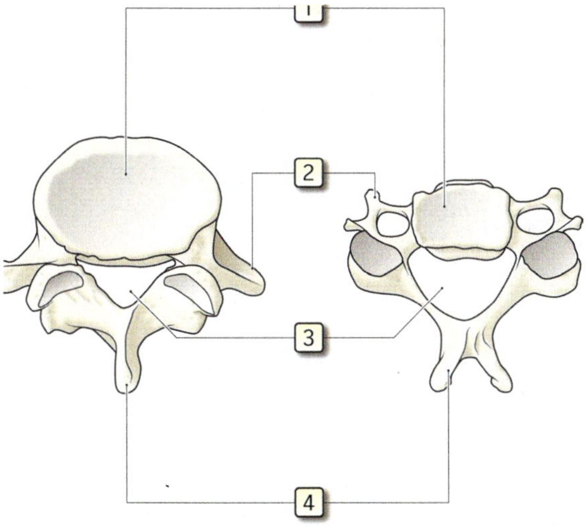

1
2
3
4

1 Ordne den Ziffern die Fachbegriffe zu.
2 Nenne die drei Abschnitte der Wirbelsäule und die jeweilige Anzahl der Wirbel.
3 Beschreibe die Unterschiede zwischen Lenden- und Halswirbel.

D Bandscheiben

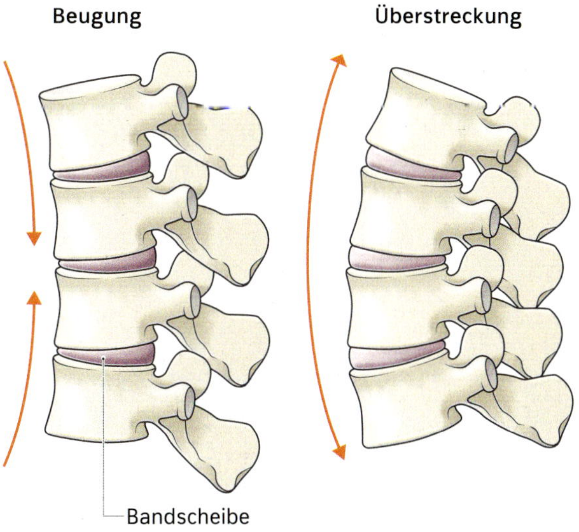

Beugung

Überstreckung

Bandscheibe

1 Nenne die Abschnitte der Wirbelsäule.
2 Beschreibe die Funktion der Wirbelsäule.
3 Erkläre die Bedeutung der Bandscheiben für die Beweglichkeit der Wirbelsäule.

1 Rudern

2.2 Gelenke und Muskeln des Menschen

Die Steuerfrau im Ruderboot ruft „Hauruck!" Mit diesem Ruf feuert die Steuerfrau die Ruderinnen in ihrem Boot an. Bei „Hau" strecken die Ruderinnen ihre Arme nach vorn, bei „Ruck" ziehen sie die Ruderinnen kräftig durch das Wasser. Ganz deutlich kann man die gewölbten Muskeln der Oberarme sehen. Welche Strukturen ermöglichen diese Bewegung?

Gelenke – Viele Knochen sind durch Gelenke miteinander verbunden. Das Ende des einen Knochens, der **Gelenkkopf,** passt genau in die Vertiefung des anderen, in die **Gelenkpfanne.** Beide werden von einer festen Hülle, der Gelenkkapsel, umschlossen. Ihre Enden sind mit elastischem Gelenkknorpel überzogen. Dazwischen befindet sich die Gelenkschmiere. Sie macht

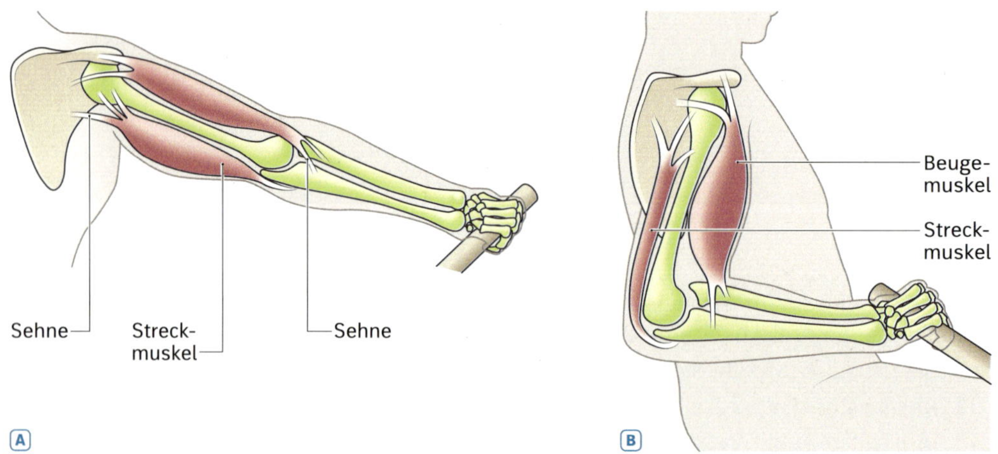

2 Zusammenspiel der Armmuskeln beim Rudern: **A** Strecken; **B** Beugen

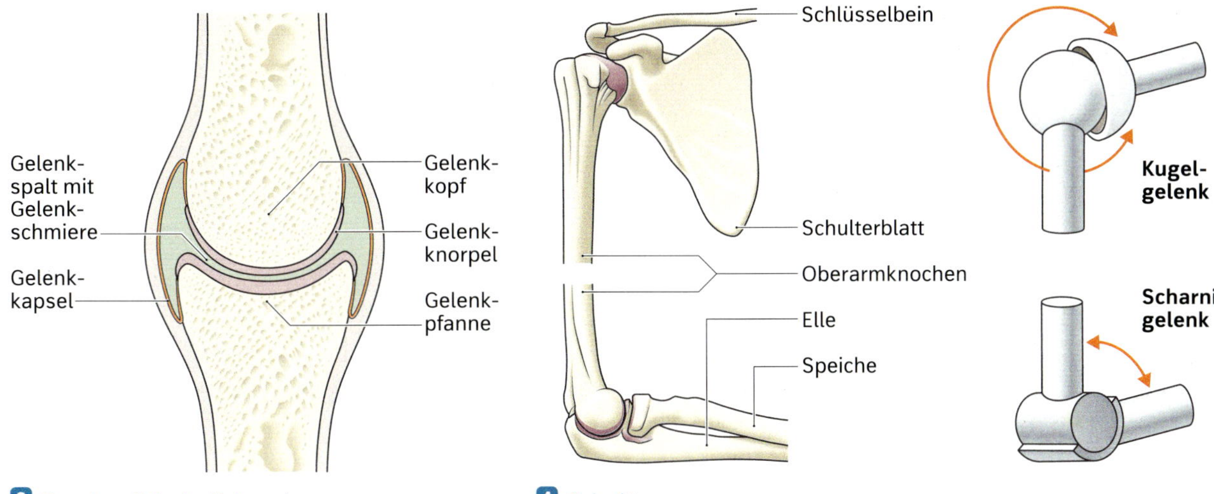

3 Bau eines Gelenks (Schema)

4 Gelenktypen

das **Gelenk** gleitfähig. Gelenke wie das Kniegelenk werden zusätzlich durch feste Gelenkbänder von außen und innen stabilisiert. Je nach Bewegung unterscheidet man verschiedene **Gelenktypen.** Das Ellenbogengelenk des Arms kann man wie ein Scharnier nur in eine Richtung bewegen. Deshalb nennt man es **Scharniergelenk.** Der Gelenkkopf des Oberarms hat die Form einer Kugel und lässt sich in der kugelig ausgehöhlten Schulter kreisend bewegen. Es ist ein **Kugelgelenk.**

MATERIAL MIT AUFGABEN

A Gelenktypen

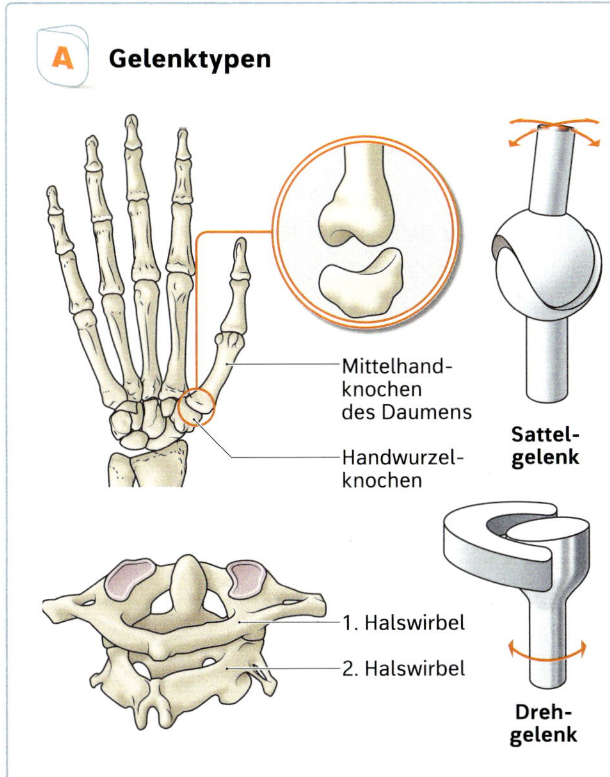

Zwischen dem Handwurzelknochen und dem Wurzelknochen des Daumens befindet sich ein Gelenk. Es ermöglicht, den Daumen, an- und abzuspreizen, ihn nach links und rechts zu bewegen sowie den anderen Fingern gegenüber zustellen. Man nennt es **Sattelgelenk.** Das Gelenk zwischen den beiden oberen Halswirbeln ermöglicht es, den Kopf von einer Seite zur anderen zu drehen. Es heißt **Drehgelenk.**

1 Beschreibe den Bau von Sattel- und Drehgelenk. ●○○

2 Vergleiche die Form des Gelenks sowie die Bewegungsrichtung von Scharnier-, Dreh-, Sattel- und Kugelgelenk. ●●○

3 Beuge den linken Daumen und erkläre, um welchen Gelenktyp es sich bei dem Gelenk zwischen dem Mittelhandknochen und dem Fingerglied des Daumens handelt. ●●○

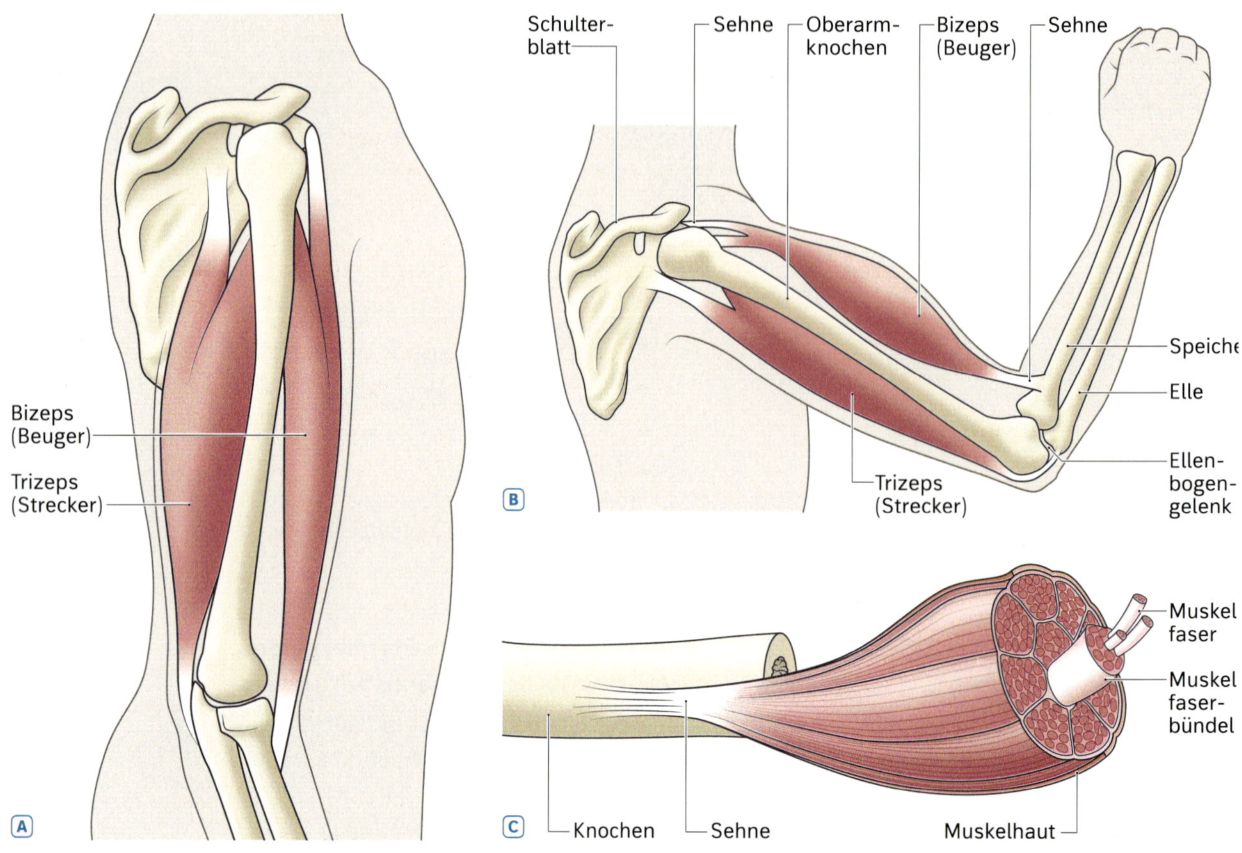

5 Muskeln des Oberarms: **A** Trizeps verkürzt, Bizeps gedehnt; **B** Bizeps verkürzt, Trizeps gedehnt; **C** Bau des Muskels

Gegenspielerprinzip – Für die Bewegungen des Körpers reichen Knochen und Gelenke allein noch nicht aus. **Muskeln** erzeugen die Kraft, mit deren Hilfe wir Bewegungen ausführen können. So arbeiten die Muskeln des Oberarms beim Rudern mit den Knochen und Gelenken eng zusammen. Beim Heranziehen des Ruders beugt sich der Unterarm und der vordere Oberarmmuskel, der **Bizeps,** wird verkürzt. Er ist ein **Beugemuskel.** Soll das Ruder wieder nach vorn gebracht und der Arm gestreckt werden, verkürzt sich der hintere Oberarmmuskel, der **Trizeps.** Der Unterarmmuskel wird daher **Streckmuskel** genannt.
Wenn sich der Trizeps zusammenzieht und der Arm gestreckt wird, dehnt sich gleichzeitig der Bizeps. Wird der Arm gebeugt, verkürzt sich der Bizeps und der Trizeps ist gedehnt. Beuger und Strecker wirken also beim Rudern in entgegengesetzter Weise zusammen. Man nennt sie deshalb Gegenspieler. Nach diesem **Gegenspielerprinzip** arbeiten viele Muskeln im Körper zusammen.

Bau des Muskels – Über 600 Muskeln ermöglichen in Zusammenarbeit mit den Knochen und Gelenken die unterschiedlichsten Bewegungen des Körpers. Sie sind aus vielen **Muskelfaserbündeln** zusammengesetzt. Jedes Muskelfaserbündel besteht wiederum aus vielen **Muskelfasern.** Eine feste Haut, die Muskelhaut, umschließt den Muskel und geht am Ende in straffe **Sehnen** über. Diese erstrecken sich über ein Gelenk hinweg und sind am dazugehörigen Knochen angewachsen. Sie verbinden den Muskel mit dem Knochen. Alle Muskeln arbeiten nach demselben Prinzip: Sie ziehen sich zusammen und verkürzen sich dabei.

 MATERIAL MIT AUFGABEN

B Das Gegenspielerprinzip

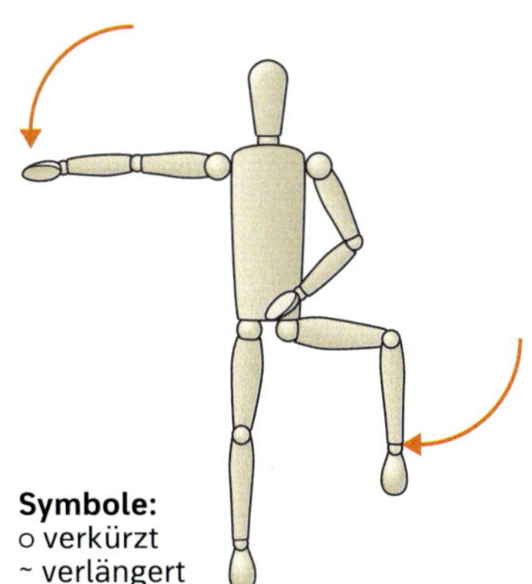

1 Übertrage die Grafiken als Strichmännchen in deine Mappe. Kennzeichne mit den Symbolen die Muskeln, die sich bei den Bewegungen verkürzen oder dehnen. ●○○
2 Setze dich auf eine Stuhlkante. Strecke und beuge dein Bein. Beschreibe, wie Knochen, Gelenke und Muskeln des Beins zusammenwirken. ●●○
3 Erkläre das Gegenspielerprinzip an den Oberarmmuskeln. ●●○

METHODE

Mit Modellen arbeiten

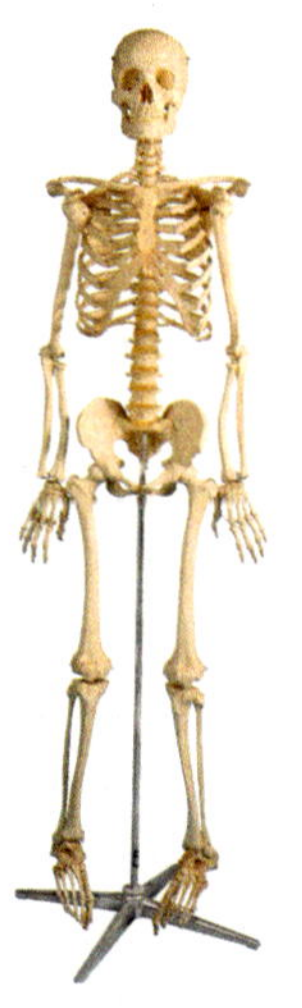

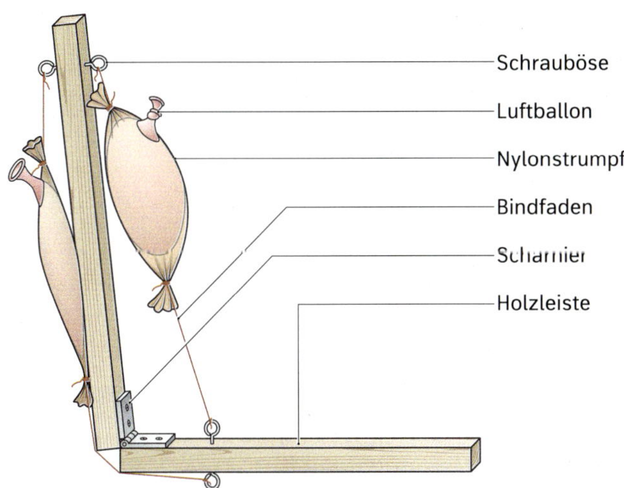

Das Modell des Menschenskeletts beschränkt sich auf die Darstellung der Knochen. Es zeigt ihre Form und Größe sowie ihre Lage. Muskeln, Sehnen oder Organe zeigt es nicht. Ein solches Modell nennt man **Strukturmodell.** Es gibt auch Modelle, die zeigen wie etwas funktioniert. So zeigt das abgebildete Modell eines Arms das Zusammenspiel der Oberarmmuskeln beim Beugen und Strecken. Ein solches Modell nennt man **Funktionsmodell.** Ein Modell stellt also ausgewählte Teile der Wirklichkeit dar. Mit einem Modell kann man diese Teile besser verstehen oder testen, wie diese funktionieren. Gleichzeitig muss man sich aber auch immer die Grenzen eines Modells vergegenwärtigen. Es kann die Wirklichkeit nie vollständig abbilden. Das nennt man **Modellkritik.**

1 Mountainbiker

2.3 Den Körper fit halten

Im bergigen Gelände fährt ein Mountainbiker. Der Hang ist sehr steil und dennoch überschlägt er sich nicht. Welche Fähigkeiten braucht er, um nicht zu stürzen?

Bewegung – Der Mountainbiker muss im unebenen Gelände seine Bewegungen gut kontrollieren können. Das Überfahren von Wurzeln und Steinen erfordert ein hohes Maß an Balance. Dies gelingt mit einem trainierten Gleichgewichtssinn und dem Zusammenspiel von vielen Muskelgruppen. Zwischen dem Radfahren und dem Mountainbiken besteht ein großer Unterschied. Ein Mountainbiker muss besonders gut trainiert sein, um die Kraft zu haben, das Fahrrad im Hang halten zu können. Die Hälfte der heute gekauften Fahrräder sind Mountainbikes, doch sind die Besitzer auch fit genug?

Sport treiben – Nicht jeder Mensch muss ein Leistungssportler werden. Doch eine gewisse Fitness hilft, den Alltag besser zu meistern und gesund zu bleiben. Zur Fitness gehört die Koordinationsfähigkeit aller Körperteile, damit wir gehen, laufen oder schwimmen können. Die Fitness zeigt sich auch darin, ob die Tätigkeiten ausdauernd betrieben werden können. Ob im Schulsport oder im Verein, gemeinsames Spielen und Sport treiben macht Spaß. Erfolgserlebnisse im Sport stärken das Selbstbewusstsein und lassen den Menschen mutig werden, neue Herausforderungen anzunehmen.

Fitness – In Ruhe atmet der Mensch etwa 15 bis 20 Atemzüge in der Minute und sein Herz schlägt etwa 60 bis 80 Mal. Bei körperlicher Belastung erhöht sich die Anzahl der Atemzüge und der Herzschläge. Muskeln in Bewegung benötigen mehr Sauerstoff. Durch schnelleres Atmen und einem beschleunigten Herzschlag wird sauerstoffreiches Blut zu den Muskeln transportiert. Je schneller sich die Atmung und der Herzschlag in Ruhe wieder normalisieren, desto fitter ist die Person. Die Fitness kann man mit Ausdauersportarten wie Laufen, Schwimmen und Radfahren verbessern.

Sicherheit im Sport – Warum trägt der Mountainbiker oder Skater einen Helm? In diesen Sportarten ist die Gefahr des Sturzes sehr hoch. Der Kopf wird deshalb besonders geschützt. Auch Gelenke, wie die Knie oder die Ellenbogen, sollten in manchen Sportarten vor Stößen abgefedert werden. Im Fußball werden die Schienbeine mit den sogenannten Stulpen, Hartschalen im Strumpf, vor Tritten geschützt. Sicherheit geht im Sport immer vor. Beim Skifahren ist nicht nur die richtige Kleidung und der Helm nötig, sondern auch das Beachten von Hinweisschildern vor gefährlichen oder gesperrten Strecken.

MATERIAL MIT AUFGABEN

A 400-Meter-Lauf

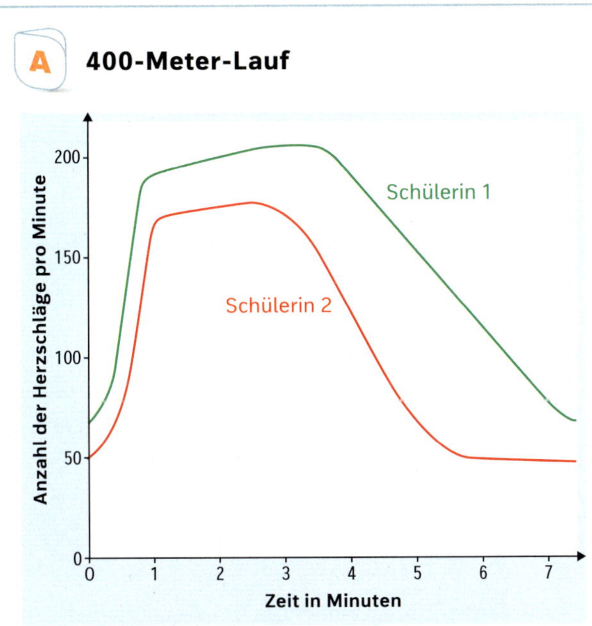

Eine Schülerin trainiert regelmäßig für einen 400-Meter-Lauf-Wettbewerb. Eine andere Schülerin will den 400-Meter-Lauf-Wettbewerb ohne Training bewältigen.

1 Beschreibe das Diagramm. ●○○
2 Erkläre, weshalb beim Laufen die Anzahl der Herzschläge pro Minute steigt. ●●○
3 Erläutere anhand des Diagramms, welche der beiden Schülerinnen die Fittere ist. ●●●

B Bewegung früher und heute

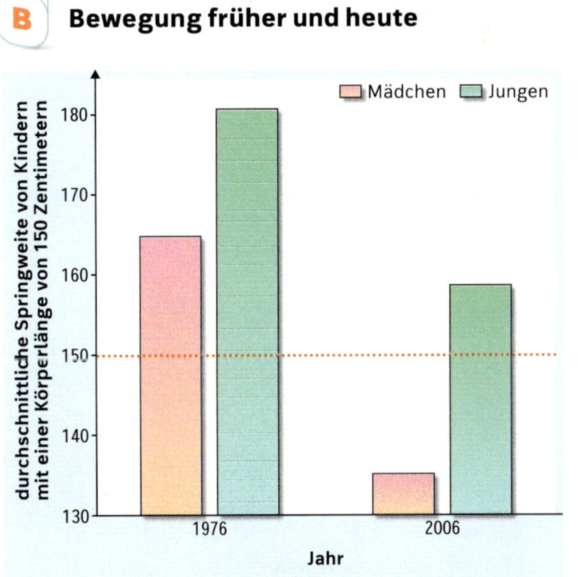

Es wurden die Leistungen von Kindern im Standweitsprung aus dem Jahr 1976 mit den Leistungen von Kindern aus dem Jahr 2006 verglichen.

1 Beschreibe das Diagramm. ●○○
2 Nenne die Erkenntnisse, die der Vergleich zeigt. ●●○
3 Stelle Vermutungen an, welche Ursachen die veränderte Leistung der Schülerinnen und Schüler hat. ●●●

Wirbelsäule – Die Bauchmuskeln beugen den Oberkörper und die Rückenmuskeln richten ihn wieder auf. Werden diese Gegenspieler nicht ausreichend trainiert, verkümmern sie. So führt zum Beispiel dauerndes Sitzen in einer nach vorn gebeugten Haltung zu einer Verkümmerung der Rückenmuskeln. Ein dauerhafter Haltungsschaden, ein **Rundrücken,** kann die Folge sein.

Durch Fehlhaltungen und einseitigen Belastungen kann auch die Wirbelsäule geschädigt werden. Eine typische Wirbelsäulenerkrankung ist der **Bandscheibenvorfall.** Die Bandscheibe zwischen den Wirbeln quillt heraus und drückt auf die in der Wirbelsäule liegenden Nerven.

Füße – Die Körperlast wird von den Beinen und den Füßen getragen. Die 26 Knochen des Fußskeletts sind zu einem besonders kräftigen **Fußgewölbe** geformt. Muskeln und Sehnen geben dem Gewölbe zusätzlich Halt. Der gesunde Fuß berührt den Boden mit der Ferse, der Außenkante, dem Ballen und den Zehen. So können Füße nicht nur den Druck der Körpermasse standhalten, sondern ihn auch abfedern. Sind die Fußmuskeln dagegen durch dauernde Überlastung geschwächt, drückt sich das Fußgewölbe durch. Es entsteht ein **Plattfuß.** Fußschäden kann man vermeiden, indem man viel wandert, barfuß läuft und keine Schuhe mit hohen Absätzen und Plateausohlen trägt.

MATERIAL MIT AUFGABEN

C Haltungsschäden vorbeugen

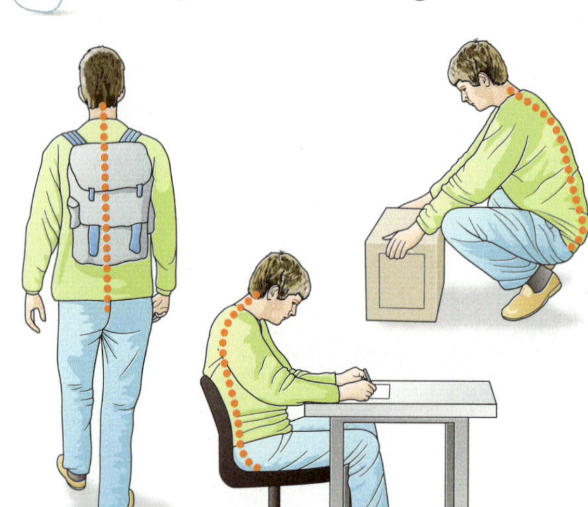

1 Beschreibe, wie man richtig trägt, hebt und sitzt. ●○○
2 Beschreibe, wie es zu einem Haltungsschaden kommen kann. ●●○
3 Erläutere, weshalb das Tragen eines Rucksacks im Vergleich zum Tragen einer Umhängetasche für die Körperhaltung besser ist. ●●○

D Bandscheibenvorfall

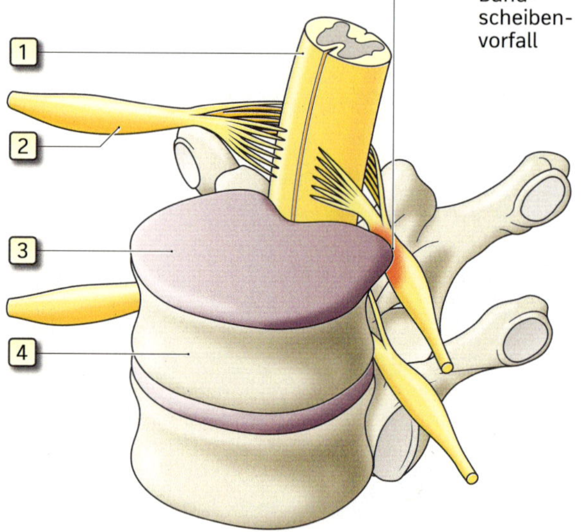

1 Ordne den Ziffern Fachbegriffe zu. ●○○
2 Erkläre, welche Bedeutung Bandscheiben für die Beweglichkeit der Wirbelsäule haben. ●●○
3 Erkläre, weshalb ein Bandscheibenvorfall starke Schmerzen und sogar Lähmungen verursachen kann. ●●●

Muskeln, Bänder und Sehnen – Ein Sportler wärmt vor dem Wettkampf seine Muskeln auf und dehnt sie. So vermeidet er Muskelverletzungen. Wird ein untrainierter Muskel dagegen stark gedehnt, kann das zu einer schmerzhaften Verhärtung führen. Eine solche **Muskelzerrung** löst sich nach einigen Tagen Ruhe. Bei einem unglücklichen Zusammenprall mit einem anderen Spieler beim Fußball kann auch eine Muskelfaser reißen. Ein **Muskelfaserriss** führt zu anhaltenden starken Schmerzen und muss von einem Arzt behandelt werden. Der betroffene Muskel wird geschont, gekühlt und hoch gelagert. Bis ein Muskelfaserriss ausgeheilt ist, vergehen mehrere Wochen. Knickt man beim Sport mit dem Fuß um, spürt man einen heftigen Schmerz. Das Fußgelenk wird heiß und schwillt an. Die Knochenenden der Gelenke wurden für einen kurzen Augenblick auseinandergezerrt, sind aber sofort in ihre normale Lage zurück gesprungen. Bei dieser **Verstauchung** werden die Gelenkkapsel und die Bänder überdehnt. Auch Blutgefäße reißen. Bei einer **Bänderdehnung** muss das Gelenk ruhig gestellt werden, bis der Schmerz und die Schwellung abgeklungen sind. Bei starker Überlastung und Schädigung kann auch die stärkste Sehne des Körpers, die **Achillessehne,** reißen. Bei eine solchen Verletzung muss sofort ein Arzt aufgesucht werden. Häufig wird die gerissene Sehne wieder zusammengenäht.

MATERIAL MIT AUFGABEN

E Fußgewölbe

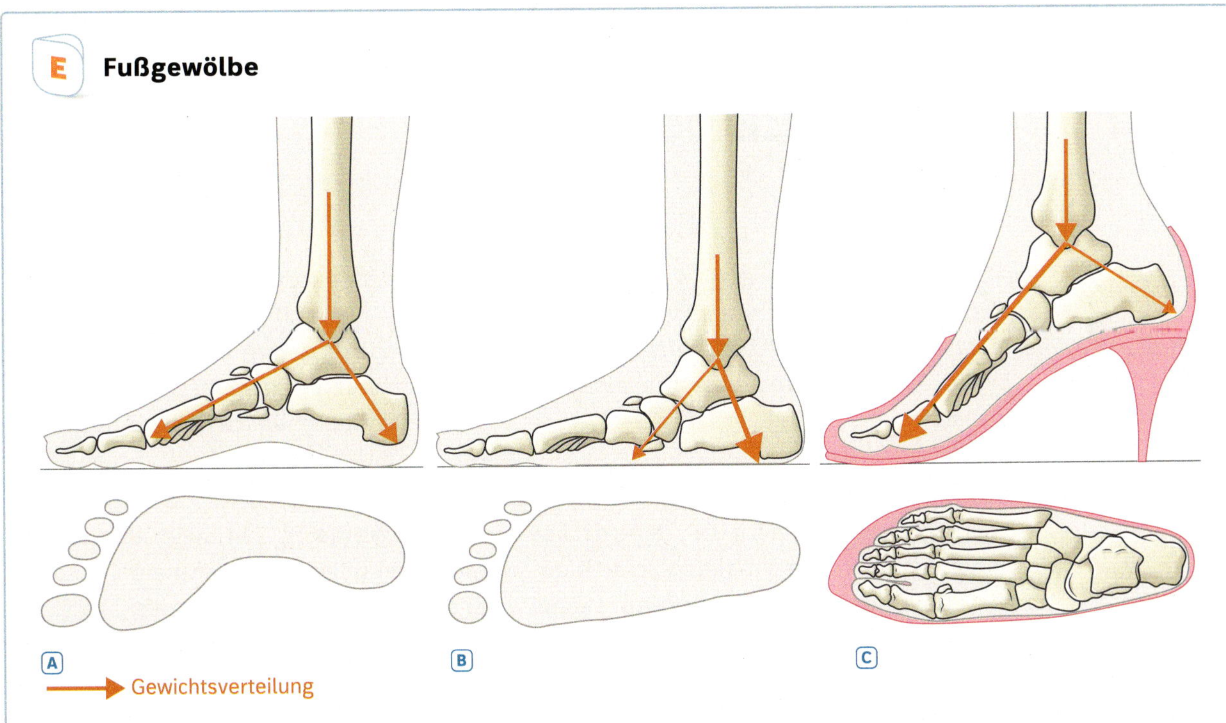

1 Beschreibe die Bedeutung des Fußgewölbes. ●○○

2 Vergleiche die Gewichtsverteilung in Abbildung A und B. ●●○

3 Erkläre, wie ein Plattfuß entsteht. ●●○

4 Vergleiche die Gewichtsverteilung auf die Fußknochen in Abbildung A und C. ●●○

5 Nenne Maßnahmen, die dazu beitragen, das Fußgewölbe zu erhalten. ●●○

6 Stelle Vermutungen an, welche Auswirkungen Schuhe mit hohen Absätzen auf die Gelenke und Knochen des Mittelfußes haben können. ●●●

1 Zauneidechsen: Weibchen (hinten) und Männchen (vorn)

2.4 Reptilien bewegen sich an Land

2 Fortbewegung

An einem warmen Sonnentag sonnen sich zwei Zauneidechsen auf einem Baumstamm. Fühlen sie sich bedroht, flüchten sie blitzschnell. Weshalb ist die Zauneidechse so flink?

Fortbewegung und Körperbau – Schlängelnd bewegt sich die *Zauneidechse* vorwärts. Dabei huscht sie so schnell dahin, dass der Bewegungsablauf kaum wahrzunehmen ist. Beim Schlängeln biegt sich ihre Wirbelsäule abwechselnd nach links und nach rechts. Die *Zauneidechse* gehört wie alle Eidechsen zu den **Wirbeltieren.** Seitlich an den Schulterblättern und den Beckenknochen sitzen die kurzen, abstehenden Beine. Sie werden entsprechend der Körperbiegungen über Kreuz nach vorn gesetzt. So entsteht die schlängelnde und blitzschnelle Bewegung des Körpers. Die Beine können den Körper kaum tragen. Er hängt deshalb durch und berührt den Boden. Diese kriechende Fortbewegung kennzeichnet die *Zauneidechse* als **Kriechtier.** Kriechtiere werden auch **Reptilien** genannt.

Lebensweise – Oft liegt die *Zauneidechse* regungslos in der Sonne. Ihr Körper ist breit und ganz flach. In dieser Lage kann sie kaum von der Umgebung unterschieden werden. Durch diese **Tarnfärbung** ist sie vor vielen Fressfeinden wie Greifvögeln, Krähen, Mardern, Igeln oder Hauskatzen geschützt. Sollte sie doch eine Krähe am Schwanz ergreifen, bricht er an einer unverknöcherten, schwachen Bruchstelle der Wirbelsäule ab. Der abgebrochene Schwanz bewegt sich noch eine kurze Zeit hin und her. So lenkt er die Krähe von der

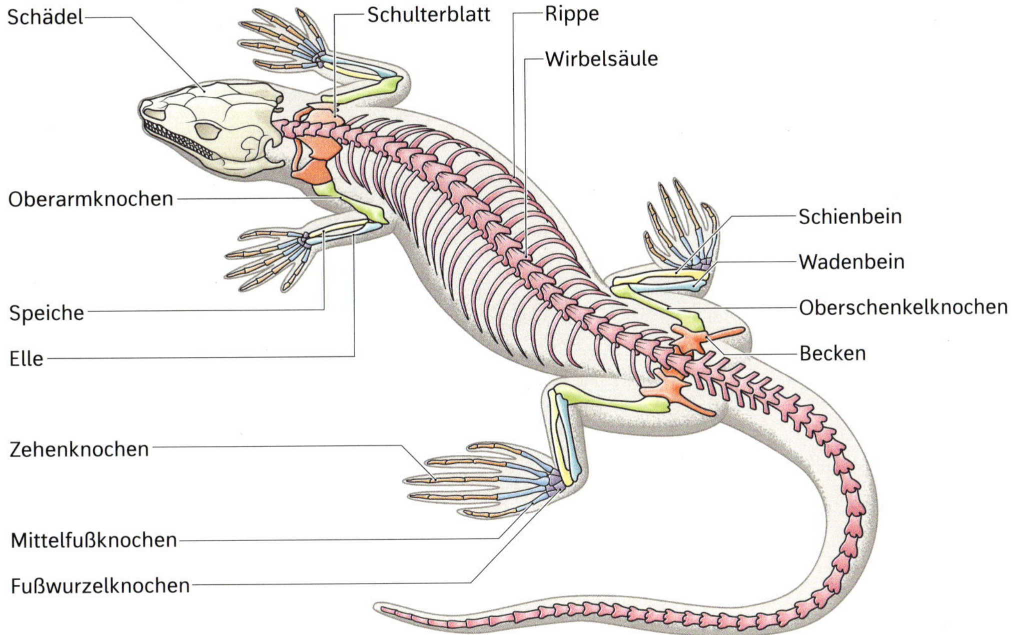

3 Skelett der Zauneidechse

Zauneidechse ab. Mit diesem „Trick“ entwischt die *Zauneidechse* ihren Feinden. Die Bruchstelle verheilt schnell und später wächst der Schwanz sogar nach. Der nachgewachsene Schwanz kann dann aber nicht ein weiteres Mal abgeworfen werden.

Jagd und Ernährung – Die *Zauneidechse* ernährt sich von Insekten, Spinnen, Asseln, Schnecken und Würmern. Regungslos sitzt sie gut getarnt und wartet auf Beutetiere. Von Zeit zu Zeit streckt sie ihre Zunge heraus, um sie gleich darauf wieder zurückzuziehen. Dieses **Züngeln** dient dem „Riechen“ und „Tasten“. Mit ihrer dünnen und gespaltenen Zunge nimmt sie Geruchsstoffe aus der Umgebung auf. Zieht sie die Zunge zurück, nimmt ein gut ausgebildetes Geruchsorgan im Maul der *Zauneidechse* die Geruchsstoffe wahr. Beutetiere werden so, unterstützt durch ihr gutes Sehvermögen, erkannt. Zielsicher und blitzschnell schnappt sie mit ihren spitzen Zähnen zu und verschluckt das Beutetier als Ganzes.

MATERIAL MIT AUFGABEN

A Fortbewegung

1 Eine Smaragdeidechse erreicht eine Höchstgeschwindigkeit von bis zu 480 Metern pro Minute. Berechne die Strecke, die sie in einer Sekunde kriecht. ●○○

2 Berechne, wie lange die Smaragdeidechse benötigt, um sich unter einem Stein zu verstecken, der 24 Meter von ihrem aktuellen Ort entfernt ist. ●●○

3 Erläutere, weshalb die Smarageidechse ihre Höchstgeschwindigkeit nur für wenige Sekunden durchhält. ●●●

1 Ringelnatter

2.5 Schlangen – kriechende Reptilien

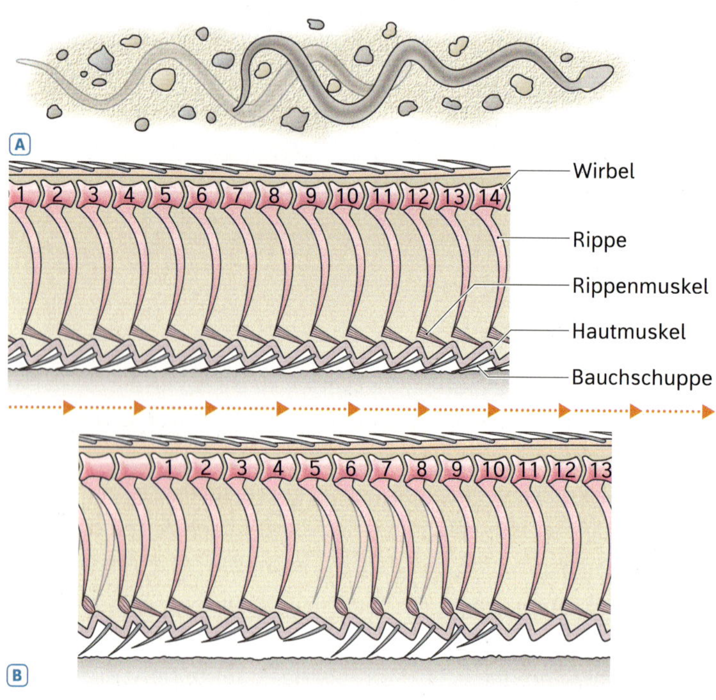

2 Fortbewegung der Ringelnatter: **A** Schlängelbewegung; **B** Zusammenspiel von Rippen und Bauchschuppen

Eingerollt liegt die Ringelnatter oft stundenlang in Ruhestellung. Plötzlich kommt Bewegung in den lang gestreckten Körper. Die Ringelnatter gleitet dahin, ohne dass Beine zu erkennen sind. Nur mit seitlichen Schlängelbewegungen kriecht die Ringelnatter davon. Wie ist das möglich?

Körperbau und Fortbewegung – Die *Ringelnatter*, die wie alle Schlangen zu den **Wirbeltieren** und **Kriechtieren** zählt, hat eine sehr biegsame Wirbelsäule. Extremitäten, Schulter- und Beckenknochen fehlen im Skelett. Das Rumpfskelett besteht nur aus vielen Wirbeln mit beweglichen Rippenpaaren. Beim Kriechen legt sie ihren langen Körper in Windungen, mit denen sie sich an Unebenheiten des Bodens abstößt. Unterstützt wird dieses seitliche Schlängeln durch die breiten, querliegenden **Bauchschuppen.** Diese sind über die Rippenmuskeln mit den Rippen verbunden. Ziehen sich die Muskeln zusammen, werden die Rippen nach vorn gezogen und die Bauchschuppen richten sich auf. Die Bauchschuppen „verankern“ sich im Boden. Werden die Bauchschuppen durch Hautmuskeln wieder angelegt, schiebt sich die *Ringelnatter* ein kleines Stück nach vorn.

Sinnesorgane – Die seitlich am Kopf sitzenden Augen sind unbeweglich und haben keine Lider. Ihre Beutetiere, wie zum Beispiel Frösche, kann die *Ringelnatter* nur erkennen, wenn sie sich bewegen. Hören kann sie die Beutetiere nicht. Die *Ringelnatter* ist wie viele andere Schlangenarten taub. Hat die *Ringelnatter* einen Frosch mit ihren Augen erspäht, schlängelt sie sich züngelnd und geräuschlos an ihn heran. Mit dem **Züngeln** werden Geruchsstoffe aufgenommen und an das Riechorgan im Mund zur Orientierung weitergegeben. Ist die *Ringelnatter* nah genug an den Frosch herangekrochen, stößt sie blitzschnell zu. Zielsicher packt sie den Frosch. Sie verschlingt ihn lebend und unzerkaut.

Kopfskelett – Der Frosch ist viel größer als der Kopf der *Ringelnatter*. Wie gelingt es ihr, den Frosch zu verschlingen? Die zahlreichen nach hinten gerichteten, spitzen Zähne wirken wie Widerhaken. Sie verhindern ein Entkommen des Frosches. Die Knochen des Kopfskeletts der *Ringelnatter* sind sehr beweglich. Die beiden Hälften des Unterkiefers können unabhängig voneinander bewegt werden. Sie werden nur von einem **elastischen Band** zusammengehalten. So können die Unterkieferhälften seitlich auseinander weichen und sich abwechselnd immer weiter über den Frosch schieben. Zwischen Schädel und Unterkiefer liegen die **Quadratbeine.** Wenn sich diese Knochen aufrichten, wird der Schlund stark vergrößert, sodass der Frosch hindurchpasst.

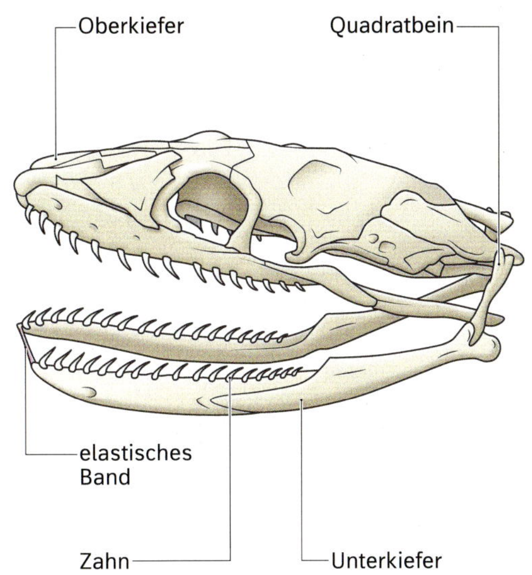

3 Schädel der Ringelnatter

MATERIAL MIT AUFGABEN

A Blindschleiche

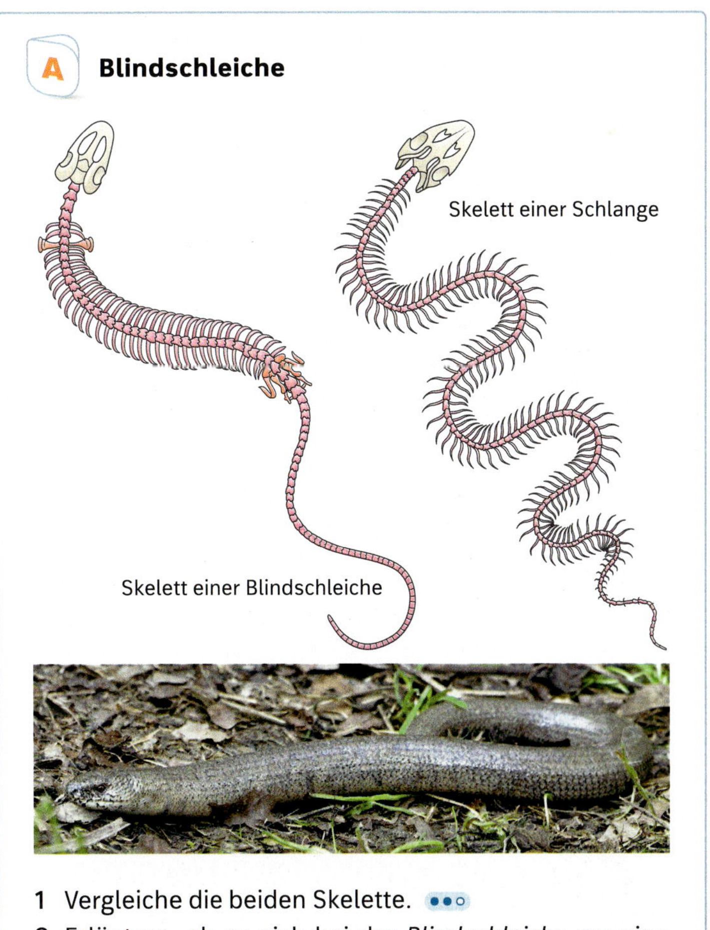

1 Vergleiche die beiden Skelette. ●●○
2 Erläutere, ob es sich bei der *Blindschleiche* um eine Schlange oder eine Eidechse handelt. ●●●

1 Die Bachforelle

3.1 Fische schwimmen im Wasser

2 Fortbewegung einer Bachforelle

Die Bachforelle lebt in klaren Bächen. Mit kräftigen Schlägen ihrer Schwanzflosse kann sie sich schnell im Wasser fortbewegen. Wie sind Bachforellen an das Leben im Wasser angepasst?

Körperbau – Der Körper der *Bachforelle* ist langgestreckt und seitlich abgeflacht. Ihr Körper gliedert sich in Kopf, Rumpf und Schwanz. Zum Kopf und zum Schwanz wird ihr Körper schmaler. So bietet der Fischkörper dem Wasser wenig Widerstand und es kann leichter vorbeiströmen. Der Fischkörper ist spindelförmig. Er hat eine **Stromlinienform.** Die *Bachforelle* kann so schnell und energiesparend durchs Wasser gleiten. Die Haut der *Bachforelle* ist mit **Schuppen** bedeckt. Sie bestehen aus Knochenplättchen und liegen dachziegelartig übereinander. Drüsen in der Haut bilden einen Schleim, der die schuppige Haut überzieht. Der Schleim verbessert zusätzlich die Gleitfähigkeit im Wasser. Den Körper durchzieht in seiner ganzen Länge eine aus Knochen bestehende Wirbelsäule. Diese verläuft vom Kopf bis zum Schwanz der *Bachforelle*.

Fische sind **Wirbeltiere.** Die bewegliche Wirbelsäule und die Muskeln ermöglichen wellenförmige Bewegungen der *Bachforelle* im Wasser. Zwischen den Muskeln liegen feine knöcherne Stäbe, die **Gräten.** Die Gräten haben keinen Kontakt zur Wirbelsäule und festigen den Rumpf. An der Wirbelsäule setzen Rippen aus Knochen an, die die inneren Organe schützen. Unter der Wirbelsäule liegt ein Hautsack, die **Schwimmblase.** Mithilfe dieser mit Gas gefüllten Blase kann die *Bachforelle* in verschiedenen Wassertiefen ohne Flossenbewegungen schweben.

Fortbewegung – Die Flossen der *Bachforelle* dienen der Fortbewegung und Steuerung im Wasser. Flossen bestehen aus dünnen Knochenstäben, den Flossenstrahlen. Zwischen ihnen spannt sich die Flossenhaut. An beiden Seiten hinter dem Kopf liegen paarig die **Brust-** und **Bauchflossen.** Mit ihnen kann die *Bachforelle* langsam vorwärts und rückwärts schwimmen, aber auch Bewegungen abbremsen. Die **Rückenflosse** und die **Afterflosse** halten

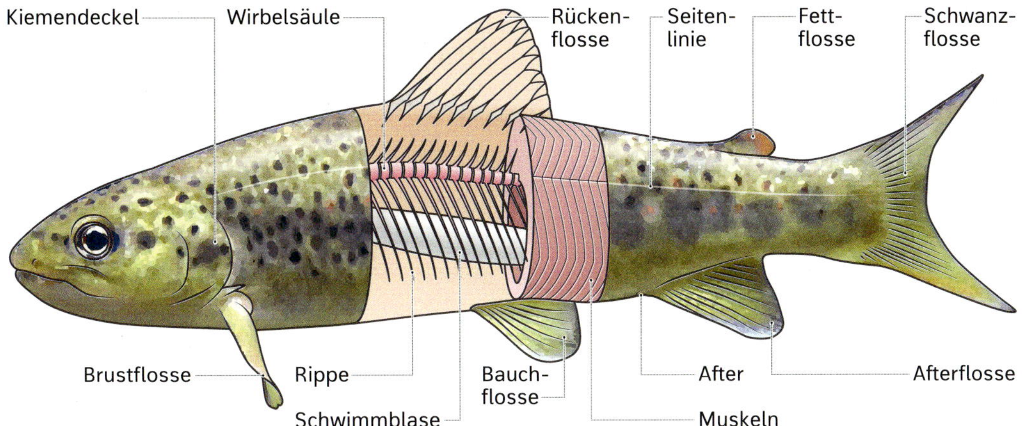

3 Körperbau einer Bachforelle

die *Bachforelle* wie der Kiel eines Schiffes im Gleichgewicht. Durch kräftiges Hin- und Herschlagen der Schwanzflosse schlängelt sich die *Bachforelle* vorwärts. Sie hat zusätzlich noch eine kleine Fettflosse zwischen der Rücken- und Schwanzflosse.

Sinnesorgane – Seitlich am Körper zieht sich eine feine Linie entlang, die **Seitenlinie.** Mit diesem Sinnesorgan nimmt die *Bachforelle* Wasserströmungen wahr. So kann sie auch im trüben Wasser Hindernisse erkennen. Mithilfe ihrer seitlich am Kopf liegenden Augen sieht sie gleichzeitig nach vorne und nach hinten. Geruchsstoffe im Wasser nimmt sie über die Riechgruben an der Vorderseite des Kopfes wahr. Am Körper befinden sich **Geschmacksknospen,** die meisten am Maul. Die Bachforelle spürt mit ihnen die Nahrung im Wasser auf.

Ernährung – Die *Bachforelle* ernährt sich von Insekten, Jungfischen und Kleinstlebewesen. Sie hat lange, spitze Zähne und gehört wie der *Hecht* zu den **Raubfischen.** Pflanzenfressende Fische wie der *Karpfen*, die sich hauptsächlich von Pflanzen ernähren, haben kürzere oder keine Zähne. Man bezeichnet sie als **Friedfische.** Der *Karpfen* ertastet seine Nahrung mit am Maul abstehenden Fäden, den **Barteln.**

MATERIAL MIT AUFGABEN

A Körperformen bei Fischen

1 Erkläre den Unterschied zwischen Raubfisch und Friedfisch. ●○○
2 Beschreibe den Körperbau der drei Fische. ●○○
3 Erläutere, weshalb der Körperbau des *Hechts* eine Angepasstheit an die Lebensweise darstellt. ●●○
4 Stelle Vermutungen an, welche Nahrung der *Aal* frisst. ●●●
5 Nenne die Sinnesorgane der *Bachforelle*. ●○○
6 Erkläre, welche Bedeutung die Schwimmblase hat. ●●○

MATERIAL MIT AUFGABEN

B Kiemenatmung

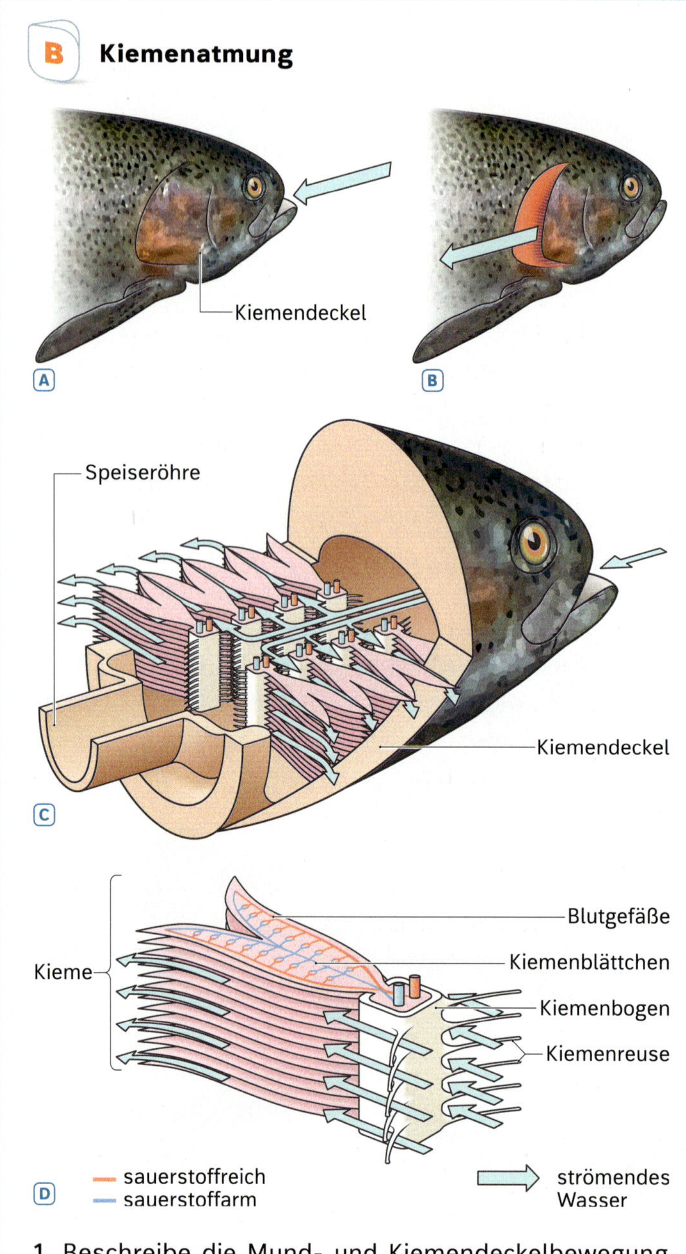

1 Beschreibe die Mund- und Kiemendeckelbewegung bei der Atmung einer *Bachforelle*. ●○○

2 Beschreibe den Weg des Wassers durch die Kiemen. ●●○

3 Erkläre die Funktion der Kiemenreusen. ●●○

4 Bei einem Fisch von einem Kilogramm Körpermasse wurde eine Oberfläche der Kiemen von etwa 30 DIN-A4-Blättern gemessen. Erläutere die Bedeutung der Kiemenblättchen für den Gasaustausch. Beachte das Basiskonzept „Struktur und Funktion“. ●●●

Kiemen – Die *Bachforelle* muss zum Atmen nicht an die Wasseroberfläche schwimmen, sondern kann den im Wasser gelösten Sauerstoff aufnehmen. Sie hat wie alle Fische besondere Atmungsorgane, die **Kiemen.** Die Atmung bezeichnet man daher als **Kiemenatmung.** Die Kiemen liegen an beiden Seiten des Kopfes und sind durch harte, knöcherne Kiemendeckel geschützt. Sie bestehen aus jeweils vier knöchernen Kiemenbögen. An jedem Kiemenbogen sind zahlreiche, stark durchblutete Kiemenblättchen befestigt. Mehrere **Kiemenblättchen** liegen direkt übereinander und bilden zusammen eine Kieme. An der Innenseite der Kiemenblättchen befinden sich zahlreiche Fortsätze, die **Kiemenreusen.** Beim Einatmen bleiben eingesaugte Schmutzteilchen in den Kiemenreusen wie in einem Filter hängen. Dadurch wird eine Schädigung der zarten Kiemenblättchen verhindert. Die Schmutzteilchen werden ausgespuckt. Die Kiemenreusen wirken zusammen wie ein Filtersystem.

Atmung – Beim Einatmen öffnet die *Bachforelle* das Maul und saugt bei geschlossenen Kiemendeckeln Wasser in die Mundhöhle ein. Beim Ausatmen schließt sie das Maul und presst das Wasser durch die geöffneten Kiemendeckel nach außen. Das Wasser strömt zwischen und an den dünnwandigen Kiemenblättchen vorbei. Dabei wird der Sauerstoff aus dem Wasser in die Blutgefäße der Kiemenblättchen aufgenommen. Das nun sauerstoffreiche Blut wird im ganzen Körper verteilt. Beim Ausatmen wird das Kohlenstoffdioxid aus dem Blut über die Kiemenblättchen ins Atemwasser abgegeben.

Die Körpertemperatur der *Bachforelle* passt sich der Wassertemperatur an. Fische sind **wechselwarm.** Im Winter verharren sie am Grund des Gewässers. Ihre Bewegungen und Atmung sind dann stark verlangsamt.

C Sezieren einer Forelle

Will man den inneren Bau eines Lebewesens untersuchen, muss der Körper mit geeigneten Werkzeugen geöffnet werden. Diese Methode nennt man **Sezieren.**

Materialien:

frische Forelle; Präparierschale; Papiertücher; Pinzette; Schere; Petrischale mit Wasser; Lupe; Einweghandschuhe

Durchführung:

Wasche die Forelle zunächst gründlich mit Wasser ab. Tupfe den Körper anschließend mit den Papiertüchern trocken. Lege die Forelle in die Präparierschale. Betrachte zunächst die äußere Körperform, die Flossen, die Kiemendeckel und die Haut. Öffne nun entlang des dargestellten Schnittmusters den Körper der Forelle. Achte darauf, nicht zu tief zu schneiden, damit die inneren Organe nicht zerstört werden. Du kannst mit der Pinzette bei jedem Schnitt die abgetrennten Teile hochheben. Halte beim Schneiden den Körper der Forelle fest.

Schnitt 1: Setze die Schere am After an und schneide mittig auf der Bauchseite in Richtung des Kopfes bis zum Ansatz der Brustflossen.

Schnitt 2: Schneide mit der Schere am hinteren Rand des Kiemendeckels nach oben bis über die Seitenlinie.

Schnitt 3: Schneide mit der Schere vom After nach oben bis über die Seitenlinie.

Schnitt 4: Hebe den entstandenen Hautlappen nach oben und schneide ihn mit der Schere ab.

Schnitt 5: Hebe mit der Pinzette den harten Kiemendeckel an. Schneide ihn mit der Schere am vorderen Ende ab. Entferne die Kiemen, indem du sie am Ansatz mit der Schere abschneidest. Lege nun die Kiemen in eine mit Wasser gefüllte Petrischale und betrachte sie mit der Lupe näher.

Sind die Organe schmierig, kannst du sie vorsichtig mit einem Papiertuch abtupfen. Untersuche die Organe vorsichtig mit der Pinzette. Nach dem Sezieren wird die Forelle entsprechend fachgerecht nach Anweisung der Lehrkraft entsorgt. Säubere die Geräte und den Arbeitsplatz gründlich.

Aufgaben:

1 Zeichne den Umriss der Forelle und beschrifte deine Zeichnung. ●●○

2 Beschreibe den Bau eines Kiemenblättchens und erkläre, weshalb sie sehr stark durchblutet sind. ●●○

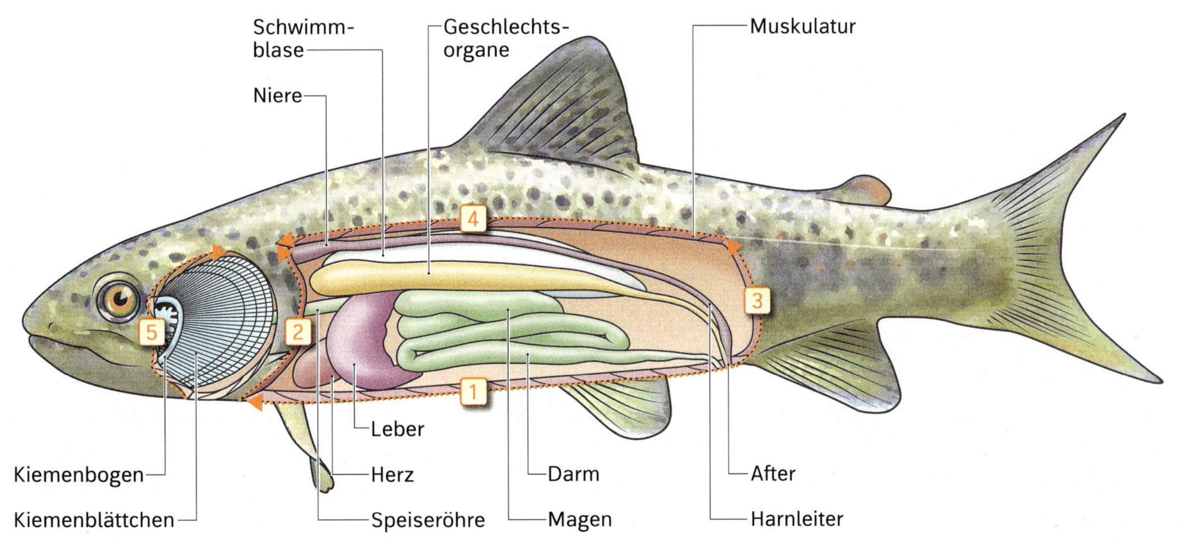

1 Springender Teichfrosch

3.2 Amphibien bewegen sich an Land und im Wasser

An einem sonnigen Tag im Mai kann man das Quaken eines Teichfrosches im Schulteich hören. Bevor man den Teich erreicht, springt der Teichfrosch mit einem Satz ins Wasser. Weshalb kann er so gut springen?

2 Beutefang beim Teichfrosch

Körperbau – Mit seinen langen, muskulösen Hinterbeinen kann sich der *Teichfrosch* kräftig vom Boden abstoßen. So kann er bis zu einem Meter weit springen. Mit den Knochen in seiner Schulter federt er Sprünge bei der Landung mit den Vorderbeinen ab. Im Wasser schwimmend zieht er abwechselnd seine Hinterbeine an und stößt sie anschließend kraftvoll nach hinten. Dabei spreizt er seine Zehen, sodass sich die Schwimmhäute zwischen seinen fünf Zehen spannen. So kann er sich gut im Wasser abdrücken. Die kurzen Vorderbeine werden beim Schwimmen eng an den Körper gelegt. Den Körper des *Teichfrosches* durchzieht eine Wirbelsäule. Der *Teichfrosch* ist ein **Wirbeltier.** Der *Teichfrosch* lebt auf dem Land und im Wasser. Man sagt, er lebt amphibisch. Daher spricht man bei den **Lurchen,** zu denen auch Kröten und Molche gehören, auch von **Amphibien.**

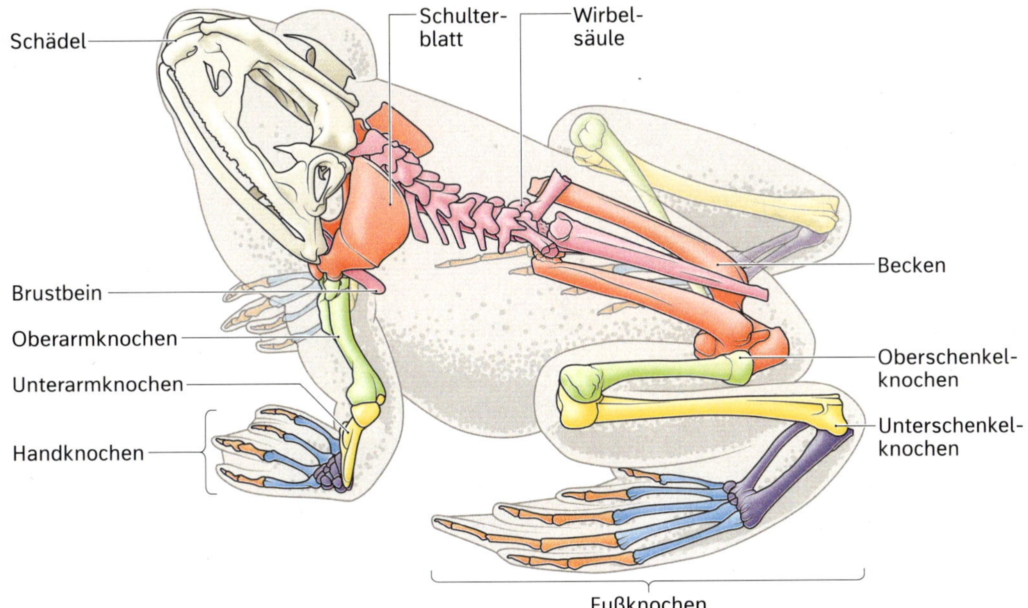

3 Skelett des Teichfroschs

Beutefang – Der *Teichfrosch* ernährt sich von Insekten, Würmern oder Asseln. Ruhig verharrt er an Land und wartet auf seine Beutetiere. Kommt ein geeignetes Beutetier in seine Nähe, springt er zielsicher darauf zu. Beim Sprung reißt er sein zahnloses Maul auf und lässt seine lange, klebrige Zunge nach vorne schnellen. Das Beutetier bleibt am Schleim der **Schleuderzunge** haften. Beim Zurückrollen der Zunge wird es ins Maul gezogen und unzerkaut verschluckt.

Frosch- und Schwanzlurch – Die *Erdkröte* hat kurze Hinterbeine und bewegt sich auf allen vieren schreitend, bei Beunruhigung auch hüpfend fort. Die überwiegend in feuchten Wäldern lebende *Erdkröte* und der *Teichfrosch* besitzen keinen Schwanz. Sie zählen zu den **Froschlurchen.** Der längliche *Kammmolch* kann schnell durchs Wasser schwimmen. Dabei benutzt er seinen langen, seitlich abgeplatteten Schwanz mit Kamm als Paddel. Er zählt daher zu den **Schwanzlurchen.** An Land bewegt sich der *Kammmolch* mit seinen kurzen Beinen langsam kriechend fort.

MATERIAL MIT AUFGABEN

A Körperbau vom Kammmolch

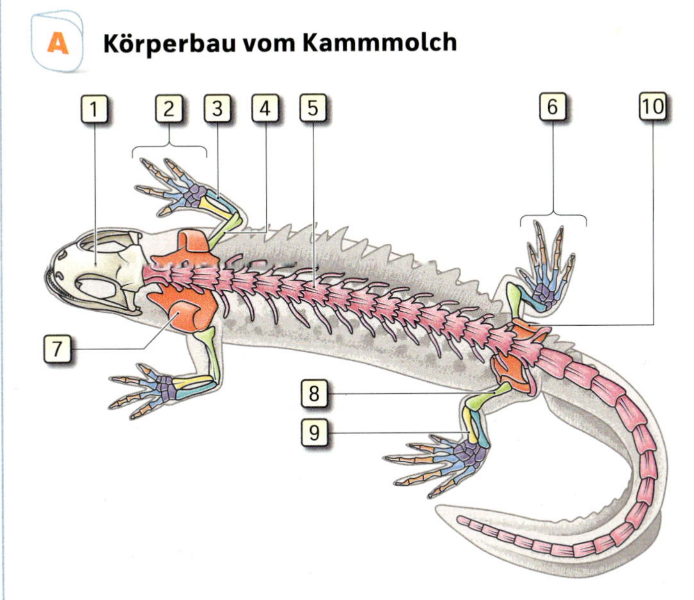

1 Ordne den Ziffern die Fachbegriffe zu. ●○○
2 Vergleiche den Bau des Skeletts von *Teichfrosch* und *Kammmolch*. Nenne Gemeinsamkeiten und Unterschiede. ●●○
3 Beschreibe, wie sich der *Teichfrosch* und der *Kammmolch* fortbewegen. ●●○
4 Erkläre die unterschiedlichen Bewegungen mithilfe des Basiskonzepts „Struktur und Funktion". ●●○

1 Feldspatzenpaar

4.1 Vögel fliegen in der Luft

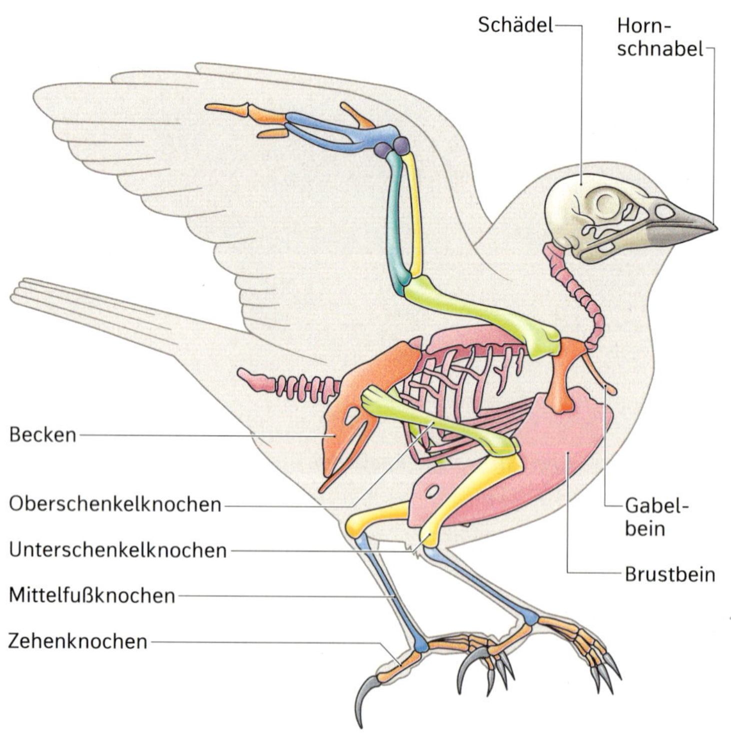

2 Skelett des Feldspatzes

Feldspatzen, die man auch Feldsperlinge nennt, bewegen sich am Boden hüpfend fort. Sie sind aber auch geschickte Flieger. Weshalb können die Feldspatzen so gut fliegen?

Körperbau – Der *Feldspatz* besitzt wie alle Vögel ein Federkleid. Nur die Füße und der Schnabel sind nicht von Federn bedeckt. Seinen Körper durchzieht eine Wirbelsäule. Vögel sind **Wirbeltiere.** Bis auf die Halswirbel sind alle Wirbel miteinander verwachsen. Sie bilden eine starre Achse, damit sich der Körper beim Fliegen nicht verbiegt. Auch die Rippen sind fest mit dem großen **Brustbein** verbunden. Dadurch erhält das Skelett des *Feldspatzes* bei jedem Flügelschlag zusätzlich Stabilität. Am Brustbein setzt die kräftige Flugmuskulatur an. Beim *Feldspatz* sind die beiden Schlüsselbeine zu einem V-förmigen

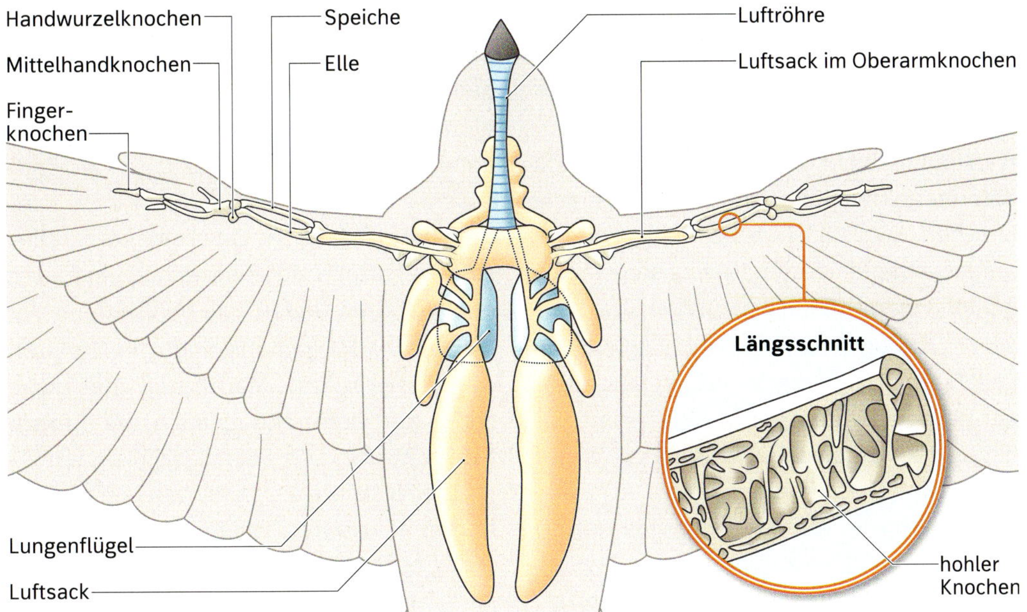

 Leichtbauweise des Feldspatzes (Schema)

Knochen, dem **Gabelbein,** verwachsen. Dies verhindert, dass die beiden Flügel beim Fliegen aneinanderschlagen und erhöht zusätzlich die Stabilität.

Fliegen – Der Körper des *Feldspatzes* ist stromlinienförmig gebaut. Dadurch fliegt er mit weniger Widerstand durch die Luft. Die Knochen des *Feldspatzes* sind sehr dünnwandig und hohl. Sie sind nicht wie bei Säugetieren mit Knochenmark, sondern mit Luft gefüllt. Durch knöcherne Verstrebungen sind die Knochen verstärkt und haben eine hohe Stabilität. Der Schnabel ist zahnlos und besteht wie die Federn aus leichtem Horn. Durch diese **Leichtbauweise** wiegt ein Vogel viel weniger als ein vergleichbar großes Säugetier. Sein Körper ist mit zahlreichen Ausstülpungen der Lunge, den **Luftsäcken,** durchzogen. Sie liegen zwischen den inneren Organen und den Muskeln. Sie reichen sogar bis in die hohlen Knochen. Beim Atmen werden nicht nur die Lungen, sondern auch die Luftsäcke mit Atemluft gefüllt. Dadurch kann der *Feldspatz* seinen hohen Sauerstoffbedarf beim Fliegen decken.

MATERIAL MIT AUFGABEN

A Vogel und Säugetier

Biologen haben bei jeweils einem Tier der dargestellten Arten die Länge und die Masse bestimmt. Die Ergebnisse stehen in der Tabelle.

Tierart	Körperlänge in Zentimeter	Körpermasse in Gramm
Blaumeise	11	11
Hausmaus	11	22
Rabenkrähe	48	580
Wildkaninchen	48	2 000
Graugans	85	3 500
Rotfuchs	85	8 000

1 Vergleiche die Körpermassen der Vögel mit den Körpermassen gleich großer Säugetiere. ●○○

2 Erkläre, wie die Unterschiede zwischen den verglichenen Tieren zustande kommen. ●●○

Flügel – Die Flügel des *Feldspatzes* ähneln den Vorderbeinen eines Säugetiers oder den Armen eines Menschen. Das Flügelskelett besteht aus einem Oberarmknochen, zwei Unterarmknochen, den Mittelhandknochen und den Fingerknochen. Die Flügel sind zu **Flugorganen** umgewandelte Vordergliedmaßen. In die hohlen Oberarmknochen ziehen sich Luftsäcke. Dadurch ist das Flügelskelett des Vogels leicht. Die hohlen Federn stecken in der Haut des Unterarms und der Hand. Sie bilden die Tragflächen des Vogels.

Ernährung – Der *Feldspatz* nimmt viel Nahrung auf. Die in der Nahrung steckende Energie ermöglicht ihm das Fliegen. Die dabei entstehende Wärme nutzt der *Feldspatz* auch, um seine Körpertemperatur konstant zu halten. Vögel sind gleichwarme Tiere. Sie verdauen ihre Nahrung schnell. Auch besitzen Vögel keine Harnblase, in der sich Urin sammelt. Kot und Urin werden in kleinen Mengen häufig abgegeben und erhöhen somit nicht ihre Körpermasse.

Fortpflanzung – Das Feldspatzmännchen begattet das Weibchen auf einem Ast oder auf dem Boden. Die Befruchtung der Eizelle des Weibchens findet im Inneren des Körpers statt. Man bezeichnet diese Form der Befruchtung auch als **innere Befruchtung.** Das Feldspatzküken entwickelt sich im Ei außerhalb des Körpers der Mutter. Ihre Masse bleibt so niedrig. Nach zwölf Tagen schlüpfen die Küken. Sie sind blind und nackt. Die hilflosen Feldspatzküken werden von den Eltern lange Zeit im Nest gefüttert. Sie sind **Nesthocker.**

MATERIAL MIT AUFGABEN

B Flügel von Feldspatz und Fledermaus

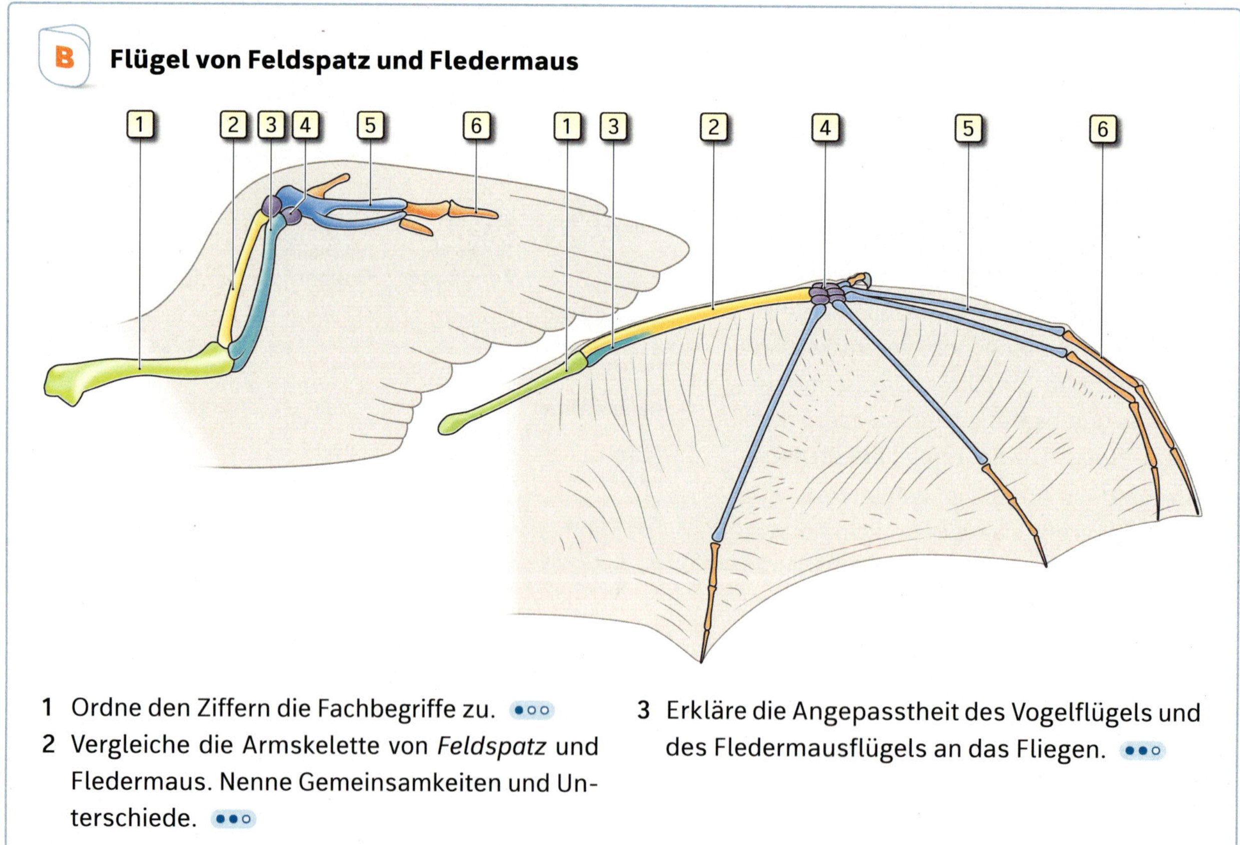

1 Ordne den Ziffern die Fachbegriffe zu. ●○○
2 Vergleiche die Armskelette von *Feldspatz* und Fledermaus. Nenne Gemeinsamkeiten und Unterschiede. ●●○
3 Erkläre die Angepasstheit des Vogelflügels und des Fledermausflügels an das Fliegen. ●●○

Vom Ei zum Küken

Nach etwa 20 Tagen ist die Entwicklung des Hühnerkükens im Ei abgeschlossen. Jetzt pickt es mit einem Höcker auf der Spitze des Schnabels, dem **Eizahn,** ein Loch in die Schale. Es entsteht zuerst eine kleine Öffnung, dann bilden sich Risse in der Eischale. Schließlich stemmt sich das Hühnerküken gegen die Schale. Die Schale springt auf und das Hühnerküken schlüpft. Sobald die Flaumfedern, die Daunen, getrocknet sind, wird das Hühnerküken lebhaft und folgt der Henne. Es kann sofort sehen, laufen, picken und scharren. Hühnerküken sind also **Nestflüchter.**

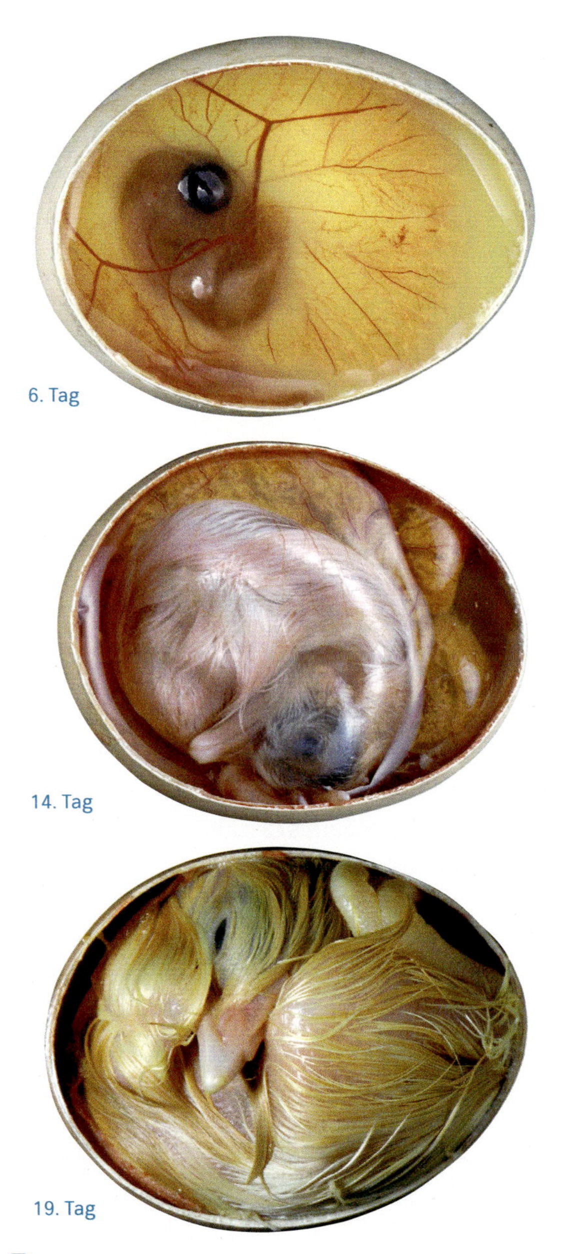

4 Vom Ei zum Küken

5 Schlüpfen eines Hühnerkükens

1 Stockente bei der Landung

4.2 Bau einer Feder

Eine Stockente landet auf dem Wasser. Es fällt auf, dass sich ihre Federn in Form und Farbe unterscheiden. Welche Federtypen gibt es und wie sind die Federn aufgebaut?

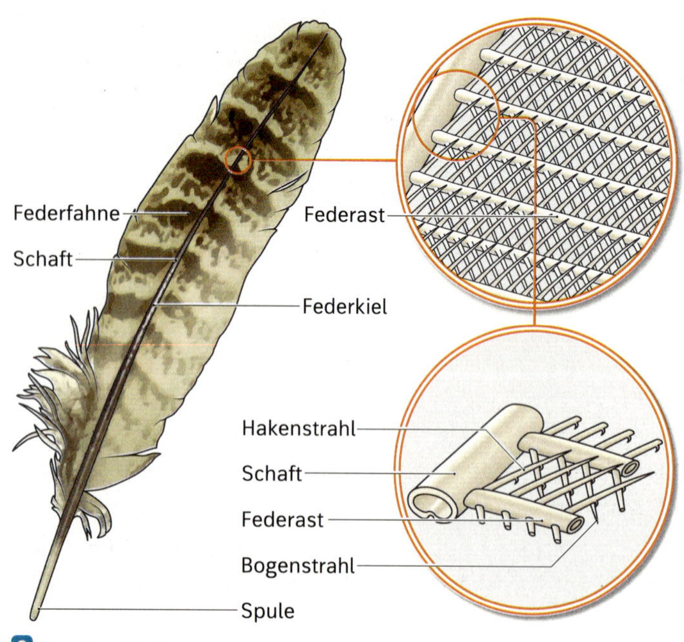

2 Bau einer Feder

Bau der Feder – Der Körper der *Stockente* ist bis auf Schnabel und Füße mit Federn bedeckt. Jede Feder besteht aus einer hohlen, sich zum Ende verschmälernden Röhre, dem **Federkiel.** Der untere Teil des Federkiels wird als **Spule** bezeichnet. Am oberen Ende des Federkiels, dem **Schaft,** zweigen rechts und links die **Federäste** ab. Diese sind über Strahlen miteinander verbunden. Ein Teil der Strahlen hat kleine Häkchen. Diese **Hakenstrahlen** verzahnen sich mit den Strahlen ohne Häkchen, den **Bogenstrahlen.** Durch diese Verbindung bildet die Feder eine luftundurchlässige Fläche, die **Federfahne.**

Federtypen – An den Flügeln fallen die Federn mit besonders kräftigen Federkielen auf. Meist ist eine Federfahne größer als die andere. Diese Federn sind beim Schwingen der Flügel wichtig und werden deshalb **Schwungfedern** genannt. Auch die Federn am Schwanz haben einen kräftigen Kiel.

Beim Landen spreizt die *Stockente* ihre Schwanzfedern und verringert so die Fluggeschwindigkeit. Diese Federn werden als **Steuerfedern** bezeichnet. Der Großteil des Vogelkörpers ist mit biegsamen und gleichförmigen Federn bedeckt. Sie liegen dachziegelartig übereinander. So kann beim Flug der Wind am Vogelkörper vorbeigleiten. Man bezeichnet diese Federn als **Deckfedern.** Sind sie wie bei den Pfauen am Schwanz stark verlängert und beim männlichen Pfau, dem Hahn, noch besonders farbenprächtig, spricht man von **Schmuckfedern.** Direkt über der Haut der Stockente befinden sich Federn mit einem kurzen, weichen Schaft. Die Federäste sind frei und bilden keine Fahne. Sie bilden ein wärmeisolierendes Luftposter. Dieser Federtyp wird **Daune** genannt.

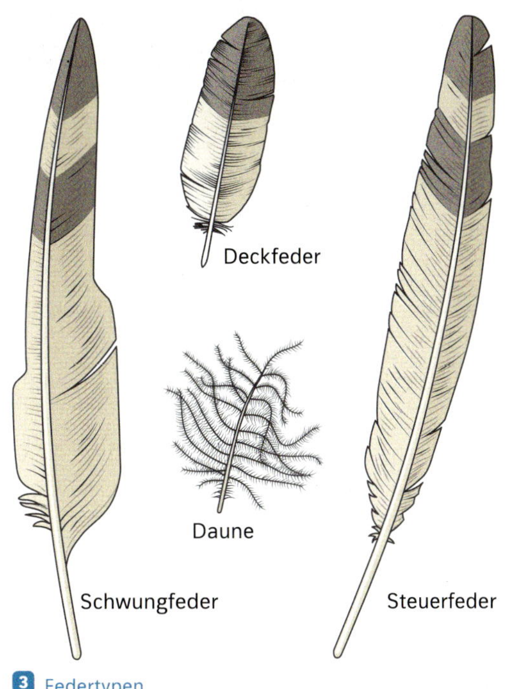

3 Federtypen

PRAKTIKUM

A Schwungfedern

Materialien:
Schwungfedern aus der Schulsammlung; Klebestreifen; Objektträger; Binokular oder Lupe

Durchführung:
Klebe eine Feder an einer Stelle mit einem Klebestreifen auf einen Objektträger. Stelle anschließend das Binokular auf die kleinste Vergrößerung. Lege die Feder unter das Binokular. Schaue dir die Verbindung von Bogen- und Hakenstrahl an. Ziehe mit zwei Fingern die Federfahne unter dem Binokular an einer Stelle vorsichtig auseinander.

Aufgaben:
1 Nenne Gemeinsamkeiten und Unterschiede zwischen einer Schwung- und einer Steuerfeder. ●○○
2 Notiere deine Beobachtung, wenn du die Federfahne auseinander ziehst. ●○○
3 Erkläre das „Reißverschlussprinzip“ bei Steuer- und Schwungfedern. ●●○

B Daunen

Materialien:
1 Schüssel; 2 Plastiktüten; Daunen aus der Schulsammlung; kaltes Wasser

Durchführung:
Fülle die Schüssel halb voll mit kaltem Wasser. Stecke dann eine Hand in eine Plastiktüte und halte beide Hände eine Minute lang in die Schüssel. Nimm deine Hände aus der Schüssel, ziehe die Plastiktüte ab und halte beide Hände eine Minute lang gegeneinander. Stecke dann beide Hände in je eine Plastiktüte. Fülle die eine Plastiktüte vorher mit Daunen und halte anschließend beide Hände eine Minute lang in die Schüssel.

Aufgaben:
1 Beschreibe deine Wärme-Empfindungen bei den beiden Versuchen. ●○○
2 Erkläre, welche Funktion Daunen haben. ●●○
3 Nenne ein Beispiel, in dem der Mensch Daunen nutzt. ●○○

1 Rauchschwalbe im Flug

4.3 Der Vogelflug

Mit kräftigen Flügelschlägen fliegt die Rauchschwalbe durch die Luft. In der Zeitlupenaufnahme ist ein Wechselspiel von Flügelbewegung und Federstellung zu beobachten. Welche Flugtypen gibt es und wie unterscheiden sich diese?

Ruderflug – In schneller Folge schlägt die *Rauchschwalbe* ihre Flügel auf und ab. Diese Flügelschläge erfordern viel Energie. Beim Flügelschlag nach unten bilden die Schwungfedern der Flügel eine große, luftundurchlässige Fläche. Die Flügelbewegung geht dabei nach unten und nach hinten. So drückt sich die *Rauchschwalbe* nach vorne und nach oben. Dieser Flügelschlag wird als **Abwärtsschlag** bezeichnet. Beim Flügelschlag nach oben werden die Flügel abgeknickt und schräg nach oben gezogen. Die Stellung der Federn wird so geändert, dass die Flügelfläche nicht mehr geschlossen ist. Luft kann von oben zwischen den Federn hindurchströmen. Auf diese Weise kann der Flügel leichter nach oben bewegt werden. Dadurch verhindert die *Rauchschwalbe*, dass ihre Flügelbewegung sie

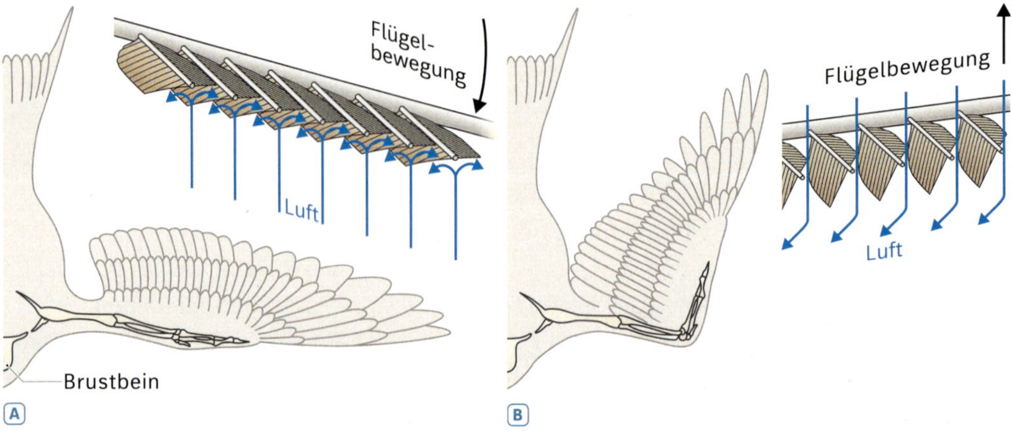

2 Ruderflug einer Rauchschwalbe (Schema): **A** Abwärtsschlag; **B** Aufwärtsschlag

3 Turmfalke im Rüttelflug

wieder nach unten drückt. Dies bezeichnet man als **Aufwärtsschlag.** Anschließend kann erneut ein kräftiger Abwärtsschlag erfolgen. Diese Flügelbewegung wird von allen flugfähigen Vögeln beherrscht. Sie wird als **Ruderflug** bezeichnet.

Rüttelflug – Bei Greifvögeln wie dem *Turmfalken* kann man eine besondere Form des Ruderflugs beobachten. Mit seinen scharfen Augen späht er meistens aus der Luft nach Mäusen. Dabei bleibt er manchmal sogar „in der Luft stehen". Dazu schlägt der *Turmfalke* ganz schnell mit den Flügeln. Er **rüttelt.** Bei diesem **Rüttelflug** richtet er den Körper gegen den Wind aus und spreizt die Schwanzfedern weit auseinander. Hat er ein Beutetier entdeckt, legt er die Flügel an und schießt im Sturzflug zur Erde. Im letzten Augenblick bremst er ab, indem er Flügel- und Schwanzfedern weit auseinanderbreitet. Gleichzeitig schlägt er mit vorgestreckten Füßen das Beutetier und verzehrt es an einem ruhigen Ort.

Schwirrflug – Beobachtet man einen Kolibri, sieht man nur schwirrende Flügel. Das liegt daran, dass er bis zu 80 Mal in der Sekunde seine Flügel kreisend schlägt. Deshalb spricht man vom **Schwirrflug.** Kolibris können in der Luft stehen und sogar rückwärts fliegen. Dieses schnelle Flügelschlagen erfordert sehr viel Energie.

MATERIAL MIT AUFGABEN

A Ruderflug

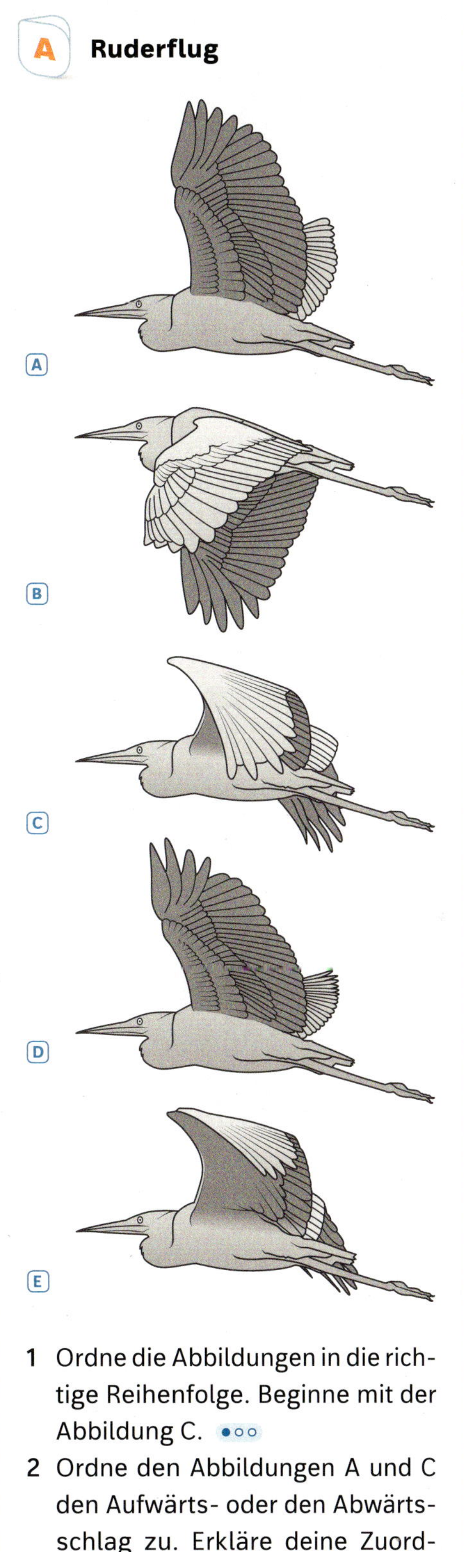

1 Ordne die Abbildungen in die richtige Reihenfolge. Beginne mit der Abbildung C. ●○○

2 Ordne den Abbildungen A und C den Aufwärts- oder den Abwärtsschlag zu. Erkläre deine Zuordnung. ●●○

4 Turmfalke im Gleitflug

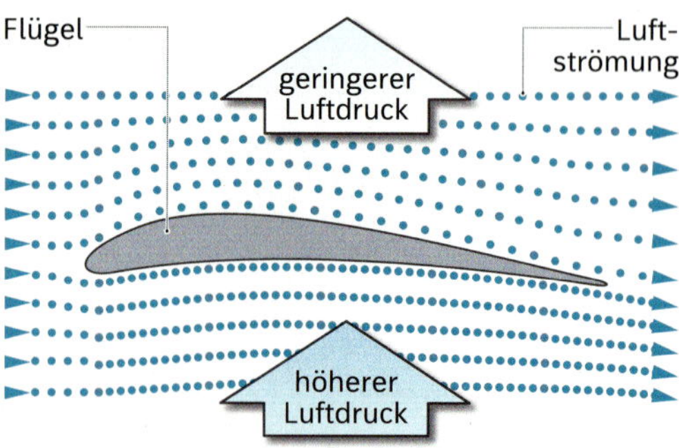

5 Flügelquerschnitt

Gleitflug – Beim Fliegen breiten *Turmfalken* zwischendurch ihre Flügel aus, ohne diese zu schlagen. Der ausgebreitete Flügel ist an der Oberseite stärker gewölbt als an der Unterseite. Die Luft, die über den Flügel strömt, muss eine längere Strecke zurücklegen als die unter dem Flügel strömende Luft. Oben strömt die Luft mit einer höheren Geschwindigkeit über den Flügel als unter dem Flügel. So entsteht über dem Flügel ein geringerer Druck als unter dem Flügel. Der Unterschied zwischen dem Luftdruck oberhalb und unterhalb des Flügels ergibt den **Auftrieb.** Dieses energiesparende Gleiten ohne Flügelschlag bezeichnet man als **Gleitflug.**

Die Gleitfähigkeit eines Vogels hängt von verschiedenen Einflüssen, wie zum Beispiel von der Körpermasse sowie der Größe und Form der Flügel, ab.

PRAKTIKUM

B Auftrieb

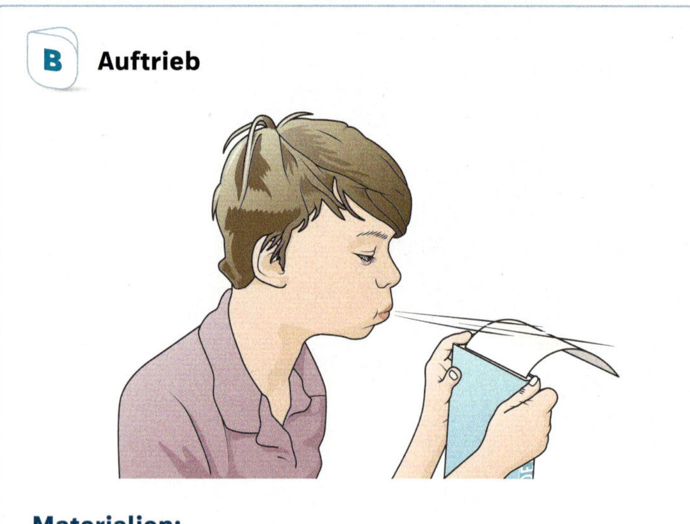

Materialien:
Papier DIN-A4; Buch

Durchführung:
Puste über das im Buch eingeklemmte Papier.

Aufgaben:
1 Beschreibe deine Beobachtung. ●○○
2 Erkläre deine Beobachtung. Nimm die Abbildung 5 zu Hilfe. Erkläre die „Schwäche" des Versuchs. ●●○

Segelflug – Manchmal sieht man viele *Weißstörche*, die mit ausgebreiteten Flügeln am Himmel kreisen und immer weiter an Höhe gewinnen. Sie schlagen dabei nicht mit den Flügeln und nutzen die Aufwinde. Diese entstehen, wenn sich Luft beispielsweise über Städten erwärmt. Die warme Luft ist leichter als die kalte Luft und steigt deshalb nach oben. Aufwinde können auch entstehen, wenn warme Luft an Hängen emporgleitet. *Weißstörche* nutzen diese Aufwinde und lassen sich mit ihnen in die Höhe tragen. Diese energiesparende Form des Segelns nennt man **Segelflug.** Der Segelflug ist also ein Gleitflug in aufsteigender Luft.

Vögel mit großen, spitz zu laufenden Flügeln wie die Albatrosse und die Sturmvögel können wochenlang über das Meer gleiten und segeln.

 Segelflug und Gleitflug beim Langstreckenflug

MATERIAL MIT AUFGABEN

C Gleitzahl

Bei einer bestimmten Abflughöhe und Windstille vergleicht man die Gleitstrecken der Vögel. Dann teilt man die Gleitstrecke durch die Abflughöhe. Der errechnete Wert heißt **Gleitzahl.** Gleitet ein Vogel von einem zehn Meter hohen Baum 50 Meter weit, beträgt die Gleitzahl 5. Man rechnet: 50 : 10 = 5. Ein *Weißstorch* hat die Gleitzahl 17. Wenn er von Spanien nach Marokko über das Meer fliegt, muss er etwa 16 Kilometer zurücklegen. Fliegt er über Sizilien nach Tunesien fliegt er etwa 170 Kilometer über das Meer.

1 Schaue in deinen Atlas und fertige eine Skizze der beiden Flugrouten an. ●○○

2 Berechne jeweils die Höhe, auf die der *Weißstorch* steigen müsste, um das Meer gleitend zu überwinden. ●●●

D Aufwind

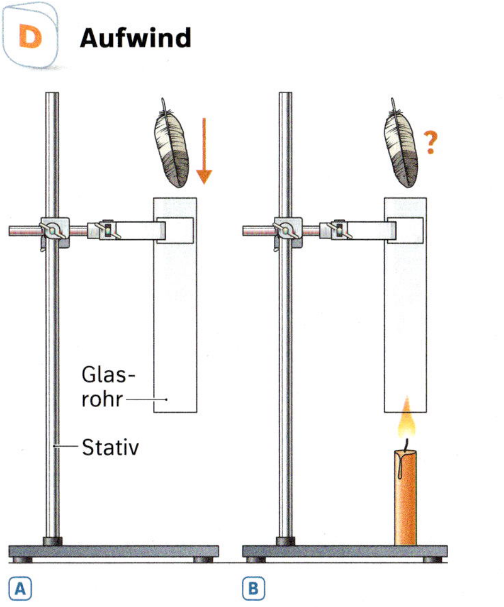

1 Formuliere eine Frage für diesen Versuch. ●●●

2 Erkläre, wie sich die Position der Federn in B verändert. ●●○

3 Stelle Vermutungen an, weshalb der Versuch den Segelflug eines Vogels erklären könnte. ●●●

Alles auf einen Blick

1.1–1.2 Bewegung, Geschwindigkeit und Energie

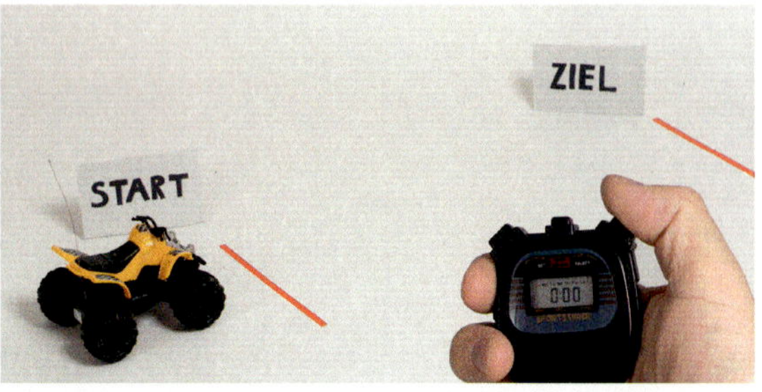

Bei einer Bewegung legt ein Körper einen bestimmten Weg in einer bestimmten Zeit zurück. Der zurückgelegte Weg kann mit einem Maßband, die benötigte Zeit mit einer Stoppuhr gemessen werden. Teilt man den Wert des Weges durch den Wert der benötigten Zeit, erhält man die **Geschwindigkeit** der Bewegung. Ihre Einheit ist Meter pro Sekunde, abgekürzt $\frac{m}{s}$.
Bewegungen werden oft durch Widerstände gebremst. Beim Fahrradfahren ist der größte bremsende und spürbare Widerstand der Luftwiderstand. Eine langsam rollende Kugel bleibt vor allem durch den Widerstand der Unterlage irgendwann stehen. Der bremsende Widerstand ist auf der Erde, in der Luft oder im Wasser unterschiedlich. Der Mensch und die Tiere nutzen diesen Widerstand der Umgebung zur **Fortbewegung.**

Energie hat das Formelzeichen *E* und wird in der Einheit Joule oder Kilojoule gemessen. Sie wird für alle laufenden Vorgänge benötigt. Menschen und Tiere nehmen die Energie über den Energieträger Nahrung auf. Es gibt viele verschiedene Energieträger wie Licht, Elektrizität, Batterien, Kohle, Wärme, Benzin, bewegtes Wasser, Nahrung oder die Fahrradkette. Manche davon sind auch Energiespeicher, da sie Energie über einen längeren Zeitraum aufbewahren können.

2.1–3.2 Bewegung an Land und im Wasser

Der Mensch bewegt sich an Land mithilfe seiner Beine fort. Sie bestehen wie die Arme aus vielen **Knochen.** Alle Knochen im Körper des Menschen bilden das **Skelett.** Im Kopfskelett liegt geschützt das Gehirn. Der Schädel wird von der **Wirbelsäule** getragen, die aus Wirbeln aufgebaut ist. Sie ist die Hauptachse des Skeletts. Zwischen den Wirbeln liegen die elastischen Bandscheiben. Sie verbessern die Beweglichkeit der Wirbelsäule. Der aus Rippen bestehende Brustkorb schützt Herz und Lunge. Viele Knochen sind durch Gelenke beweglich miteinander verbunden. Je nach Bewegung unterscheidet man verschiedene Gelenktypen.
Neben Knochen und Gelenken benötigt der Mensch für die Bewegung **Muskeln.** Sie bestehen aus Muskelfasern, die Muskelfaserbündel bilden. Die Muskeln sind über Sehnen mit den Knochen verbunden. Ziehen sich Muskeln zusammen, verkürzen sie sich und bewegen die Knochen. Beim Laufen strecken und beugen sich die beteiligten Muskeln in entgegengesetzter Weise. Nach diesem **Gegenspielerprinzip** arbeiten viele Muskeln im Körper zusammen.

Schlängelnd bewegt sich die *Zauneidechse* durch das Gras. Die Wirbelsäule bewegt sich abwechselnd nach links und nach rechts. Dabei setzt sie die kurzen, seitlich am Körper sitzenden Beine

4.1 Bewegung in der Luft

über Kreuz nach vorn und bewegt sich kriechend fort. Kriechtiere wie die Eidechse werden **Reptilien** genannt. Die zu den Reptilien zählenden Schlangen wie die *Ringelnatter* haben keine Extremitäten, Schulter- und Beckenknochen. Ihr Skelett besteht aus Wirbeln und Rippenpaaren. Beim Kriechen legt die *Ringelnatter* ihren langen Körper in Windungen, und drückt ihren Körper mithilfe der Muskeln und Bauchschuppen von den Unebenheiten des Bodens ab.

Amphibien wie der *Teichfrosch* bewegen sich im Wasser und an Land fort. Im Wasser zieht er seine Hinterbeine an und stößt sie dann nach hinten. Dabei spreizt er seine **Zehen.** Die **Schwimmhäute** zwischen den Zehen werden gespannt. So drückt sich der *Teichfrosch* kraftvoll im Wasser ab. Dabei sind die Vorderbeine eng an den Körper angelegt. An Land stößt sich der *Teichfrosch* mit seinen langen, muskulösen Hinterbeinen vom Boden ab. Er bewegt sich springend fort.

Der Körper der **Fische,** wie zum Beispiel der der *Bachforelle*, ist langgestreckt und seitlich abgeflacht. An ihrem Körper strömt das Wasser beim Schwimmen vorbei. Mit den paarigen Brust- und Bauchflossen schwimmt die Bachforelle vorwärts und rückwärts durch das Wasser. Die Rücken- und Afterflosse halten den Fisch im Gleichgewicht. Die hin- und herschlagende Schwanzflosse treibt die *Bachforelle* im Wasser an.

Bei **Vögeln** wie dem *Feldspatz* strömt die Luft beim Fliegen gut am Körper entlang. Die Knochen des Feldspatzes sind hohl. Der Schnabel ist zahnlos und besteht wie die Federn aus leichtem Horn. Durch diese **Leichtbauweise** und das häufige Ausscheiden von Urin und Kot ist die Körpermasse im Vergleich zum Körpervolumen des Vogels niedrig.

Die Flügel der Vögel sind umgewandelte Vordergliedmaßen. In der Haut des Unterarms und der Hand stecken hohle **Federn.** Sie bilden die Tragflächen des Vogels. Die Federäste sind über Strahlen miteinander verbunden. Ein Teil der Strahlen besitzt Häkchen. Diese Hakenstrahlen verzahnen sich mit den Strahlen ohne Häkchen, den Bogenstrahlen. Durch diese Verzahnung bildet die Feder eine luftundurchlässige Fläche, die Federfahne. Die Federn unterscheiden sich im Bau, ihrer Struktur, und ihrer Funktion in Schwungfedern, Deckfedern, Steuerfedern und Daunen.

Mit Abwärts- und Aufwärtsschlägen der Flügel fliegen die Vögel durch die Luft. Im Gegensatz zu diesem **Ruderflug** können Vögel auch mit ausgebreiteten Flügeln durch die Luft gleiten. Dies nennt man **Gleitflug.** Manche Vogelarten wie der *Weißstorch* nutzen warme, aufsteigende Luft, um ohne Flügelschlag zu fliegen. Diese Form des Fliegens nennt man **Segelflug.**

Teste dich

A Bewegungen

Körper	Weg	Zeit
Auto	2100 m	1 min
Regenwurm	8 mm	110 s
Schüler	1 km	4 min 10 s
Modelleisenbahn	160 cm	4 s
Fahrrad	72 km	120 min

B Energieträger

C Gelenke

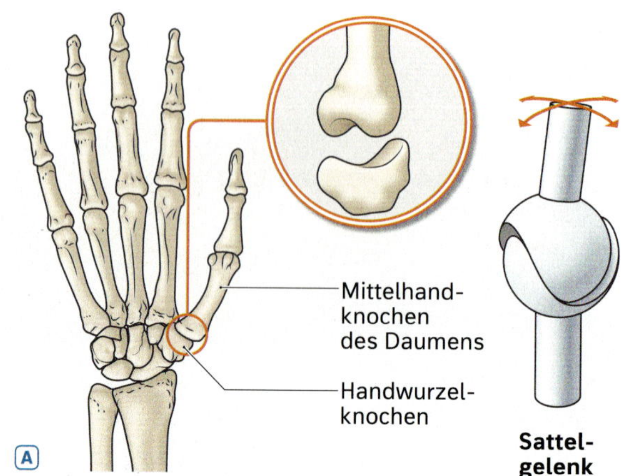

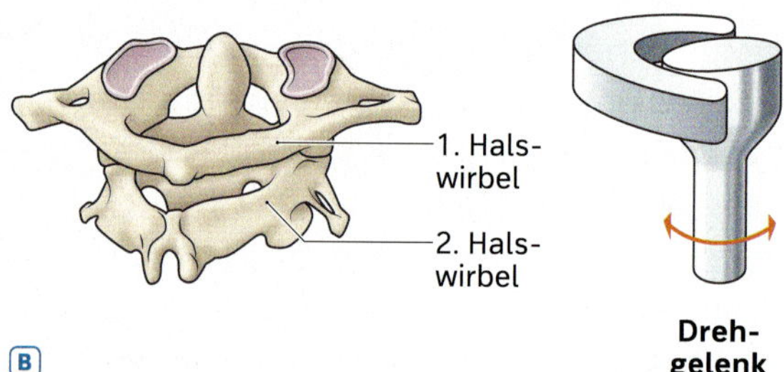

AUFGABEN

Bearbeite die Aufgaben mit Material A und B

1. Erstelle eine neue Tabelle, in der du für alle Körper die Werte aus der abgebildeten Tabelle in den Basiseinheiten Meter und Sekunde angibst. ●●○
2. Berechne die Geschwindigkeiten der verschiedenen Körper aus der Tabelle. ●●○
3. Notiere die in den vier Abbildungen vorkommenden Energieträger. ●○○
4. Zeichne zu den vier Abbildungen jeweils vollständige Energieflussdiagramme. ●●○

Bearbeite die Aufgaben mit Material C

1. Beschreibe den Bau von Sattelgelenk und Drehgelenk. ●●○
2. Erkläre, welche Bewegungen das Sattelgelenk und das Drehgelenk ermöglichen. ●●○
3. Beschreibe die Gelenktypen Kugelgelenk und Scharniergelenk. ●●○
4. Nenne jeweils ein Beispiel für ein Kugel- und ein Schaniergelenk im Körper des Menschen. ●●○
5. Erläutere anhand der Gelenke den Zusammenhang von Struktur und Funktion. ●●●

D Der Karpfen

E Skelett der Zauneidechse

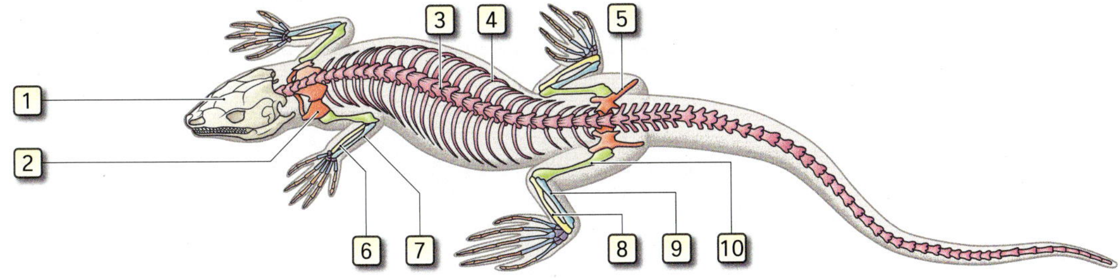

AUFGABEN

Bearbeite die Aufgaben mit Material D

1. Ordne den Ziffern die Fachbegriffe zu. ●○○
2. Beschreibe die Funktion der verschiedenen Flossen für das Schwimmen. ●●○
3. Beschreibe den Körperbau des Karpfens. ●●○
4. Erkläre, weshalb der Körperbau des Karpfens eine Angepasstheit an die Fortbewegung im Wasser darstellt. ●●○

Bearbeite die Aufgaben mit Material E

1. Ordne den Ziffern die Fachbegriffe zu. ●○○
2. Vergleiche den Körperbau von Eidechse und Schwanzlurch. Nenne Gemeinsamkeiten und Unterschiede. ●●○
3. Erläutere den Zusammenhang von Struktur und Funktion am Beispiel der Extremitäten von Eidechse, Schwanzlurch und Froschlurch. ●●●
4. Beschreibe, wie sich eine Schlange fortbewegt. ●●○

Pflanzen – Tiere – Lebensräume

Dieses Kapitel hat folgenden Inhalt:

Buntspechte leben in Wäldern und Parkanlagen. Sie schlagen ihre Wohnhöhlen in Bäume und ernähren sich von kleinen Lebewesen, die sich unter der Borke von Ästen befinden.

1 Schlittenhunde

3.1 Der Hund – ein Freund und Helfer

Hunde leben mit dem Menschen zusammen und begleiten ihn durch das Leben. Welche Aufgaben haben die Hunde?

Begleiter des Menschen – Hunde sind für viele Menschen ein fester Bestandteil der Familie. Aber nicht nur als **Familienhund** begleiten sie den Menschen. Hunde werden vom Menschen für vielfältige Aufgaben trainiert. Ein Hund führt einen blinden Menschen durch die Straßen. Der **Blindenhund** lenkt jeden Schritt und macht auf Hindernisse rechtzeitig aufmerksam. Der **Schlittenhund** kann beladene Schlitten über weite Schnee- und Eisflächen ziehen. Der **Hirtenhund** bewacht die Schafherde und hält sie zusammen. Der **Jagdhund** stöbert Wild auf und treibt es dem Jäger zu. Die Polizei setzt Hunde zum Aufspüren von Drogen und Sprengstoff ein. Der **Polizeihund** wird auch zur Fährtensuche eingesetzt. Mit der Nase dicht am Boden sucht er das Gelände ab. Entdeckt er die Fährte eines Menschen, nimmt er dessen Geruch auf. Er folgt der Spur und lässt sich von keiner anderen Fährte ablenken.

Sinnesorgane – Bei dem Schnüffeln nimmt der Hund Geruchsstoffe über die Nase auf. Sein Geruchssinn ist viel stärker als der des Menschen. Er riecht die Drogen, die verschütteten Menschen oder die Fährte des Wildes. Man bezeichnet den Hund daher als **Nasentier.**

Schon lange bevor jemand an der Tür eines Hauses klingelt, nimmt der Hund Geräusche wahr. Er kann sehr hohe Töne hören, die der Mensch nicht mehr wahrneh-

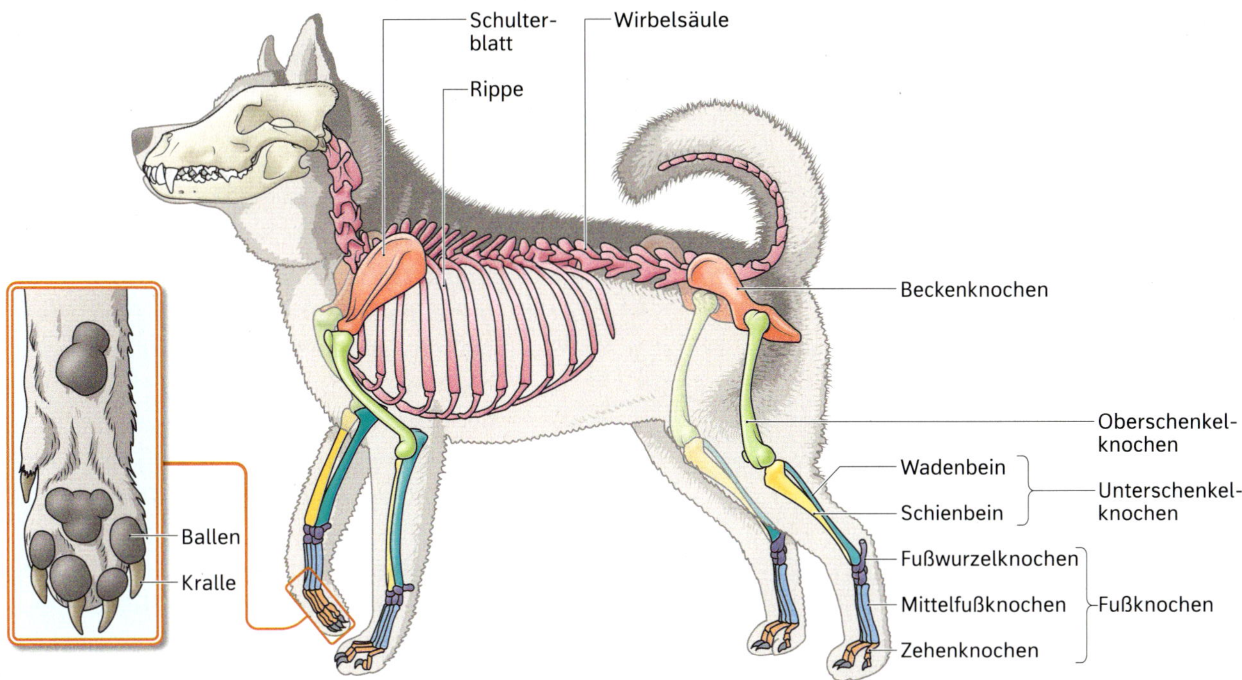

2 Skelett des Hundes

men kann. Seine beweglichen Ohren dreht er wie eine Radarantenne in die Richtung des Geräuschs. So kann der Hund bestimmen, woher ein Geräusch kommt. Wegen seines feinen Gehörsinns bezeichnet man den Hund als **Ohrentier.**

Körperbau – Das Skelett des Hundes gliedert sich in das Schädel-, Rumpf- und Gliedmaßenskelett. Die Gliedmaßen nennt man **Extremitäten.** Der Oberschenkelknochen des Laufbeins ist über das Knie mit dem Schien- und Wadenbein verbunden. Der sich anschließende Fuß gliedert sich in Fußwurzelknochen, Mittelfußknochen und Zehenknochen. Mit seinen Laufbeinen tritt der Hund nur mit den Zehen auf. Er ist ein **Zehengänger.** Wo der Fuß den Boden berührt, befinden sich polsterartige Ballen. Sie schützen den Fuß vor Verletzungen. Seine kurzen und stumpfen Krallen können nicht eingezogen werden. Die Wirbelsäule verläuft vom Kopf über den Rumpf bis zum Schwanzende. Sie besteht aus einzelnen Wirbeln. Der Hund ist ein **Wirbeltier.**

MATERIAL MIT AUFGABEN

A Beinskelett von Hund und Mensch

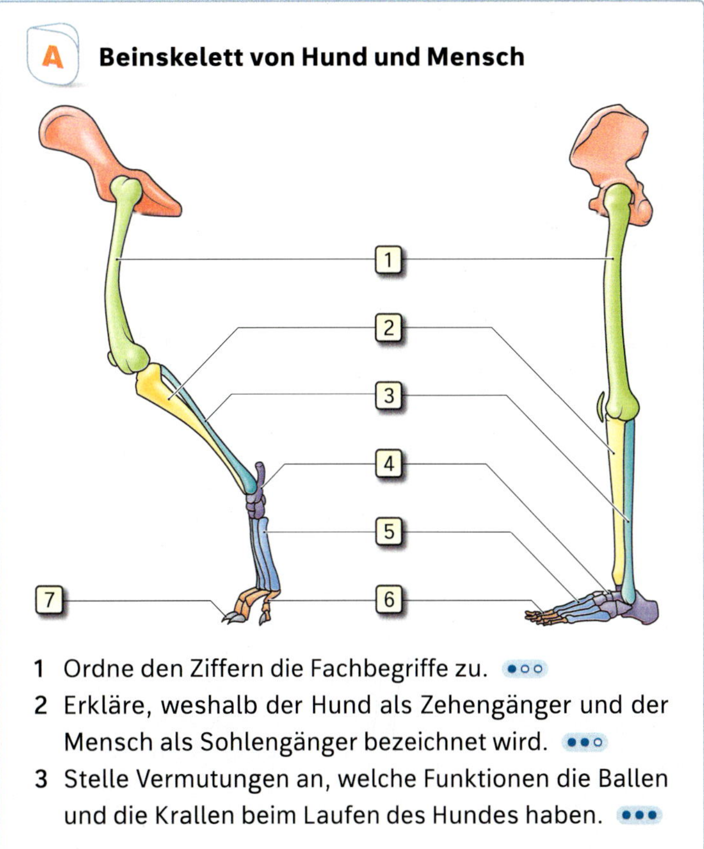

1 Ordne den Ziffern die Fachbegriffe zu. ●○○
2 Erkläre, weshalb der Hund als Zehengänger und der Mensch als Sohlengänger bezeichnet wird. ●●○
3 Stelle Vermutungen an, welche Funktionen die Ballen und die Krallen beim Laufen des Hundes haben. ●●●

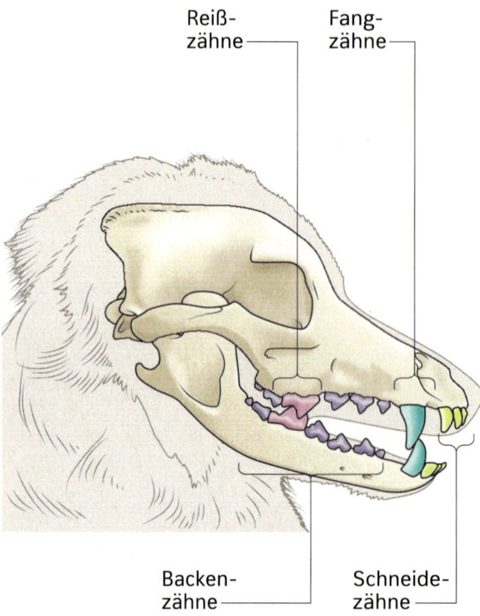

3 Gebiss eines Hundes

Fleischfressergebiss – Auffällig sind die Eckzähne im Gebiss des Hundes. Sie sind lang und laufen spitz zu. Mit den Eckzähnen ergreift der Hund seine Beutetiere und hält sie fest. Die vier Eckzähne werden daher auch als **Fangzähne** bezeichnet. Die kleinen Schneidezähne sind scharfkantig. Mit ihnen schabt der Hund das Fleisch vom Knochen. Die Backenzähne sind breit, spitz und zermahlen die Knochen. Der drittletzte Zahn in jeder Zahnreihe ist der **Reißzahn.** Dieser kräftige Backenzahn ist schärfer als die anderen Zähne. Mit den Reißzähnen zerreißt der Hund das Fleisch und zerbricht die Knochen. Das Gebiss des Hundes wird als **Fleischfressergebiss** bezeichnet. Die Anordnung und die Anzahl der Zähne werden in einer **Zahnformel** dargestellt.

Fortpflanzung – An der Fortpflanzung sind ein weibliches Tier, eine **Hündin,** und ein männliches Tier, ein **Rüde,** beteiligt. Eine Hündin ist im Frühjahr und im Herbst jeweils für etwa drei Wochen paarungsbereit. Sie ist **läufig.** Nach der **Paarung** mit einem Rüden können sich bis zu zehn Jungtiere im Körper der Hündin entwickeln.

MATERIAL MIT AUFGABEN

B Gebiss und Zahnformel

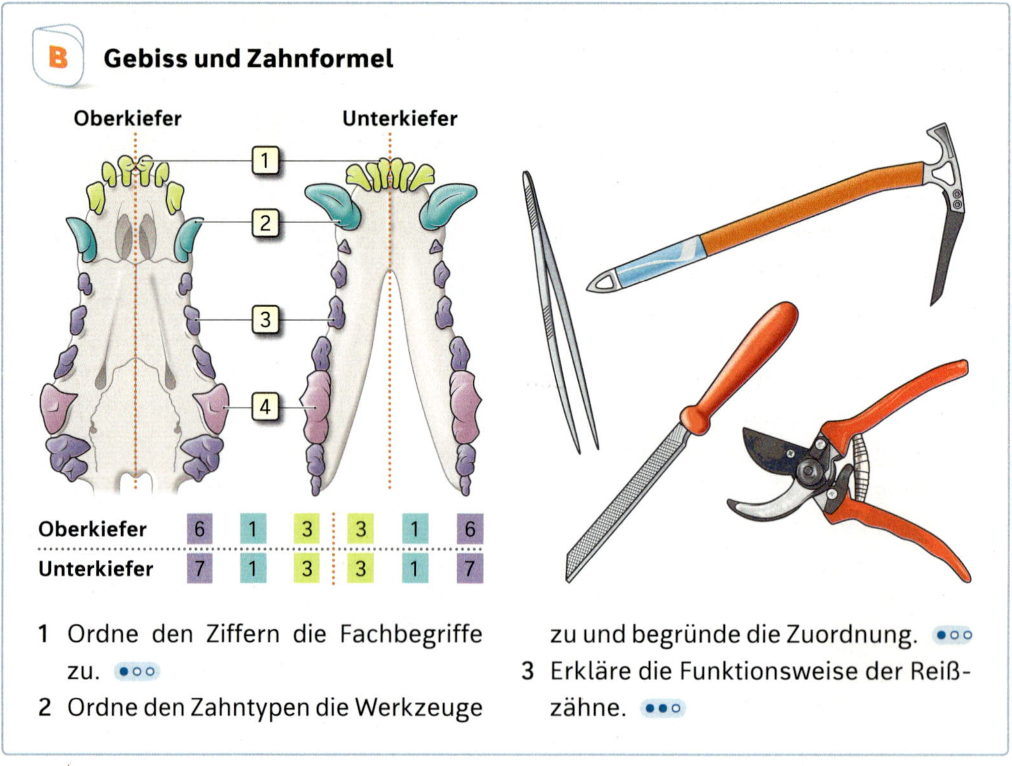

Oberkiefer	6	1	3	3	1	6
Unterkiefer	7	1	3	3	1	7

1 Ordne den Ziffern die Fachbegriffe zu. ●○○

2 Ordne den Zahntypen die Werkzeuge zu und begründe die Zuordnung. ●○○

3 Erkläre die Funktionsweise der Reißzähne. ●●○

Nach etwa 60 Tagen Tragzeit kommen die lebenden Jungtiere nacheinander zur Welt. Die neugeborenen Hunde, die **Welpen,** sind von einer durchsichtigen Hülle umgeben, der Fruchtblase. Diese wird von der Hündin aufgerissen und gefressen. Anschließend leckt sie die Welpen trocken und sauber. Die Welpen kriechen an den Bauch der Hündin. Hier suchen sie nach den Milchzitzen. Haben sie eine Milchzitze gefunden, beginnen sie Muttermilch zu saugen. Dabei treten sie mit ihren Vorderpfoten gegen den Bauch der Hündin, um die Milchdrüsen zur Abgabe von Milch anzuregen. Hunde gehören zu den **Säugetieren.** Für das Wachstum der Welpen ist die nährstoffreiche Muttermilch überlebenswichtig, denn sie können anfangs noch keine feste Nahrung fressen.

Hundewelpen sind in den ersten Wochen nach der Geburt hilflos. Ihre Augen sind geschlossen und sie sind blind. Sie haben wenig Haare und liegen häufig bei der Mutter, weil sie noch gesäugt und gewärmt werden müssen. Die Welpen verlassen ihr „Nest" zunächst nicht. Welpen sind **Nesthocker.**

Hundehaltung – Bevor sich eine Familie einen Hund anschafft, sollte sie prüfen, ob sie die Bedürfnisse des Hundes erfüllen kann. Hunde benötigen viel Auslauf, Bewegung im Freien und Platz in der Wohnung. Außerdem müssen ein Schlafplatz und genügend Hundefutter bereitgestellt werden. Hunde benötigen viel Pflege und Kontakt zu den Familienmitgliedern. Ein Hundehalter muss viel Geduld für die Erziehung eines Hundes mitbringen. Das erfordert ständige Aufmerksamkeit und viel Zeit. Die Anschaffung eines Hundes kostet auch Geld. Das Futter, regelmäßige Tierarztbesuche und die jährliche Hundesteuer müssen bezahlt werden.

4 Hündin säugt ihre Welpen

BASISKONZEPT

Entwicklung

Hunde entwickeln sich in wenigen Monaten von hilflosen Welpen zu erwachsenen Hunden. Diese können sich wieder fortpflanzen und neue Nachkommen hervorbringen. Sie sind geschlechtsreif. Die Entwicklung eines einzelnen Lebewesens bezeichnet man als **Individualentwicklung.** Diese Form der Entwicklung findet man bei allen Lebewesen. Sie ist ein Beispiel für das Basiskonzept **„Entwicklung".**

Heulende Wölfe

3.2 Vom Wolf zum Hund

Auch wenn man die scheuen Wölfe nicht sehen kann, ist ihr Heulen über große Entfernungen zu hören. Weshalb heulen Wölfe?

Lebensweise – Wölfe leben in Gruppen von etwa fünf bis zehn Tieren zusammen. Ein solches **Rudel** besteht oft aus dem Elternpaar, seinem letzten Nachwuchs und dem Nachwuchs aus dem Vorjahr. Sobald Jungwölfe selbst Nachwuchs zeugen können, verlassen sie das Rudel. Ein Rudel beansprucht eine Fläche, ein **Revier,** von vie-

MATERIAL MIT AUFGABEN

A Riechen im Vergleich

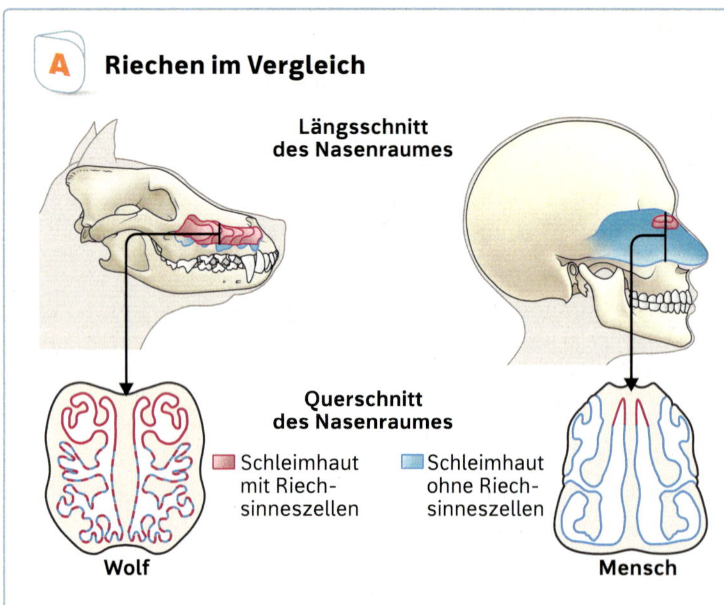

Die Nase ist mit einer Schleimhaut ausgekleidet, in der die Riechzellen liegen. Beim Wolf beträgt die Oberfläche der Schleimhaut etwa 120 und beim Mensch etwa 5 Quadratzentimeter.

1 Beschreibe die Nasenquerschnitte von Wolf und Mensch. ●○○
2 Erkläre, weshalb der Wolf besser riechen kann als der Mensch. ●●○
3 Erläutere am Beispiel der Nase des Wolfes das Basiskonzept „Struktur und Funktion“. ●●●

len Quadratkilometern. Die Grenzen des Reviers werden mit Urin und Kot markiert und von anderen Wölfen mithilfe ihres Geruchssinns wahrgenommen.

Verhalten – Innerhalb eines Rudels nimmt jedes Tier einen bestimmten Platz, einen **Rang,** ein. Der stärkste Wolf, der **Leitwolf,** darf als Erster fressen und sich mit der Leitwölfin paaren. Innerhalb eines Rudels ordnen sich die Wölfe in einer bestimmten Rangfolge dem Leitwolf und der Leitwölfin unter. Diese **Rangordnung** kann man an der **Körpersprache** der Wölfe erkennen. Treffen sich zwei Wölfe, hebt der Ranghöhere den Kopf, stellt seinen Schwanz auf und spitzt seine Ohren. Dieses **Imponierverhalten** kann in ein **Drohverhalten** umschlagen. Der Wolf fletscht seine Zähne. Daraufhin legen rangniedrige Wölfe ihre Ohren an, ziehen den Schwanz ein und legen sich auf den Rücken. Dabei bieten rangniedrigere Wölfe ihre Kehle an. Dies zeigt gegenüber dem Ranghöheren Unterwürfigkeit an. Dieses **Demutsverhalten** verhindert, dass der Ranghöhere kräftig zubeißt.

BASISKONZEPT

Struktur und Funktion

Das Fleischfressergebiss der Wölfe zeichnet sich durch die langen, spitzen Fangzähne aus. Mit diesen Zähnen fangen sie ihre Beutetiere, halten sie fest und töten sie. Die wie Scheren wirkenden Reißzähne zerreißen das Fleisch in kleine Stücke und zerbrechen die Knochen des Beutetieres. Der Bau des Gebisses, die **Struktur,** und die **Funktion** des Gebisses stehen in einem Zusammenhang. Man spricht vom Basiskonzept **„Struktur und Funktion".**

Imponierhaltung

Drohhaltung

Demutshaltung

Überlegenheit des ranghöheren linken Wolfes

Reviermarkierung

2 Verhalten und Körpersprache von Wolf und Hund

Jagdverhalten – In ihrem Revier jagen die Wölfe ihre Beutetiere oft gemeinsam. Dabei werden sie durch ihren ausgezeichneten Geruchssinn geleitet. Wölfe stehen während der Jagd durch heulende Laute in Verbindung. Mit großer Ausdauer und Schnelligkeit hetzen sie hinter dem flüchtenden Wild her. Sie bleiben ihm so lange auf der Spur, bis es erschöpft aufgibt. Wölfe sind **Hetzjäger.** Mit dem **Wolfsgeheul** verständigen sich die Wölfe untereinander.

Zähmung – Untersuchungen haben gezeigt, dass alle Haushunde vom Wolf abstammen. Der Wolf ist die Stammform des Haushundes. Wahrscheinlich hielten sich Wölfe auch in der Nähe menschlicher Lagerplätze auf, weil wohl immer etwas Futter für sie abfiel. Die Wildtiere gewöhnten sich an den Anblick des Menschen. Vermutlich nahmen Menschen auch Welpen bei sich auf, nachdem die Elterntiere getötet wurden und zogen sie auf. Die Tiere lebten beim Menschen und gewöhnten sich an das Zusammenleben. So ist der Wolf zum Haustier geworden. Man bezeichnet dies als **Zähmung.**

Züchtung – Die Menschen erkannten, dass gezähmte Wölfe nützlich waren. Sie beobachteten, dass die Nachkommen der Wölfe ihren Elterntieren zwar in den Merkmalen ähnelten, aber doch immer ein bisschen verschieden waren. Die Unterschiede in den Merkmalen nutzten die Menschen über einen langen Zeitraum gezielt. Sie wählten zunächst die Tiere aus, die Eigenschaften besaßen, die ihnen nützlich erschienen. So sind zum Beispiel kurze Beine und ein lang gestreckter Körper zur Jagd von Füchsen in Fuchsbauten nützliche Eigenschaften. Nur Tiere, die diese Merkmale deutlich zeigten, wurden miteinander verpaart. Unter deren Nachkommen wählte man wieder die Tiere aus, die noch kürzere Beine und noch längere Körper hatten. Auch diese Tiere wurden wieder verpaart. Diesen Vorgang wiederholte man über mehrere Generationen. Durch diese **Züchtung** entstanden viele verschiedene Hunderassen. Die Hunde der verschiedenen Rassen können sich untereinander fortpflanzen und fortpflanzungsfähige Nachkommen hervorbringen. Alle Hunderassen gehören zur selben **Art.**

STREIFZUG

Variabilität

Hundewelpen unterscheiden sich immer ein wenig in ihrer Fellfarbe, in der Dichte ihres Fells und in ihrer Körpergröße. Auch in ihrem Verhalten kann man Unterschiede beobachten. Manche sind mutiger, andere wiederum sehr scheu und vorsichtig. Die Welpen weisen eine Vielfalt in den Merkmalen auf. Die Merkmale variieren. Diese **Variabilität** ist bei allen Lebewesen zu beobachten und eine Ursache für die Vielfalt des Lebens. Man spricht daher vom biologischen Prinzip **„Variabilität".**

Hunderassen – Heute gibt es weltweit über 400 Hunderassen. Diese unterscheiden sich dauerhaft in der Ausprägung ihrer Merkmale. So wurden gezielt schlanke, hochbeinige Windhunde für die Hetzjagd von ausdauernden Wildtieren gezüchtet. Man verfolgte bei der Züchtung der Windhunde also ein bestimmtes **Zuchtziel.** Collies sind liebevoll und verspielt in ihrem Charakter und eignen sich daher als Familienhunde. Dobermänner sind dagegen wachsam und aggressiv. Sie werden daher als Wachhunde zum Bewachen von Grundstücken eingesetzt.

MATERIAL MIT AUFGABEN

B Variabilität

C Züchtung

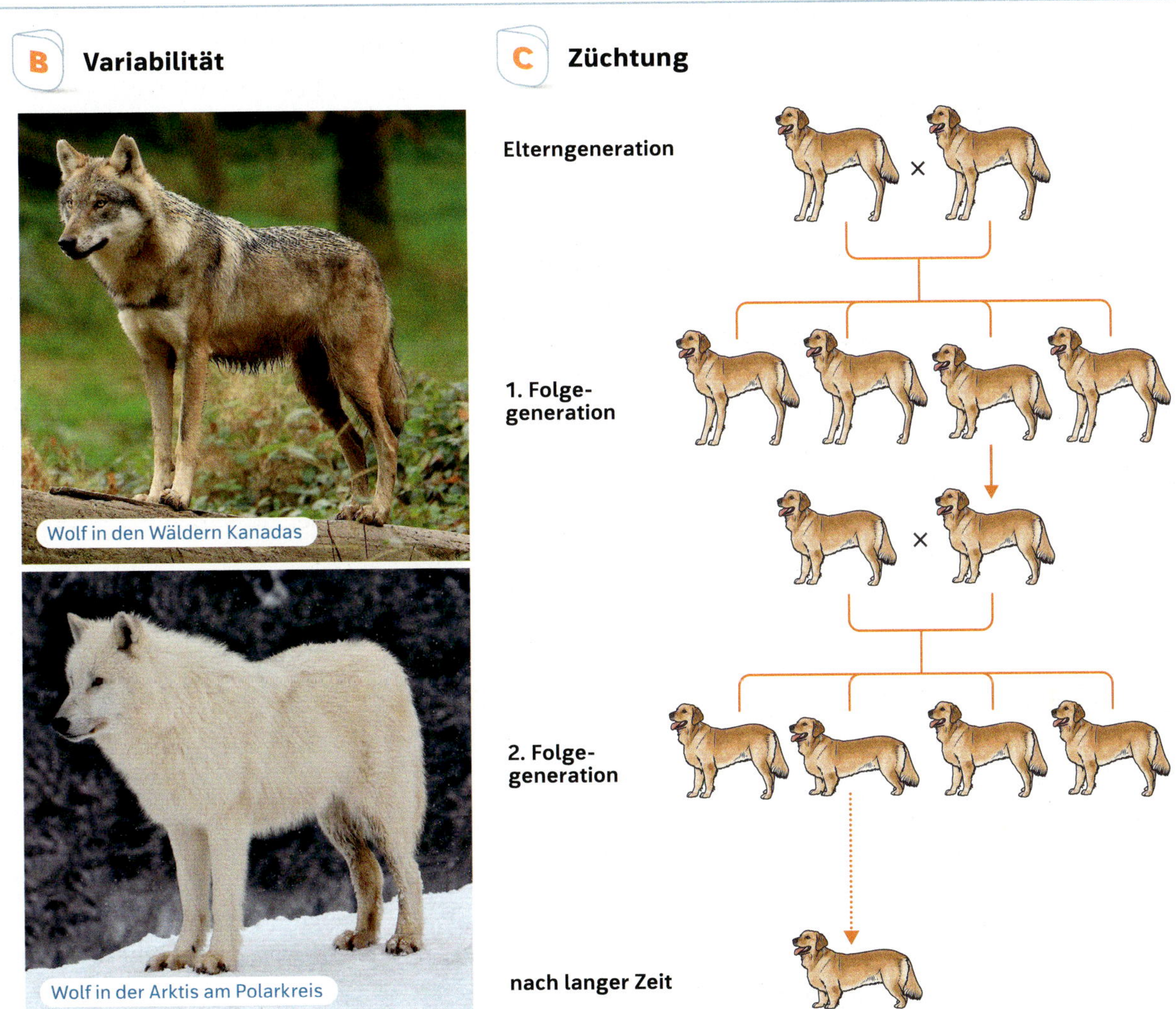

Wolf in den Wäldern Kanadas

Wolf in der Arktis am Polarkreis

B

1 Beschreibe das Aussehen der beiden Wölfe auf den Fotos. ●○○
2 Erkläre die Vorteile des jeweiligen Körperfells der Wölfe. Beachte den Lebensraum der Tiere. ●●○
3 Erläutere an diesem Beispiel, was man unter Variabilität versteht. ●●●

C

1 Beschreibe die Vorgehensweise bei der Züchtung von Hunderassen. ●○○
2 Erläutere, weshalb sich der gezüchtete Dackel auch mit einem Vertreter einer anderen Rasse, beispielsweise eines Windhunds, fortpflanzen kann. ●●○
3 Erläutere den Sachverhalt: „Ohne Variabilität gibt es keine Züchtung!“ ●●●

Eine begründete Entscheidung treffen

Labrador

Körpermasse: 35 bis 40 Kilogramm
Wesen: lebhaft, neugierig und verspielt, nicht aggressiv
Lebenserwartung: bis zu 14 Jahren
Pflege und Haltung: pflegeleichtes Fell, braucht viel Auslauf und Bewegung im Freien
Kosten: etwa 80 Euro im Monat für Futter, Tierarzt und Hundesteuer

Malteser

Körpermasse: 6 bis 10 Kilogramm
Wesen: ruhig und verschmust, nicht aggressiv
Lebenserwartung: bis zu 12 Jahren
Pflege und Haltung: regelmäßige Fellpflege, kurze, regelmäßige Spaziergänge im Freien
Kosten: etwa 60 Euro im Monat für Futter, Tierarzt und Hundesteuer

Familie Schulz lebt in einer Vierzimmerwohnung in der Stadt. Die Familie wünscht sich einen Hund. Malte und sein berufstätiger Vater möchten einen Labrador, mit dem sie lange Ausflüge machen können. Sina und ihre Mutter, die halbtags als Grundschullehrerin arbeitet, möchten dagegen einen Malteser. Die Familie ist sich nicht einig, welche Hunderasse sie anschaffen möchte. Beide Hunderassen stellen ihre Halter vor Herausforderungen. Sie brauchen Zeit für die Haltung des Hundes und Geduld für seine Erziehung. Allen in der Familie ist sehr wichtig, dass der Hund möglichst artgerecht gehalten wird. Die Familie muss eine Entscheidung treffen. So geht man dabei vor:

1 Informationen beschaffen – Die Familie informiert sich über die zur Wahl stehenden Hunderassen in Fachbüchern, Zeitschriften oder im Internet. Weitere Informationen von Experten wie Mitarbeitern im Tierheim sind hierbei nützlich. Die Familie legt für die Informationssuche vorab **Kriterien** wie zum Beispiel Kosten oder Pflege fest. Zu jedem Kriterium werden dann Fragen gestellt. So könnte eine Frage lauten: *Wie hoch sind die monatlichen Kosten für einen Labrador?*

2 Argumente sammeln – Die Argumente für oder gegen die Anschaffung der zur Wahl stehenden Hunderassen sammelt die Familie und ordnet die Informationen den festgelegten Kriterien zu. Steckbriefe helfen ihr, die Informationen übersichtlich darzustellen. Außerdem lassen sich so die beiden Tiere gut vergleichen.

3 Argumente werten – Jedes Mitglied der Familie darf für jedes festgelegte Kriterium einen Wertungspunkt für jedes Tier verteilen. Dabei sind die Bedürfnisse des Tieres, das Wohnumfeld und die

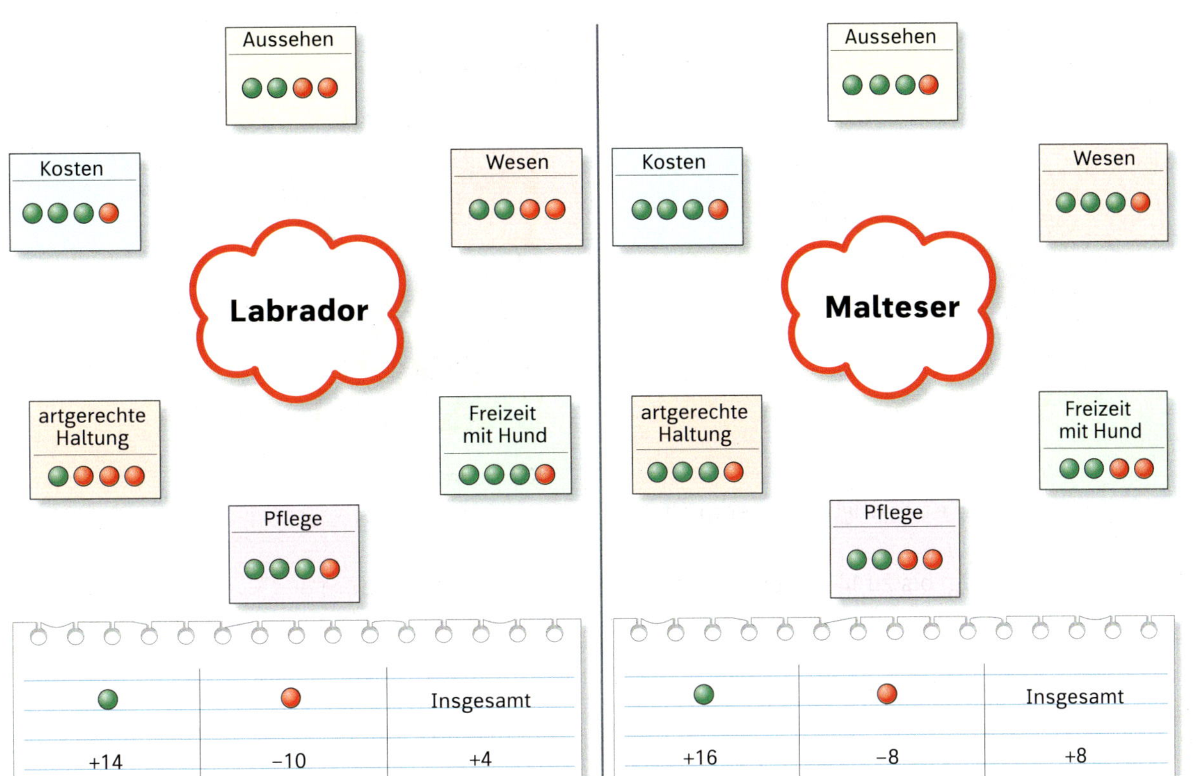

Interessen der Familienmitglieder zu berücksichtigen. Grün bedeutet für das jeweilige Kriterium einen Punkt für die Anschaffung, ein roter Wertungspunkt gegen die Anschaffung des Tieres.

4 Entscheidung treffen – Die Wertungspunkte werden für jedes Tier zusammengezählt. Mithilfe einer Tabelle lassen sich die Wertungspunkte übersichtlich darstellen. Im dargestellten Beispiel hat sich die Familie für den Malteser als Familienhund entschieden. Der Malteser bekam eine bessere Wertung als der Labrador. Das Wohnumfeld der Familie erlaubt es, den Malteser auch eher artgerecht zu halten. Oft wirst du im Leben vor Entscheidungen gestellt. Es ist aber nicht immer einfach, eine durchdachte, begründete Entscheidung zu treffen. Du musst immer mehrere Argumente gegeneinander abwägen und bewerten. Bei vielen Entscheidungen triffst du diese nicht allein. Jeder hat eine persönliche Meinung und Vorlieben spielen eine Rolle. Eine Entscheidung in der Gruppe muss daher nicht immer deiner eigenen entsprechen.

1 Bildet Dreiergruppen. Versetzt euch in die Situation, als wärt ihr jeweils ein Mitglied der folgenden Familien:
Familie 1: Vater arbeitet halbtags von zu Hause, Mutter arbeitet ganztätig in einer Firma, Kind geht ganztags in die Schule, die Familie hat ein Einfamilienhaus mit Garten in der Vorstadt
Familie 2: Vater arbeitet ganztags in einer Firma und ist oft für längere Zeit weg, Mutter ist ganztätig zu Hause und versorgt ihr Baby, die Familie hat eine geräumige Stadtwohnung ohne Garten

2 Trefft zusammen eine begründete Entscheidung für die Anschaffung eines Labradors oder Maltesers. Geht dabei wie in dem Beispiel vor. Jeder übernimmt eine Rolle.

1 Eine Katze schleicht sich an

3.3 Katzen sind Schleichjäger

Die Katze duckt sich auf den Wiesenboden. Sie lauert bewegungslos und beobachtet mit weit geöffneten Augen eine Maus. Wie gelingt es der Katze, die Maus zu fangen?

Jagdverhalten – Hat eine Katze eine Maus entdeckt, drückt sie sich flach auf den Boden. In dieser Stellung kann sie lange verharren. Sie lauert. Langsam pirscht sie sich an die Maus heran. Die Katze duckt sich noch tiefer, die Augen immer auf die Maus gerichtet. Ist die Sprungweite erreicht, stößt sie sich mit ihren kräftigen Hinterbeinen ab. Sie springt mit einem Satz auf das Beutetier und schlägt mit den Vorderpfoten zu. Die spitzen Krallen dringen in die Maus ein und halten sie fest. Mit einem Biss in den Nacken wird die Maus getötet. Die Katze hetzt nicht wie der Hund dem Beutetier hinterher. Vielmehr schleicht sie sich vorsichtig heran und fängt die Beute im Sprung. Die Katze ist ein **Schleichjäger** und bei der Jagd ein **Einzelgänger.**

Körperbau – Die kurzen Beine ermöglichen der Katze ein Anschleichen in geduckter Haltung. Da sie keine Schlüsselbeine hat, kann sie ihren Rumpf zwischen die Vorderbeine flach auf den Boden legen. Ihre Krallen kann sie einziehen, sodass sie den Boden nur mit den weichen Trittballen berührt und auf den Zehen geht. Die Katze ist ein **Zehengänger.** Die sehr bewegliche Wirbelsäule erlaubt der Katze die geduckte Haltung beim Anschleichen und auch große Sprünge. Mit dem langen Schwanz, in dem die Wirbelsäule verläuft, hält sie das Gleichgewicht. Die Katze ist ein **Wirbeltier.**

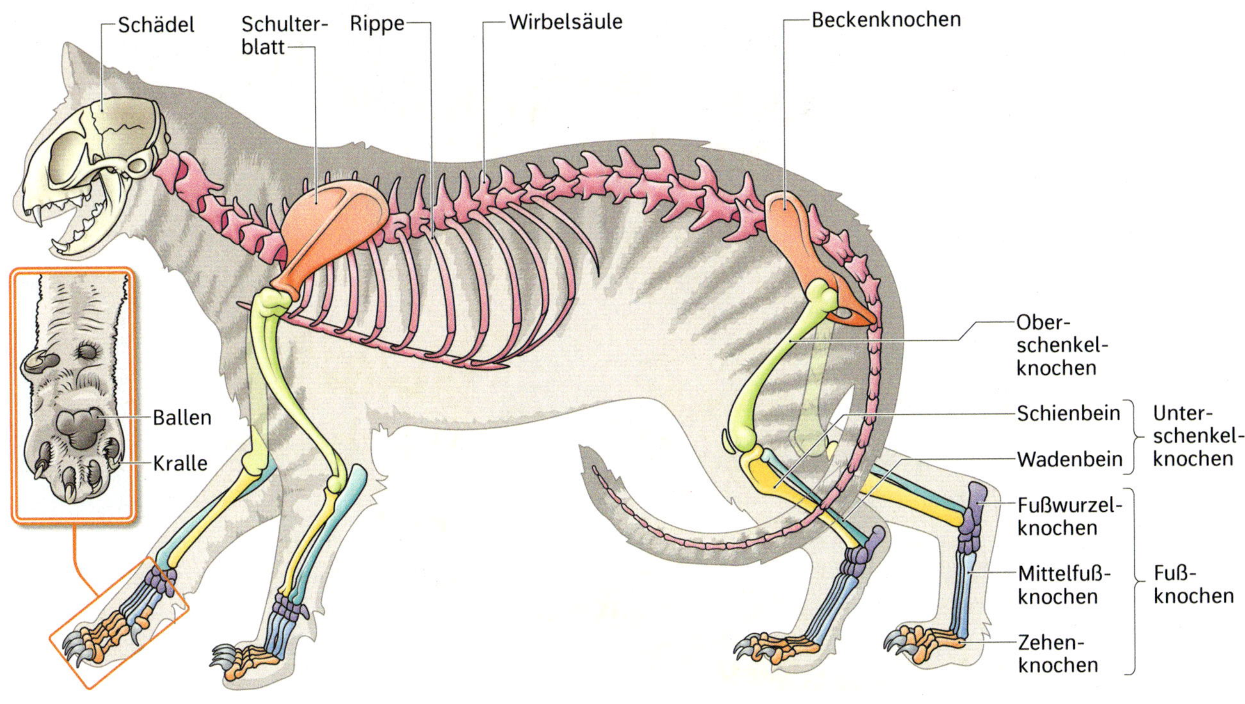

2 Skelett der Katze

MATERIAL MIT AUFGABEN

A Katzenpfote

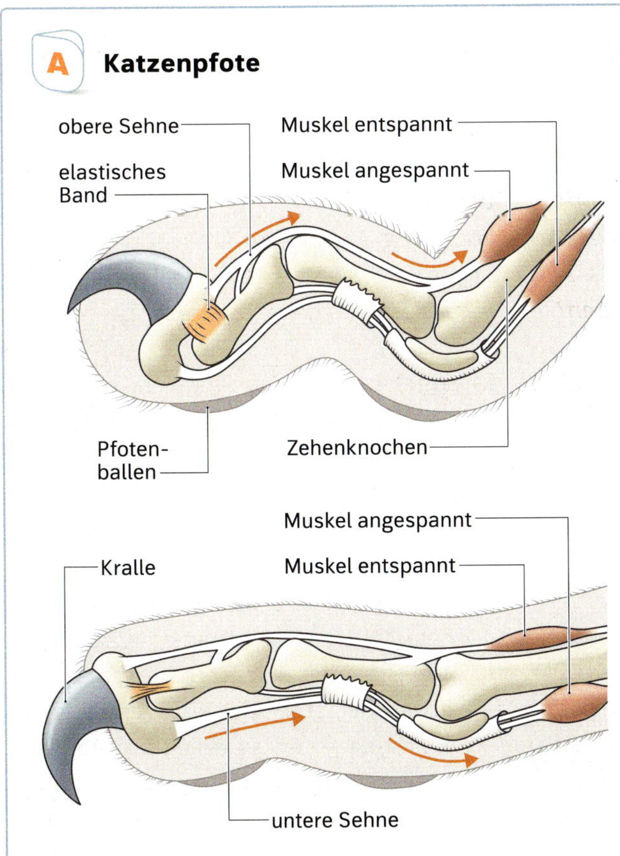

Die Katze zieht beim Anschleichen ihre Krallen in die Pfote ein und beim Beutefang fährt sie die Krallen aus. Wie funktioniert das? Drückt das Körpergewicht der Katze auf die Pfote, spannen sich ihr oberer Muskel und das elastische Band zwischen den Zehenknochen an. Die obere Sehne wird verkürzt. Die Krallen werden in eine Hautfalte gezogen. Der untere Muskel ist dabei entspannt. Fährt die Katze die Krallen aus, ist dagegen der untere Muskel angespannt und das elastische Band gedehnt. Dies nennt man **Gegenspielerprinzip.** Das Ein- und Ausfahren der Katzenkralle wird also durch Knochen, Sehnen und Bänder ermöglicht.

1 Beschreibe die Vorgänge beim Ein- und Ausfahren der Krallen. ●○○
2 Erläutere die Bedeutung des Einziehens der Krallen für den Jagderfolg. ●●○
3 Erläutere anhand der Katzenpfote das Basiskonzept „Struktur und Funktion". ●●●

3 Katzenaugen: **A** bei hellem Tageslicht; **B** in der Dämmerung

Sinnesorgane – Das **Auge** der Katze ist ein sehr leistungsfähiges Sinnesorgan. Am Tag verengt sich die Öffnung im Auge, die **Pupille,** zu einem schmalen senkrechten Schlitz. Mit zunehmender Dämmerung vergrößert sie sich zu einer weiten, kreisförmigen Öffnung. Dadurch können mehr Lichtstrahlen vom Auge aufgefangen werden. Diese starke Erweiterung der Pupille ermöglicht es der Katze, bei schwachem Licht nach Beutetieren zu jagen. Außerdem fallen die Lichtstrahlen durch die

MATERIAL MIT AUFGABEN

B Katzenauge

Schaut eine Katze bei Dunkelheit in das Scheinwerferlicht eines Autos, so leuchten ihre Augen.

1 Erkläre, weshalb Katzen in der Dämmerung gut sehen können. ●●○
2 Erkläre, weshalb die Reflektoren an Fahrrädern auch Katzenaugen genannt werden. ●●○

MATERIAL MIT AUFGABEN

C Katzenschädel

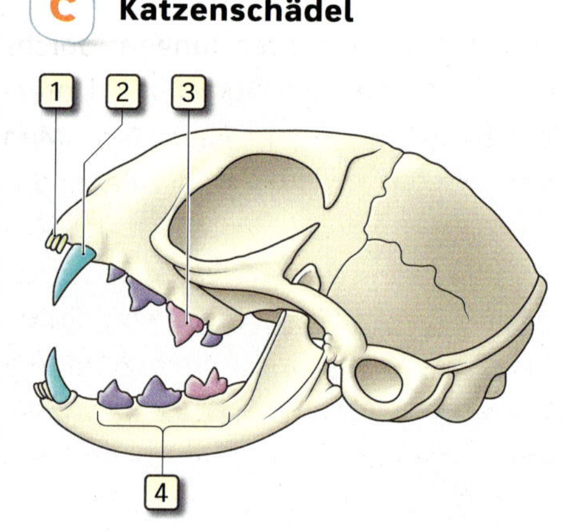

1 Ordne den Ziffern die Fachbegriffe zu. ●○○
2 Erstelle die Zahnformel. ●○○
3 Nenne die typischen Merkmale des Fleischfressergebisses. ●○○
4 Erläutere am Beispiel der Reißzähne das Basiskonzept „Struktur und Funktion“. ●●●

Spiegelung ein zweites Mal auf die Sinneszellen im Auge. Die Spiegelung des Lichts lassen die Augen der Katze in der Nacht leuchten. Die Katze ist ein **Nachtjäger.**
Bei völliger Dunkelheit sieht auch eine Katze nichts mehr. Sie verlässt sich dann auf ihren feinen **Gehörsinn.** Bei lauernden Katzen kann man beobachten, wie sich ihre steil aufgerichteten Ohrmuscheln langsam nach links und rechts bewegen. Die Katze „peilt" die Stelle an, von der Töne und Geräusche kommen. So kann sie leises Mäusepiepen selbst in größerer Entfernung wahrnehmen.
Schleicht sich die Katze an das Beutetier an, so weicht sie jedem Hindernis geschickt aus. Lange Borstenhaare am Kopf ragen zu allen Seiten. Es sind Schnurrhaare an der beweglichen Oberlippe sowie Spührhaare am Kinn, an den Backen und über den Augen. Mithilfe dieser **Tasthaare** kann sich die Katze auch bei Dunkelheit orientieren. Der **Tastsinn** der Katze ist besonders gut entwickelt.

Ernährung – Mit ihren langen, dolchartigen Eckzähnen im Ober- und Unterkiefer hält die Katze ihre Beute fest. Man bezeichnet die Eckzähne bei der Katze daher als **Fangzähne.** Mit diesen tötet die Katze ihre Beutetiere. Vorn im Kiefer sitzen die kleineren Schneidezähne. Mit ihnen können Fleischreste von Knochen genagt oder auch Federn von getöteten Vögeln ausgerupft werden. Mit ihrer Zunge kann sie Fleischreste von den Knochen ablecken, da die Fleischreste an der rauen Zunge hängen bleiben. Auch die Haare ihres Fells kann sie so von Ungeziefer befreien. Ein Backenzahn in jeder Zahnreihe ist kräftiger und scharfkantiger. Die Backenzähne wirken wie eine eine Brechschere. Mit diesen **Reißzähnen** zerschneidet die Katze Fleisch in kleine Stücke. So kann sie Fleisch ohne weiteres Kauen einfach herunterschlucken. Katzen haben ein **Fleischfressergebiss.**

MATERIAL MIT AUFGABEN

D Gleichgewichtssinn

Eine Katze springt und klettert. Fällt sie aus großer Höhe auf den Boden, kann sie sich blitzschnell drehen und landet sicher auf allen vier Pfoten. Die Drehbewegung wird durch den Schwanz gesteuert. Ihre Lage in der Luft kann die Katze durch ihren **Gleichgewichtssinn** einschätzen.

1 Beschreibe die verschiedenen Körperhaltungen und die Haltung des Schwanzes beim Fall. ●●○
2 Erkläre, weshalb sich die Katze bei Stürzen aus geringerer Höhe eher verletzt als bei Stürzen aus größeren Höhen. ●●○

METHODE

Vergleichen

Wolf

Luchs

Biologen haben sich die Frage gestellt, ob sich Wolf und Luchs bei der Jagd nach Beutetieren Konkurrenz machen. Um diese Frage zu beantworten, werden Wolf und Luchs miteinander verglichen. Bei einem Vergleich dienen Merkmale als **Vergleichskriterien.** Bei der Methode „Vergleichen" geht man wie folgt vor:

1 *Frage formulieren* – Machen sich Wolf und Luchs bei der Jagd nach Beutetieren Konkurrenz?
2 *Kriterien festlegen* – Es werden die Kriterien Lebensraum, Lebensweise, Ernährung und Jagdverhalten festgelegt. Anschließend sucht man Informationen zu den Kriterien. Informationen findet man in Fachbüchern, Schulbüchern oder dem Internet.
3 *Informationen darstellen* – Die Informationen werden in diesem Beispiel in einer Tabelle gelistet. Aus der Tabelle lassen sich dann die Gemeinsamkeiten und Unterschiede herauslesen.
4 *Frage beantworten* – Aus dem in der Tabelle dargestellten Vergleich wird eine Schlussfolgerung gezogen.

Kriterium	Wolf	Luchs
Lebensraum	Wälder	Wälder
Lebensweise	Rudeltier	Einzelgänger
Ernährung	Fleischfresser große, alte und kranke Beutetiere wie Hirsche, Rehe und Wildschweine frisst er samt Knochen auf	Fleischfresser junge Rehe, Vögel und kleinere Säugetiere
Jagdverhalten	nachtaktiv, Hetzjäger	nachtaktiv, Schleichjäger

1 Werte die Tabelle aus und beantworte die Frage. •••

MATERIAL MIT AUFGABEN

E Bau der Pfoten im Vergleich

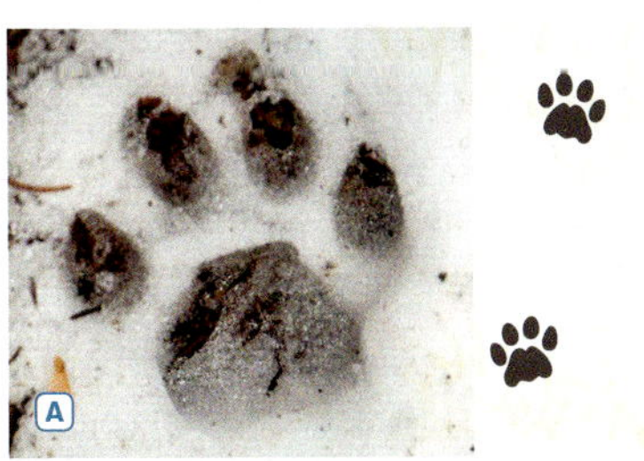

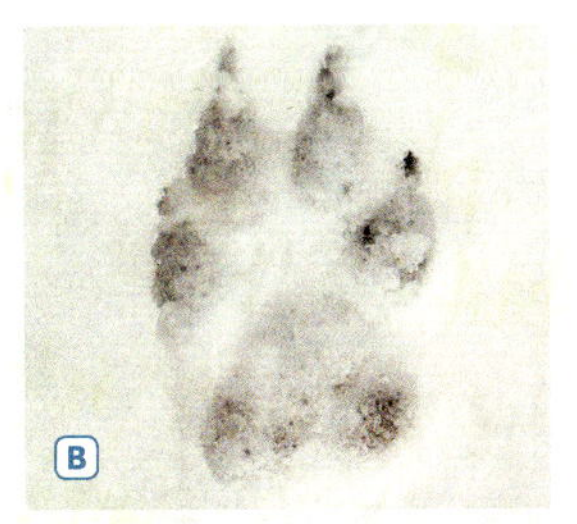

1 Vergleiche die Pfotenabdrücke von A und B miteinander. ●●○

2 Ordne die Pfotenabdrücke entweder einem Wolf oder einem Luchs zu. Begründe deine jeweilige Zuordnung. ●●○

3 Erkläre, weshalb der Bau der Pfoten Angepasstheiten an die jeweilige Lebensweise darstellen. Nutze zur Beantwortung das Basiskonzept „Struktur und Funktion". ●●●

F Gebisse im Vergleich

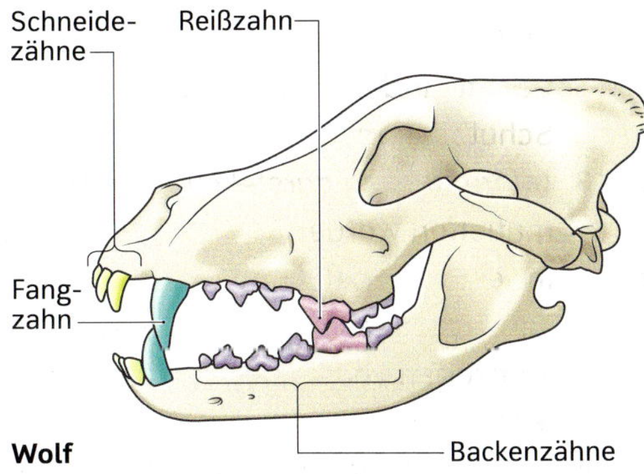

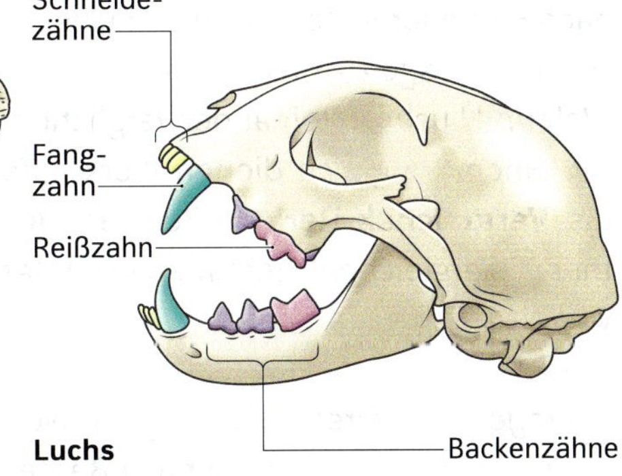

1 Vergleiche die Gebisse von Wolf und Luchs. Berücksichtige folgende Kriterien: Zahntypen und Anzahl der Zähne pro Zahnreihe. ●●○

2 Erläutere, weshalb Wolf und Luchs ein Fleischfressergebiss haben. ●●○

3 Erläutere mithilfe der Backenzähne die Unterschiede in der Ernährung zwischen Wolf und Luchs. ●●●

G Reviere im Vergleich

Tier	Reviergröße in Quadratkilometern
Wolfsrudel	250
Luchs	80
Wildkatze	8

Biologen haben die Größe des Reviers eines Wolfsrudels, eines Luchses und einer Wildkatze bestimmt.

1 Erläutere, weshalb die Reviere unterschiedlich groß sind. ●●●

1 Kauendes Rind auf der Weide

3.4 Das Rind

Stundenlang kann man Rinder auf der Weide beim Kauen beobachten, ohne dass sie Nahrung zu sich nehmen. Weshalb machen Rinder das?

Pflanzenfresser – Beim Grasen umfasst das Rind mit der langen, rauen Zunge Grasbüschel. Diese drückt es mit den sechs Schneidezähnen des Unterkiefers gegen die Hornleiste des Oberkiefers und hebt den Kopf ruckartig an. Die Grasbüschel werden abgerissen und dann fast unzerkaut verschluckt. Das Rind ist ein **Pflanzenfresser.** Nach stundenlangem Weiden lässt sich das Rind nieder und beginnt, die aufgenommene Nahrung gründlich zu kauen. Es stößt auf und ein Futterkloß rutscht den Hals hinauf ins Maul. Sofort führt der Unterkiefer gleichmäßig mahlende Bewegungen aus. Dabei wird der Bissen sorgfältig zerkleinert und wieder verschluckt. Rinder kauen ihre Pflanzennahrung zweimal. Man bezeichnet sie deshalb als **Wiederkäuer.** Für das Kauen ist das Gebiss gut geeignet. Die Backenzähne stehen dicht nebeneinander. Zwischen Schmelzfalten ihrer flachen Kauflächen wird der Nahrungskloß fein zerrieben wie Korn zwischen Mahlsteinen. Diese Mahlzähne kennzeichnen das **Pflanzenfressergebiss.**

Wiederkäuermagen – Der Magen des Rindes nimmt große Futtermengen auf. Dieser **Wiederkäuermagen** besteht aus mehreren Teilen. Das wenig vorgekaute Futter gelangt zunächst in den **Pansen,** der etwa 160 Liter fasst. In ihm wird die schwer verdauliche Pflanzennahrung eingeweicht

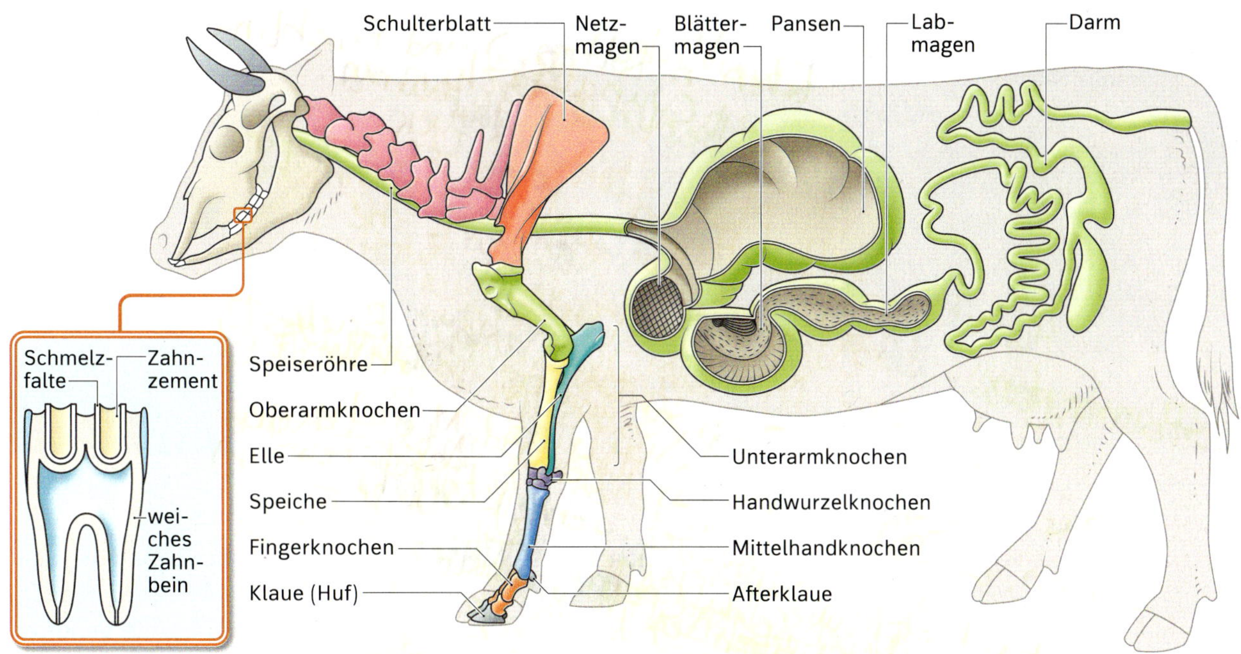

2 Skelett und Verdauungsorgane beim Rind

und leicht zersetzt. Von hier gelangen kleine Mengen in den **Netzmagen,** dessen Innenwände mit netzartigen Falten versehen sind. Es werden kleine Nahrungsballen gebildet, die beim Aufstoßen ins Maul rutschen. Nach dem Wiederkäuen rutscht der Nahrungsbrei in den **Blättermagen.** Seine Innenwand ist mit blattartigen Falten ausgekleidet. Zwischen ihnen wird das überschüssige Wasser aus dem Nahrungsbrei gepresst. Im **Labmagen** erfolgt schließlich die eigentliche Verdauung. Von hier gelangt der Nahrungsbrei in den Darm.

Kleinstlebewesen – Kleinstlebewesen wie Bakterien und Wimperntierchen leben im Pansen des Rindes. Sie nehmen die Nährstoffe der schwer verdaulichen Pflanzenteile auf und zerlegen die Nährstoffe in ihre Bausteine. Mit dem Nahrungsbrei gelangen Bakterien und Wimperntierchen in den Labmagen. Dort werden sie abgetötet und die Bausteine werden freigesetzt. Die Bausteine werden vom Rind über die Wand des Darms in das Blut aufgenommen.

MATERIAL MIT AUFGABEN

A Pflanzenfressergebiss

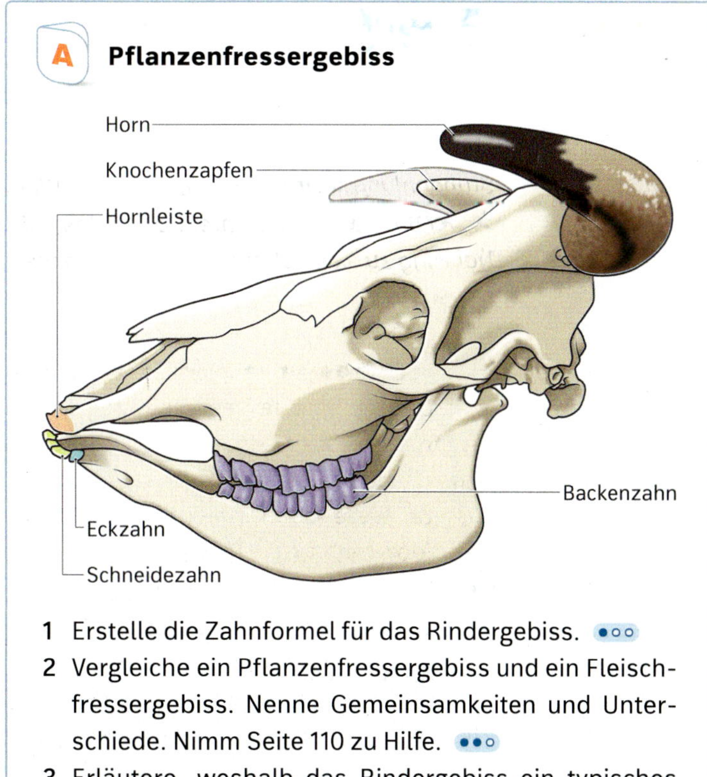

1 Erstelle die Zahnformel für das Rindergebiss. ●○○
2 Vergleiche ein Pflanzenfressergebiss und ein Fleischfressergebiss. Nenne Gemeinsamkeiten und Unterschiede. Nimm Seite 110 zu Hilfe. ●●○
3 Erläutere, weshalb das Rindergebiss ein typisches Pflanzenfressergebiss ist. ●●○

3 Rinder: **A** „Zurückgezüchtete“ Auerochsen; **B** Milchrasse; **C** Fleischrasse

Züchtung – Das Rind stammt vom Wildrind, dem Auerochsen, ab. Es lebte in den Wäldern Europas und ernährte sich von Gräsern und Blättern. Das Wildrind trat wie die heutigen Rinder mit der Spitze zweier Zehen jedes Fußes auf. Deshalb gehört das Rind zu den **Zehenspitzengängern.**

MATERIAL MIT AUFGABEN

B Vorderbein des Rindes

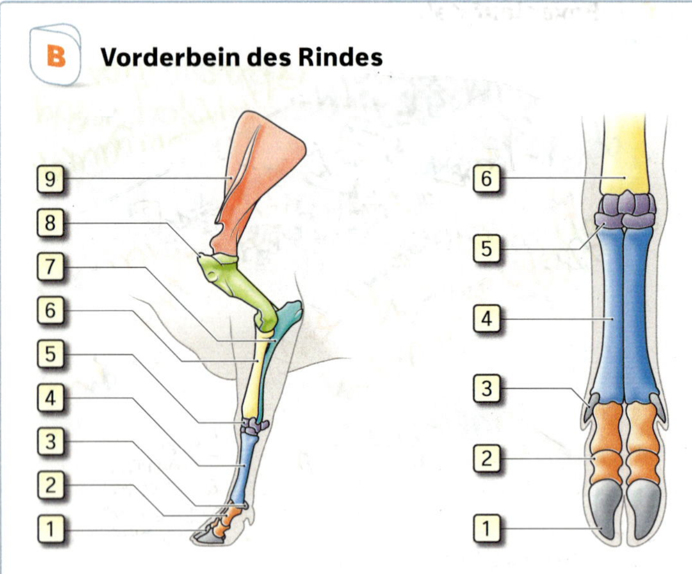

1 Ordne den Ziffern die Fachbegriffe zu. ●○○
2 Erkläre die Begriffe Zehenspitzengänger und Paarhufer. ●●○
3 Erläutere, weshalb das Bein des Rindes eine Angepasstheit an seine Lebensweise darstellt. ●●●

Die letzten Glieder dieser Hauptzehen sind zum Schutz mit Hufen aus Horn überzogen. Das Rind ist ein **Huftier.** Da die behuften Zehen paarweise angeordnet sind, gehört das Rind zu den **Paarhufern.** Zwei weitere Zehen sind verkümmert und werden **Afterzehen** genannt. Wenn die Rinder über die feuchten Wiesen laufen, spreizen sich die Hufe weit auseinander. So verhindern sie zusammen mit den Afterzehen ein Einsinken in den matschigen Untergrund.

Die Züchtung des Rindes begann vor etwa 10000 Jahren. Für die Milchproduktion züchtete der Mensch Rinderrassen mit besonders hoher Milchleistung. Damit ein weibliches Rind, eine **Kuh,** viel Milch produziert, muss sie einmal im Jahr ein Jungtier, ein **Kalb,** zur Welt bringen. Das Kalb kann bei der Geburt bereits sehen. Auch besitzt es ein ausgebildetes **Fell.** Sobald das Kalb trocken geleckt ist, stellt es sich auf die noch wackligen Beine und sucht das Euter des Muttertieres, um zu **säugen.** Rinder gehören zu den **Säugetieren.** Nach nur kurzer Zeit folgt das Kalb dem Muttertier auf der Weide. Jungtiere, die wie das Kalb bei der Geburt weitgehend selbstständig sind, nennt man **Nestflüchter.** In der Milchviehhaltung werden die Kälber früh von den Muttertieren getrennt.

Die Kälber werden mit einem speziellen Kälberfutter ernährt, sodass die gesamte Milch der Kuh vom Menschen genutzt werden kann. Das Rind ist für den Menschen ein wichtiges **Nutztier.** Neben der Zucht von **Milchrinderrassen** züchtete man **Fleischrinderrassen,** deren Tiere besonders viel Muskelfleisch ansetzen. Vor allem die männlichen Tiere, die **Bullen,** können durchschnittlich ein Kilogramm Masse am Tag zulegen. Rinderrassen, die man sowohl zur Milchproduktion als auch zur Fleischproduktion nutzt, nennt man **Zweinutzungsrassen.** Sie liefern weniger Milch und Fleisch als **Einnutzungsrassen,** die nur für eine Nutzung gezüchtet wurden.

Nutztierhaltung – Damit in einem landwirtschaftlichen Betrieb viel Milch oder Fleisch produziert wird, müssen oft mehrere Hundert Tiere auf engsten Raum gehalten werden. In dieser **Intensivhaltung** stehen die Tiere angebunden auf rutschigem, aber leicht zu reinigenden Spaltenboden eng nebeneinander. Da die Tiere den Tag über nur stehen, wird viel Energie aus dem Kraftfutter zum Aufbau von Muskelmasse oder zur Milchproduktion genutzt. Um die Ausbreitung von Krankheitserregern unter der hohen Anzahl von Tieren zu vermeiden, werden die Ställe sauber gehalten. Auch der Tierarzt kommt regelmäßig zur Kontrolle. In der **Boxenlaufstallhaltung** können sich die Tiere dagegen frei bewegen und im Stroh niederlegen. Dem natürlichen Verhalten der Rinder kommt die **Freilandhaltung** am nächsten. Die Rinder können sich in einer Herde frei auf einer Weidefläche bewegen. Landwirte, die ihre Rinder auf der Weide halten, bieten den Tieren weite Flächen zum Grasen, schattige Plätze zum Ausruhen und eine leicht zugängliche Tränke. Es dauert allerdings länger, bis die Rinder schlachtreif sind, da sie mehr Energie für die Bewegung benötigen, anstatt nur Muskelmasse anzusetzen.

MATERIAL MIT AUFGABEN

C Rinderrassen

Rinderrasse	durchschnittliche Körpermasse in Kilogramm	durchschnittliche Milchleistung pro Jahr in Liter	durchschnittliche Zunahme der Körpermasse pro Tag in Gramm
Schwarzbunte	680	7300	900
Rotbunte	700	6650	1000
Fleckvieh	750	5690	1280
Charolais	850	3500	1480
Limousin	750	3200	1200

1 Erkläre die Begriffe Milchrinderrasse, Fleischrinderrasse, Einnutzungsrasse und Zweinutzungsrasse. ●●○

2 Ordne diese Begriffe den Rassen in der Tabelle zu und erläutere deine Entscheidung. ●●○

3 Informiere dich im Internet, welche Teile vom Rind noch genutzt werden. ●●○

D Boxenlaufstall

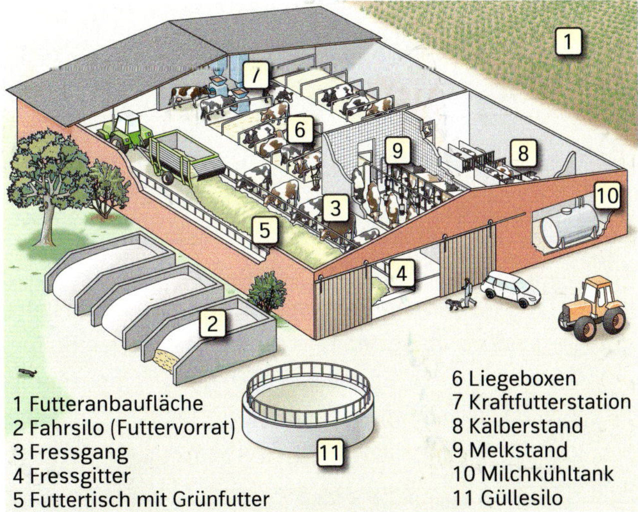

1 Erkläre die Begriffe Intensivhaltung, Boxenlaufstallhaltung und Freilandhaltung. ●●○

2 Erläutere, ob der Boxenlaufstall die natürlichen Verhaltensweisen der Rinder berücksichtigt. ●●●

1 Bache mit Frischlingen

3.5 Das Schwein

Im Wald sind Wildschweine im dichten, teils schlammigen Unterholz zu beobachten. Sie durchwühlen mit der langen Schnauze den Boden. Was suchen die Wildschweine im Boden?

Lebensweise – Mit dem sehr gut entwickelten Geruchssinn riecht das Wildschwein Würmer, Insektenlarven und Pilze im weichen Boden. Um an die Nahrung zu kommen, wühlt es mit der zum Rüssel verlängerten und sehr beweglichen Schnauze den Boden auf. Ist der Boden sehr hart, nimmt es auch die großen, spitzen Eckzähne, die **Hauer,** zum Aufwühlen des Bodens zu Hilfe. Die aufgenommene Nahrung zerschneidet das Wildschwein anschließend mit den Schneidezähnen. Die spitzhöckrigen vorderen Backenzähne zerreißen die mit der Nahrung aufgenommenen Fleischteile. Frisches Gras, Eicheln und Kastanien werden dagegen mit den hinteren stumpfhöckrigen Backenzähnen zermahlen. Wildschweine fressen also pflanzliche und tierische Nahrung. Deshalb bezeichnet man sie als **Allesfresser** und ihr Gebiss als **Allesfressergebiss.** Wildschweine legen streng voneinander getrennte Schlaf-, Fress- und Kotbereiche an. Häufig scheuern sie sich an Baumstämmen und suhlen sich in schlammigen Pfützen, den **Suhlen.** So reinigen sie ihre Haut und schmieren beim Suhlen ihre dichten und dicken Haare, das **Borstenfell,** mit Schlamm ein. Dadurch schützen sie sich vor Insektenstichen. Da Wildschweine nicht schwitzen können, legen sie sich gern in den kühlen Schlamm einer Suhle. Das Borstenfell ist schwarzbraun und im Wald kaum zu erkennen. Daher bezeichnen die Jäger die Wildschweine auch als **Schwarzwild.**

Körperbau – Wie alle **Wirbeltiere** hat das Wildschwein eine Wirbelsäule. Mit sei-

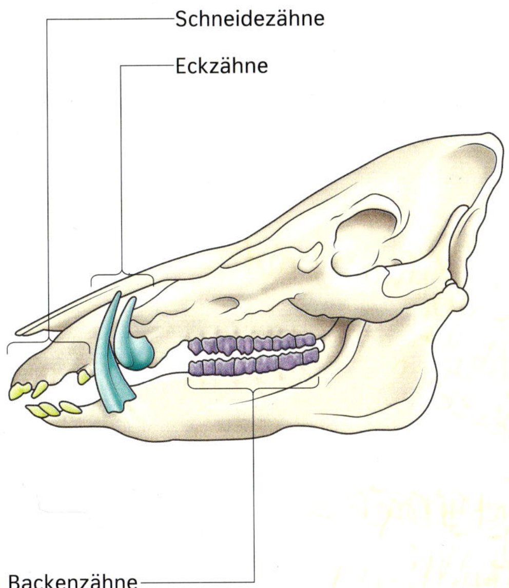

2 Schädel und Gebiss des Wildschweines

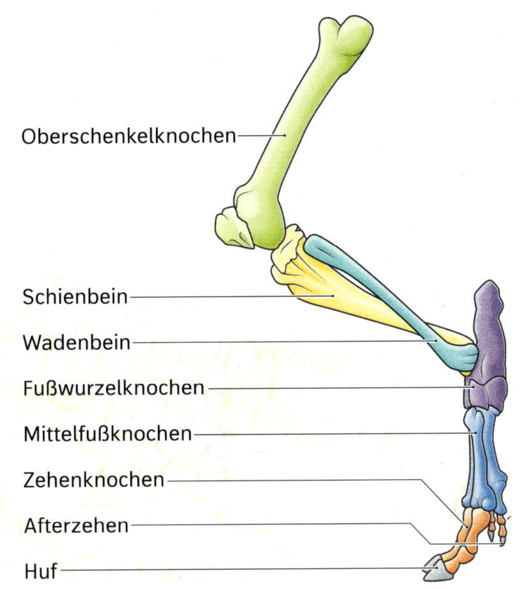

3 Beinskelett des Wildschweins (Schema)

nen Beinen läuft es schnell und geschickt über den Boden des Waldes. Es tritt jeweils nur mit der Spitze der zwei Hauptzehen auf, die mit einem schützenden Huf überzogen sind. Wildschweine zählen zu den **Zehenspitzengängern** und **Paarhufern.** Wenn das Wildschwein über schlammigen Boden läuft, spreizen sich die zwei hinter den Hauptzehen liegenden Nebenzehen. Diese gespreizten **Afterzehen** verhindern das Einsinken im schlammigen Boden.

Fortpflanzung – Wildschweine leben in Familienverbänden, den **Rotten,** zusammen. Eine Rotte besteht aus mehreren weiblichen Tieren, den **Bachen,** und zahlreichen Jungtieren. Die männlichen Tiere, die **Keiler,** schließen sich der Rotte erst in der Paarungszeit zwischen November und Februar an. Im Frühjahr bringt die Bache vier bis zwölf Jungtiere, die **Frischlinge,** zur Welt. Sie werden von der Bache gesäugt. Wildschweine sind **Säugetiere.** Die Jungtiere haben ein gestreiftes Fell und sind in dem Wurfkessel aus Gras und Moos kaum zu erkennen. Erst mit dem Haarwechsel im Herbst tragen die Jungtiere das schwarzbraune Borstenfell der erwachsenen Tiere.

MATERIAL MIT AUFGABEN

A Ernährung und Darmlänge

Säugetier	durchschnittliche Darmlänge in Zentimetern	durchschnittliche Körperlänge in Zentimetern
Rind	5000	200
Schwein	2240	160
Katze	200	40
Mensch	700	175

1 Berechne das Verhältnis von Darmlänge zu Körperlänge für jedes Tier und den Menschen. Rechne Darmlänge dividiert durch Körperlänge. ●●○

2 Erkläre, weshalb die Darmlänge mit der Körperlänge verglichen werden muss. ●●○

3 Erläutere, inwiefern die Darmlänge mit der Ernährung zusammenhängt. ●●●

4 Vergleiche das Wildschweingebiss mit dem Rindergebiss. Nenne Gemeinsamkeiten und Unterschiede. Nimm Seite 125 zu Hilfe. ●●○

5 Erläutere anhand der Berechnung und des Gebisses, weshalb das Schwein ein Allesfresser ist. ●●○

6 Nimm Stellung zu der Aussage: „Der Mensch hat ein Allesfressergebiss". ●●●

4 Wildschwein und Hausschwein

Wildschwein und Hausschwein – Vor über 9000 Jahren fingen Menschen Wildschweine ein und hielten sie in eingezäunten Gehegen. Nach dieser **Domestizierung** hatten die Menschen durch die nah am Haus gehaltenen Schweine ausreichend Fleisch zur Verfügung. Ging das Fleisch zur Neige, wurde ein Schwein geschlachtet. Mit dem starken Bevölkerungswachstum in den letzten Jahrhunderten erhöhte sich auch der Bedarf an Fleisch. Man züchtete gezielt Schweine, die viel und schnell Muskelfleisch entwickelten wie das *Schwäbisch-Hallische Schwein* oder das *Wollschwein*. Das *Wollschwein* wird vor allem in kühleren Regionen gehalten. Diese Schweinerassen sind heute aber selten geworden. In der Schweinezüchtung hat man sich auf wenige Schweinerassen konzentriert. So halten viele landwirtschaftliche Betriebe nur noch die *Deutsche Landrasse* in ihren Ställen.

Nutzung – Schweine liefern nicht nur Fleisch. Hausschweine liefern Schweineborsten, die zu Bürsten und Pinseln verar-

5 Schwäbisch-Hallisches Schwein

6 Wollschweine

beitet werden. Die Schweinehaut wird als Leder für Taschen genutzt. Sogar eine Arznei, das Insulin für zuckerkranke Menschen, lieferte früher das Schwein. Das Hausschwein ist somit zu einem wertvollen **Nutztier** für den Menschen geworden.

Schweinehaltung – In der **Intensivhaltung** ist das Ziel, auf möglichst kleiner Fläche mit wenig Arbeitsaufwand viele Schweine zu halten. Innerhalb von nur sechs Monaten werden die Schweine auf ein Schlachtgewicht von über 110 Kilogramm gemästet. Das bedeutet, dass so ein Mastschwein pro Tag bis zu 500 Gramm Muskelfleisch bildet. Geringe Bewegungsmöglichkeiten und die Fütterung von Kraftfutter unterstützen das schnelle Wachstum. Ein Mastschwein muss auf einer Fläche von etwa einem Quadratmeter leben. Es steht auf Betonböden mit Spalten, durch die der Kot fällt und der Harn abläuft. Die Spalten drücken in die Hufe und die Schweine können mit den Hufen auch hängenbleiben. Das kann zu Verletzungen führen. Zur Mast werden den Jungschweinen, den **Ferkeln,** schon kurz nach der Geburt die Ringelschwänze abgeschnitten, da sie sich diese sonst in der Enge der Haltung abbeißen würden. Die Eckzähne werden den wenige Tage alten Ferkeln abgeschliffen, da sie sonst die Mutterzitzen der **Sau** verletzen könnten. Den männlichen Ferkeln werden die Hoden entfernt.

In **Biobetrieben** leben Sauen und Ferkel in Freigehegen mit großem Auslauf. Hier können die Schweine suhlen und auf der Wiese nach Nahrung wühlen. Ferner verabreichen Biobauern ein besonderes Futter.

MATERIAL MIT AUFGABEN

B Schweinehaltung

Auszug aus Paragraf 2 des Tierschutzgesetzes: Der Halter
1. muss das Tier in seiner Art und seinen Bedürfnissen ... angemessen ernähren, pflegen und verhaltensgerecht unterbringen.
2. darf die Möglichkeit des Tieres zu artgemäßer Bewegung nicht so einschränken, dass ihm Schmerzen oder vermeidbare Leiden oder Schäden zugefügt werden.

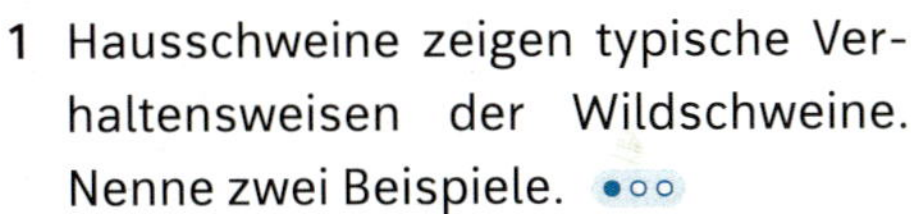

1 Hausschweine zeigen typische Verhaltensweisen der Wildschweine. Nenne zwei Beispiele. ●○○

2 Erläutere, weshalb in Biobetrieben die Tierhaltung der natürlichen Lebensweise von Schweinen näher kommt. ●●○

3 Vergleiche die Nutztierhaltung mit den Vorschriften des Tierschutzgesetzes. Nenne Beispiele aus der Nutztierhaltung, die von den Haltungsvorschriften abweichen. ●●○

4 Stelle Vermutungen an, weshalb nicht alle Landwirte ihre Tierhaltung auf eine ökologische Landwirtschaft mit einer Freilandhaltung umstellen. ●●●

1 Bankivahühner: Hahn in der Mitte mit zwei Hennen

3.6 Das Huhn

Unsere Haushühner stammen von den Bankivahühnern ab. Man kann diese Hühner noch heute in Regionen Chinas, Indiens und Indonesiens beobachten. Welche Lebensweise hat das Bankivahuhn?

Lebensweise – Die Bankivahühner leben in Wäldern mit dichtem Bodenbewuchs. Sie schlafen auf Bäumen. Bei Sonnenaufgang verlassen sie ihren Schlafplatz und gehen auf Futtersuche. Dazu scharren und kratzen sie im Laub oder auf dem Boden. Sie picken die frei gelegten Samen, Insekten und Würmer auf. Häufig kann man beobachten, wie sie Sand in ihr aufgeplustertes Gefieder schleudern. Anschließend schütteln sie den Sand wieder aus. Dieses **Sandbaden** dient der Reinigung des Gefieders und der Haut.
Die Bankivahühner leben immer in Gruppen, einer **Hühnerschar,** zusammen. Zu jeder Schar gehört ein Hahn, der sein Revier durch Flattern und Treten mit den Füßen verteidigt. Die Hennen lockt der Hahn durch Krähen in sein Revier. Jede Henne baut ein Nest, in das sie ihre Eier ablegt. In der Hühnerschar gibt es eine strenge Rangordnung, die durch Hacken verteidigt wird. Durch diese **Hackordnung** wird jedem Tier in der Gruppe ein Rang zugewiesen. Diese Verhaltensweisen kann man auch bei den Haushühnern beobachten.

Entstehung der Eier – Eier, aus denen Küken schlüpfen, sind von einem Hahn befruchtet worden. Dazu besteigt der Hahn die Henne und presst seine hintere Körperöffnung, die **Kloakenöffnung,** auf die der Henne. Bei dieser **Begattung** gibt er sein Sperma in die Kloake der Henne ab. Die im Sperma enthaltenen Spermienzellen wandern im Eileiter in Richtung Eierstock der Henne. Hier reifen die Eizellen heran. Jede Eizelle enthält einen nährstoffreichen Dotter. Diese Dotterkugeln werden in den Eileiter abgegeben. Trifft eine Spermienzelle auf eine Eizelle, dringt sie in die Eizelle ein. Die Eizelle wird dabei **befruchtet.** Die be-

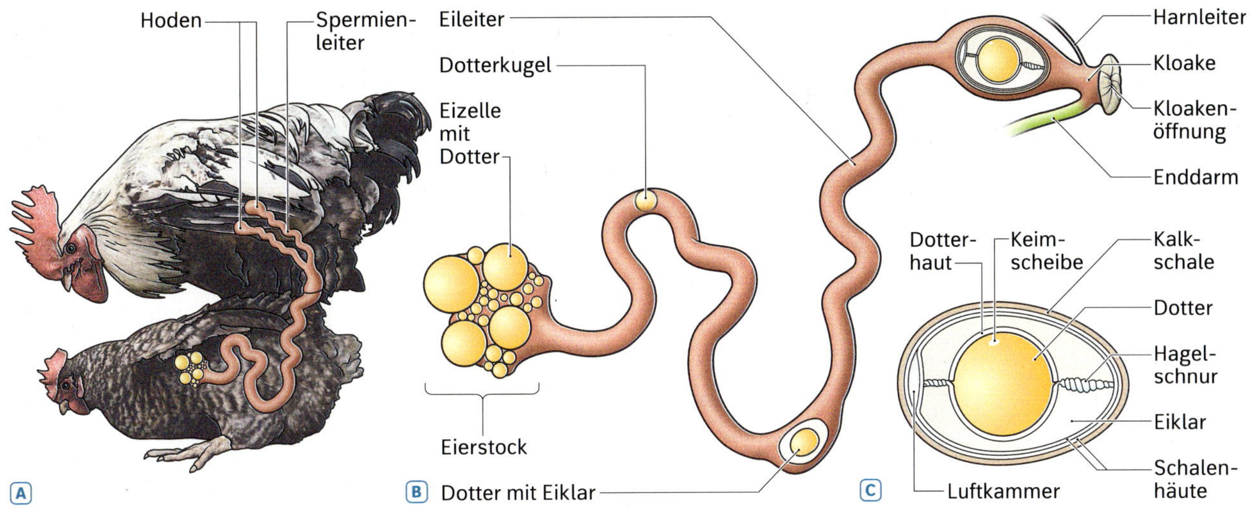

2 Enstehung des Eies: **A** Begattung; **B** Bildung des Eies; **C** befruchtetes Ei

fruchtete Eizelle teilt sich vielfach und entwickelt sich zu einer flachen Scheibe. Diese **Keimscheibe** liegt oben auf dem Dotter. Während des Transports durch den Eileiter wachsen Dottermasse und Eiklar. Gleichzeitig bilden sich vorn und hinten an der Dotterkugel kurze Schnüre, die **Hagelschnüre.** Sie sorgen dafür, dass die Keimscheibe stets oben auf dem Dotter liegt. Um Eiklar und Dotter bilden sich dann zwei feste Schalenhäute. Kurz vor der Kloake liegt im Eileiter die Schalendrüse. Sie bildet die schützende Kalkschale. Schon am zweiten Bruttag durchzieht ein Netz feiner Blutgefäße die Dotterhaut. Nach wenigen Tagen entwickelt sich aus der Keimscheibe ein **Embryo**. Er wird über die ausgebildeten Blutgefäße im Ei mit Nährstoffen aus dem Dotter und dem Eiklar versorgt.

Auch eine unbefruchtete Eizelle entwickelt sich zum Ei. Es enthält aber keine Keimscheibe, sondern nur einen weißen Fleck, den **Keimfleck.** Aus diesem kann sich kein Küken entwickeln.

PRAKTIKUM

Das Hühnerei

Materialien:
rohes Hühnerei; Petrischale; Präpariernadel; 2 Pinzetten; Lupe; Eierkarton

Durchführung:
Lege das Ei in den Eierkarton und betrachte es mit einer Lupe. Picke dann mit der Präpariernadel an einer Seite so lange auf die Schale, bis sie bricht. Entferne mit der Pinzette weitere Schalenstücke. Halte ein Stück der Eierschale gegen das Licht und betrachte es mit der Lupe. Entferne die Schalenhaut mit einer Pinzette. Bewege dann das Ei leicht hin und her. Achte dabei auf den Dotter. Anschließend lass das Ei in die Petrischale fließen und ziehe vorsichtig mit einer Pinzette an den Hagelschnüren.

Aufgaben:
1 Notiere deine Beobachtungen zum Aufbau des Hühnereies. ●○○
2 Erkläre die Funktion der Hagelschnüre. ●●○
3 Erkläre, wann man von einem Keimfleck oder einer Keimscheibe spricht. ●●●

3 Hühner: **A** Masthuhn; **B** Legehuhn; **C** Zweinutzungshuhn

Hühnerrassen – Seit etwa 5000 Jahren halten Menschen Hühner als Haustiere. Es wurden viele Hühnerrassen gezüchtet. So züchtete man eine Hühnerrasse die besonders schnell wächst. Diese **Masthühner** erreichen innerhalb weniger Wochen ihr Schlachtgewicht von vier bis fünf Kilogramm. Eine andere gezüchtete Hühnerrasse legt viele Eier. Die Hennen, die **Legehühner,** können über 300 Eier im Jahr legen. Hühnerrassen, die eine hohe Legeleistung haben und viel Fleisch liefern, werden **Zweinutzungshühner** genannt.

Hühnerhaltung – Heute werden Legehennen in Gruppen von bis zu 60 Tieren in einem Käfig gehalten. In dieser **Kleingruppenhaltung** stehen jeder Henne 800 Quadratzentimeter Fläche zur Verfügung. In den Käfigen sind Sitzstangen an-

MATERIAL MIT AUFGABEN

A Eiercode

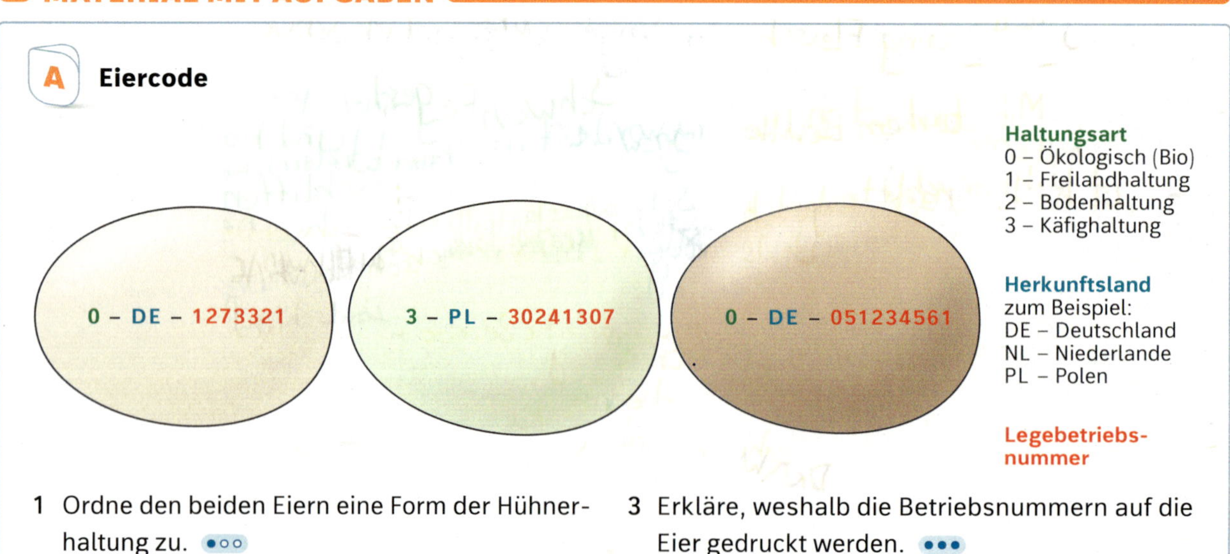

1 Ordne den beiden Eiern eine Form der Hühnerhaltung zu. ●○○

2 Erkläre, welches der beiden Eier in der Regel teurer verkauft wird. ●●○

3 Erkläre, weshalb die Betriebsnummern auf die Eier gedruckt werden. ●●●

gebracht. Der Gitterboden ist zum Teil mit Matten ausgelegt, auf denen Sand ausgestreut ist.

Bei der **Bodenhaltung** werden mehrere Tausend Hennen in großen Hallen gehalten. Zwei Drittel der Stallfläche sind mit Gitterrosten ausgelegt, durch die der Tierkot in Kotgruben fällt. Über den Gitterrosten sind Sitzstangen angebracht, auf denen die Hennen ruhen und schlafen. Auf das verbleibende Drittel wird ein Gemisch aus Stroh, Sägespänne und Sand gestreut. In der Einstreu scharren und picken die Hennen. Auch das Sandbaden kann man beobachten. Die Nester befinden sich an den Seiten des Stalls. Die Hennen können sich in der Halle frei bewegen. Jeder Henne steht etwa ein Quadratmeter Fläche zur Verfügung. Die **Freilandhaltung** ähnelt der Bodenhaltung. Die Hennen müssen nur zusätzlich im Freien, zum Beispiel auf einer Wiese, jeweils mindestens vier Quadratmeter Auslauf haben. Bei der **Biohaltung** ist die Anzahl der Tiere im Stall und im Auslauf kleiner als bei der Freilandhaltung. Darüber hinaus erhalten die Hühner ein besonderes Futter.

MATERIAL MIT AUFGABEN

Eierproduktion

Jahr	1935	2002	2016
Anzahl der Legehennen in Millionen	48	40	38
gelegte Eier einer Henne pro Jahr	100	300	320
Eierverbrauch eines Menschen pro Jahr	133	220	230

1 Beschreibe die Entwicklung der Anzahl der Legehennen und deren Legeleistung in Deutschland. ●●○

2 Erstelle für die Entwicklung der Legeleistung über die Jahre ein Säulendiagramm mit der Hochachse „Eier einer Henne pro Jahr". ●●○

3 Stelle Vermutungen an, welche Gründe diese Entwicklungen haben. ●●●

4 Bodenhaltung

5 Freilandhaltung

Diagramme erstellen und auswerten

Haltungsformen	Anzahl der Legehennen in Deutschland in Millionen		
	2003	2010	2017
Käfighaltung	30,5	6,5	3,4
Bodenhaltung	3,5	23	25,6
Freilandhaltung	3,6	7	7,6

6 Anzahl der Legehennen nach Haltungsformen in einer Tabelle

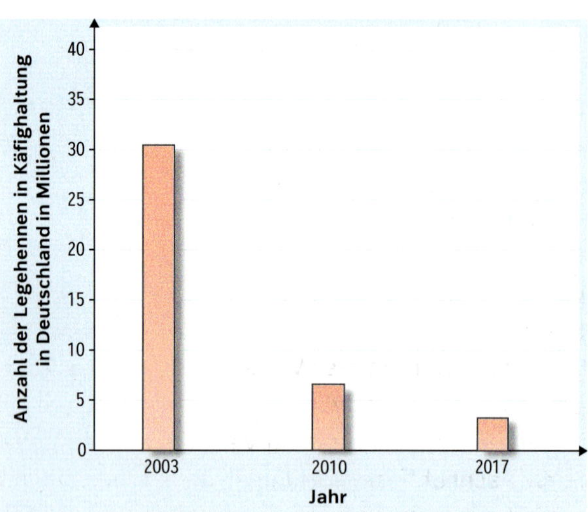

7 Anzahl der Legehennen in Käfighaltung im Jahr 2017 in einem Säulendiagramm

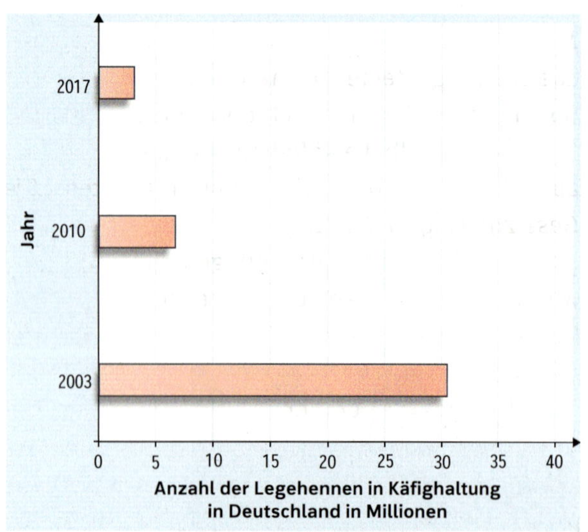

8 Anzahl der Legehennen in Käfighaltung im Jahr 2017 in einem Balkendiagramm

Biologen beobachten das Verhalten von Tieren, führen Experimente im Labor durch oder zählen beispielsweise Tiere in einem Lebensraum. Die Ergebnisse der Beobachtung, des Experiments oder der Zählung werden schriftlich festgehalten. Für das Präsentieren der Ergebnisse gibt es verschiedene Darstellungsformen.

Tabelle – Mithilfe von Tabellen stellt man Untersuchungsergebnisse geordnet und übersichtlich dar. So ermittelten Biologen die Anzahl der Legehennen in den verschiedenen Haltungsformen für die Jahre 2003, 2010 und 2017. Im Kopf der Tabelle werden links die *„Haltungsformen"* und rechts die *„Anzahl der Legehennen in Deutschland in Millionen"* für die Jahre 2003, 2010 und 2017 aufgeführt. In der linken Spalte werden dann unter dem Kopf der Tabelle die verschiedenen Haltungsformen gelistet und in den folgenden Spalten die Werte eingetragen. Mithilfe dieser Darstellung wird die Veränderung bei den Haltungsformen der Legehennen sichtbar.

Säulendiagramm – Die Werte können auch in einem Diagramm als Säulen zeichnerisch präsentiert werden. So sind die Veränderungen bei den Werten schneller und einfacher zu erfassen. Auf der Hochachse, der **y-Achse,** wird die *„Anzahl der Legehennen in Deutschland in Millionen"* abgebildet. Auf der Längsachse, der **x-Achse,** wird das jeweilige Jahr der Auszählung eingetragen. Markiert man mit einem Stift für ein bestimmtes Jahr die Anzahl der Legehennen mit einem Punkt und zieht eine Linie bis zur Längsachse, erhält man eine Säule. Dies wiederholt man für die anderen Jahre. So erhält man Säulen, die jeweils die Anzahl der Legehennen in Millionen für das jeweilige Jahr abbilden. Von diesem Säulendiagramm unterscheidet sich das Balkendiagramm. Die Werte werden nicht vertikal, sondern horizontal als Balken gezeichnet.

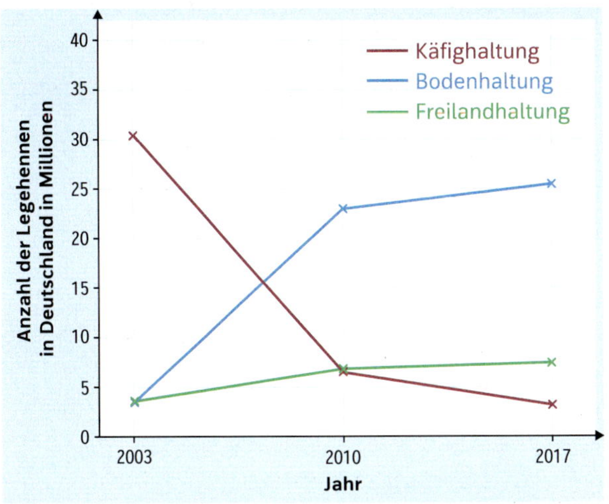

9 Anzahl der Legehennen nach Haltungsformen in einem Liniendiagramm

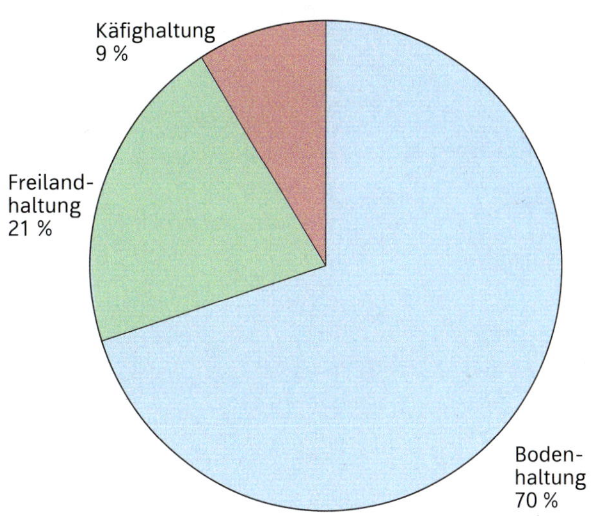

10 Anteile der Haltungsformen bei Legehennen im Jahr 2017 in einem Kreisdiagramm

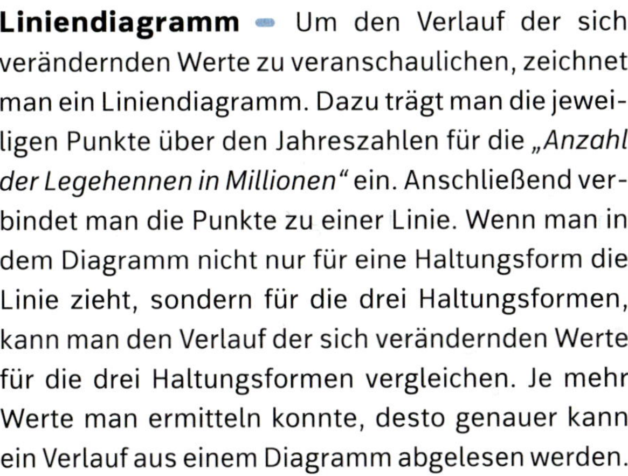

Liniendiagramm – Um den Verlauf der sich verändernden Werte zu veranschaulichen, zeichnet man ein Liniendiagramm. Dazu trägt man die jeweiligen Punkte über den Jahreszahlen für die *„Anzahl der Legehennen in Millionen"* ein. Anschließend verbindet man die Punkte zu einer Linie. Wenn man in dem Diagramm nicht nur für eine Haltungsform die Linie zieht, sondern für die drei Haltungsformen, kann man den Verlauf der sich verändernden Werte für die drei Haltungsformen vergleichen. Je mehr Werte man ermitteln konnte, desto genauer kann ein Verlauf aus einem Diagramm abgelesen werden.

Kreisdiagramm – Um die Anteile eines Ganzen zu veranschaulichen, wählt man ein Kreisdiagramm. Der Kreis bildet das Ganze und die einzelnen Kreisausschnitte die Anteile. Räumliche Kreisdiagramme werden auch als Tortendiagramme bezeichnet, da die einzelnen Anteile wie Tortenstücke aussehen. Eine Besonderheit des Kreisdiagramms besteht darin, dass die Anteile in Prozent angegeben werden. Dabei ergibt die Summe 100 Prozent.

Auswertung von Diagrammen – Die Auswertung eines Diagramms beginnt mit einer Beschreibung der Darstellung. Zunächst werden die Einheiten der x- und y-Achse genannt. Die Angabe auf der x-Achse ist der vorgegebene Wert. Im nächsten Schritt werden die Werte auf der y-Achse von links nach rechts verglichen. Dazu verwendet man Formulierungen wie „die Kurve steigt steil an", „die Kurve flacht ab" oder „die Kurve fällt". Anschließend wird der Kurvenverlauf erklärt. An dem Beispiel kann man eine Zunahme der Freilandhaltung bei den Legehennen erkennen.

Neue Fragen – Häufig ergeben sich neue Fragen aus den dargestellten Werten in einem Diagramm. So kann zum Beispiel nach den Ursachen gefragt werden, weshalb die Käfighaltung stark zurückgegangen ist. Hier könnte die Vermutung lauten: *„Die Gesetzgebung zur Haltung von Legehennen hat sich geändert."* Um diese Vermutungen zu überprüfen, werden Informationen aus Fachzeitschriften, Fachbüchern, Lexika oder dem Internet beschafft. Und so kann man einer Fachzeitschrift und einem Fachartikel im Internet entnehmen, dass die vor dem Jahr 2012 übliche Käfighaltung europaweit verboten wurde. Legehennen dürfen nur noch in Kleingruppenkäfigen gehalten werden. Eine Ursache für den Rückgang der Käfighaltung ist die geänderte Gesetzgebung zur Haltung von Legehennen.

1 Kartoffeln auf dem Wochenmarkt

2.7 Der Mensch nutzt viele Pflanzenteile

Im Juni kann man auf dem Wochenmarkt bereits frisch geerntete Kartoffeln kaufen. Sie sehen anders aus als die im letzten Herbst eingelagerten Kartoffeln im Keller. Weshalb ist das so?

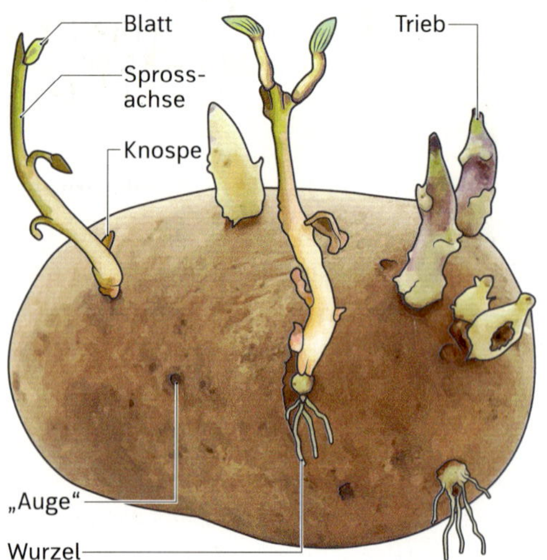

2 Treibende Kartoffel

Kartoffel – An den im Herbst eingelagerten Kartoffeln entwickeln sich im Frühjahr helle Triebe. An diesen Sprossachsen sitzen bereits kleine Blätter und Wurzeln. Die Triebe wachsen aus ruhenden Knospen, die in kleinen Vertiefungen der Kartoffelschale liegen. Diese Vertiefungen bezeichnet man auch als „Augen“.

Kartoffelpflanze – Die Kartoffeln werden im Frühjahr in flache Pflanzlöcher gelegt und mit Erde bedeckt. Nach einigen Wochen hat sich aus der „Saatkartoffel“ eine blühende Kartoffelpflanze entwickelt. Entfernt man die Erde, sieht man viele neu gebildete Kartoffeln. In ihnen speichert die Kartoffelpflanze Stärke. Die Stärke wird aus Glucose gebildet, die die Kartoffelpflanze über die **Fotosynthese** in den Blättern gebildet hat. Die „Saatkartoffel“ ist dagegen schlaff und runzlig. Ihr werden die

Nährstoffe zur Bildung der Triebe entzogen. Hat ein Trieb die Erdoberfläche durchbrochen, wird er grün und wächst als Sprossachse in die Höhe und die Blätter öffnen sich. Die unterirdische Sprossachse bleibt dagegen weiß und verzweigt sich zu Seitensprossen, den **Ausläufern.** Ihre Enden verdicken sich zu **Tochterknollen,** den Kartoffelknollen. Die Kartoffelknolle ist ein verdickter Sprossabschnitt. Man spricht deshalb auch von einer **Sprossknolle.** Die Kartoffelknolle im Boden dient der Kartoffelpflanze zur Überwinterung.

Fortpflanzung – Legt man eine Kartoffelknolle im Frühjahr in die Erde, wächst aus ihr eine neue Kartoffelpflanze mit vielen unterirdischen Kartoffeln heran. Diese Form der Vermehrung beruht auf einer **ungeschlechtlichen Fortpflanzung.** Die Kartoffelpflanze bildet auch Blüten. Nach der Bestäubung und dem Verschmelzen der Zellkerne der beiden Geschlechtszellen entwickelt sich aus dem Fruchtknoten eine grüne, tomatenähnliche Beere mit vielen Samen. Aus einem Samen kann sich durch Keimung ebenfalls eine neue Kartoffelpflanze entwickeln. Man spricht von einer **geschlechtlichen Fortpflanzung.**

Nutzung der Kartoffel – Die *Kartoffelpflanze* gehört, wie die *Paprika-* und *Tomatenpflanze*, zur Familie der **Nachtschattengewächse.** Sie weisen einen gemeinsamen Grundaufbau der Blüten auf und bilden Beerenfrüchte aus. Ihre Organe sind unterschiedlich giftig. Bei der Kartoffelpflanze ist nur die Kartoffelknolle genießbar, die grünen Pflanzenteile sind dagegen ungenießbar. Nach der Ernte können Kartoffelknollen gekocht oder zu Kartoffelprodukten, wie Pommes frites oder Kartoffelchips, weiterverarbeitet werden. Sie werden auch als Tierfutter verwendet und in der Industrie zur Herstellung von Verpackungsmaterialien oder Alkohol genutzt.

MATERIAL MIT AUFGABEN

A Kartoffelpflanze

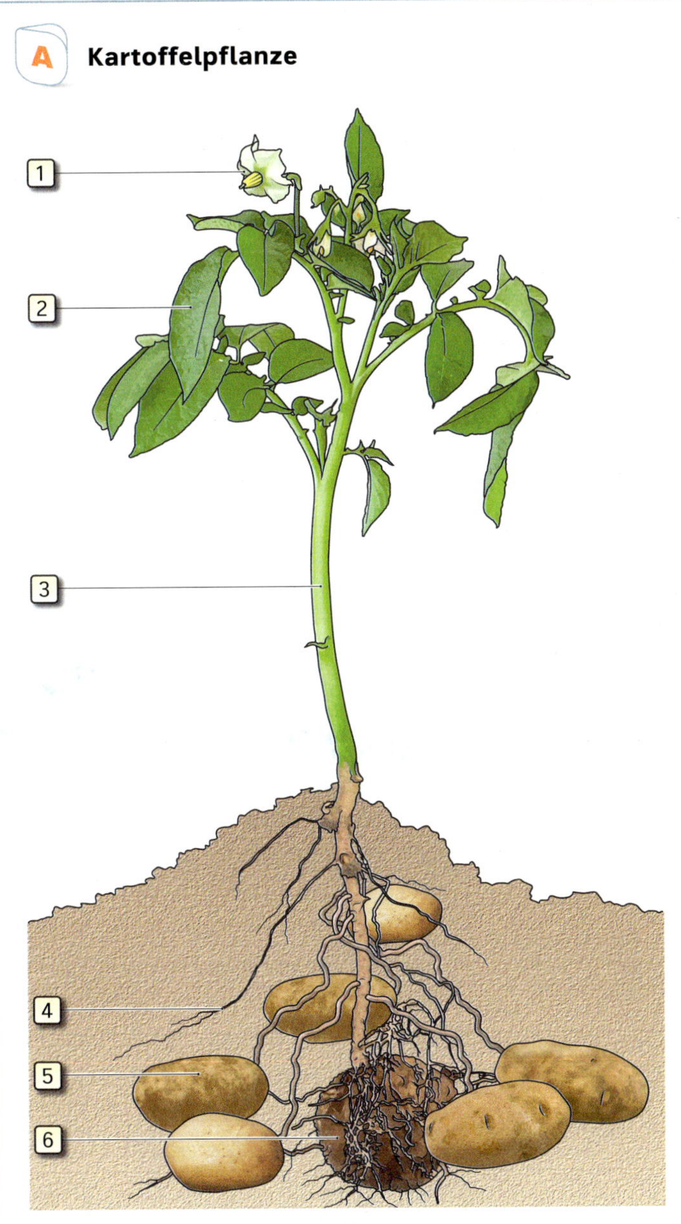

1 Ordne den Ziffern die Fachbegriffe zu. ●○○
2 Erkläre, weshalb Kartoffeln im Dunkeln gelagert werden sollen. ●●○
3 Erläutere, weshalb der Anbau von *Kartoffelpflanzen* ein Beispiel für die ungeschlechtliche Fortpflanzung ist. ●●○
4 Erläutere, weshalb der Begriff „Saatkartoffel" aus der Sicht eines Biologen falsch ist. ●●●
5 Erläutere die Aussage „Kartoffelknollen keimen nicht". ●●●

3 Getreidearten

Getreide – Der Mensch begann vor mehr als 10 000 Jahren aus den Wildformen von Gräsern Getreideformen, beispielsweise *Weizen*, zu züchten. Man spricht deshalb beim Getreide auch von **Kulturgräsern.** Zuchtziele waren vor allem viele, große und stärkereiche Früchte, die **Getreidekörner.** Die stärkereichen Getreidekörner lasse sich gut lagern. So wurde eine Vorratshaltung möglich und die Versorgung mit Nahrung war auch im Winter gesichert.

Roggen – Da *Roggen* gut bei niedrigeren Temperaturen wächst, wird er in Mittel- und Osteuropa angepflanzt. Er wird zur Herstellung von Roggen- und Mischbrot verwendet.

Gerste- und Haferpflanze – Die *Haferpflanze* bevorzugt ein warmes Klima und wächst auf sandigen, mineralstoffarmen Böden. Hafer ist eine Futterpflanze, die vor allem zur Fütterung von Pferden genutzt wird. Aber auch als Haferflocken finden die länglichen Körner in Nahrungsmitteln wie Müsli eine Verwendung. Die *Gerstenpflanze* wächst auch in einem kühlen bis kaltem Klima. Die ovalen Körner werden zur Bierherstellung und als Futterpflanze genutzt.

Maispflanze – Die weltweit am häufigsten angebaute Getreidepflanze ist der *Mais.* Sie ist eine wärmeliebende Pflanze, die ursprünglich aus Mexiko stammt. Die reifen Maiskörner sind die Früchte. Sie werden als Gemüse gegessen und zu Popcorn, Cornflakes oder Maismehl verarbeitet. Mehr als die Hälfte der Maisernte wird in der Landwirtschaft an Nutztiere verfüttert oder als Rohstoff für Biogasanlagen verwendet.

Reispflanze – Eine der wichtigsten Nutzpflanzen auf der Erde ist der *Reis.* Er wird vor allem in südostasiatischen Ländern angebaut. Er benötigt für sein Wachstum sehr viel Wasser und wird deshalb auf überschwemmten Feldern angebaut. Die Frucht der Pflanze ist für mehr als die Hälfte der Weltbevölkerung das Hauptnahrungsmittel.

Hirsepflanze – Die *Hirse* wird vor allem in einem trockenen und warmen Klima auf Sandböden angebaut. Sie ist in Afrika eine wichtige Nutzpflanze. Aus den Früchten, den Körnern, werden Fladenbrote gebacken oder sie werden zu Breinahrung und Futtermitteln verarbeitet.

Getreidepflanzen als Tierfutter
Die Getreidepflanzen werden nicht nur zu Nahrungsmitteln verarbeitet. Ohne Getreide als Futtermittel aus „Nicht-Industrieländern" wäre eine Fleischproduktion in heutigem Ausmaß nicht möglich. Wenn Pflanzen als Futtermittel eingesetzt werden, wird allerdings ein Großteil der in ihnen enthaltenen **Energie** von den Tieren zur Erwärmung des Körpers. Fleisch enthält deshalb nur einen Bruchteil der in den Futterpflanzen enthaltenen Energie.

MATERIAL MIT AUFGABEN

B Verwendung von Getreide

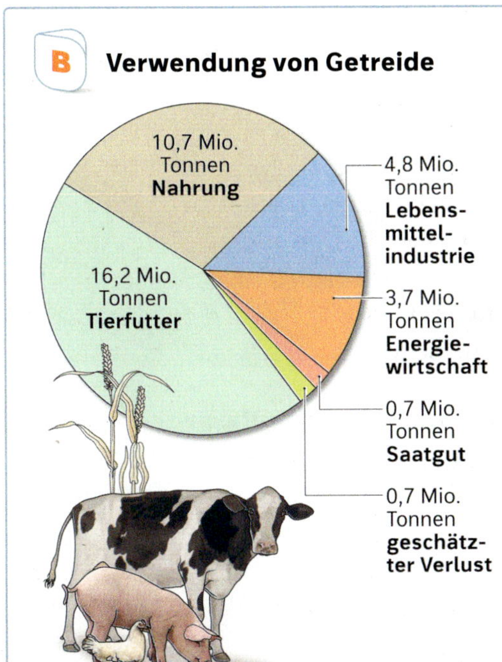

Im Jahr 2018 haben in Deutschland Landwirte 36,8 Millionen Tonnen Getreide geerntet. Das Kreisdiagramm zeigt, wofür das Getreide genutzt wird.

1 Nenne die Getreidearten, die zur Fütterung von Tieren genutzt werden. ●○○
2 Nenne die verschiedenen Nutzungsformen des Getreides. ●○○
3 Stelle Vermutungen an, welche Ursachen der Verlust von 0,7 Millionen Tonnen Getreide haben könnte. ●●●

Alles auf einen Blick

3.1–3.3 Hund und Katze

Hund und Katze sind Fleischfresser und besitzen ein typisches **Fleischfressergebiss.**
Die Stammform des Hundes ist der Wolf. Er lebt im Rudel. Die Katze ist ein Einzelgänger.
Der Wolf ist ein **Hetzjäger** und die Katze ein **Schleichjäger.** Sie sind beide Zehengänger, wobei die Katze ihre Krallen einziehen kann.
Die Beutetiere nimmt der Wolf mit seinem Geruchs- und Gehörsinn wahr. Die Katze nutzt ihren leistungsstarken Seh- und Gehörsinn. Bei Dunkelheit orientiert sich die Katze mit ihrem Tastsinn. Die Jungtiere von Hund und Katze sind **Nesthocker.**

3.4–3.6 Rind, Schwein und Huhn

Rind, Schwein und Huhn sind wichtige **Nutztiere.** Das Rind hat ein Pflanzenfressergebiss und einen Wiederkäuermagen. Das Schwein hat dagegen ein Allesfressergebiss. Beide sind Zehenspitzengänger. Zwei Zehen sind von einem Huf ummantelt. Sie sind Paarhufer und zählen zu den Huftieren.
Das Rind stammt vom *Auerochsen* und das Hausschwein vom *Wildschwein* ab. Der Mensch züchtete schnell wachsende Rinder- und Hausschweinrassen mit viel Muskelfleisch. Bei den Rindern wurden auch Milchkühe gezüchtet, die viel Milch produzieren. Bevor eine Kuh Milch gibt, muss sie gekalbt haben. Kälber und Frischlinge sind **Nestflüchter.**
Das vom *Bankivahuhn* abstammende Haushuhn legt Eier, aus denen die Küken schlüpfen. In der Hühnerzucht unterscheidet man Masthühner von Legehühnern. Bei der Hühnerhaltung unterscheidet man zwischen Kleingruppen-, Boden-, Freiland- und Biohaltung.

3.7 Der Mensch nutzt viele Pflanzenteile

Die Früchte der **Kartoffelpflanze** sind ungenießbar. Gegessen werden die aus unterirdischen Ausläufern der Sprossachse gebildeten Sprossknollen.
Getreidepflanzen sind Kulturgräser, die aus Wildgräsern gezüchtet wurden. Gegessen werden die Früchte, die Getreidekörner. Beispiele sind Roggen-, Gerste-, Hafer-, Mais-, Hirse- und Reispflanze.

Teste dich

A Schädel- und Gebissformen

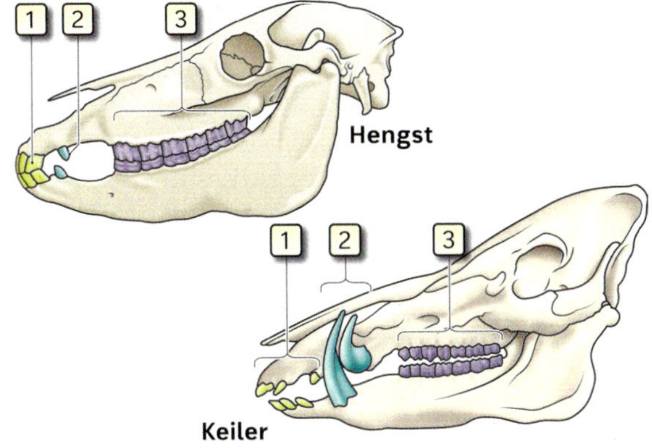

B Verdauung

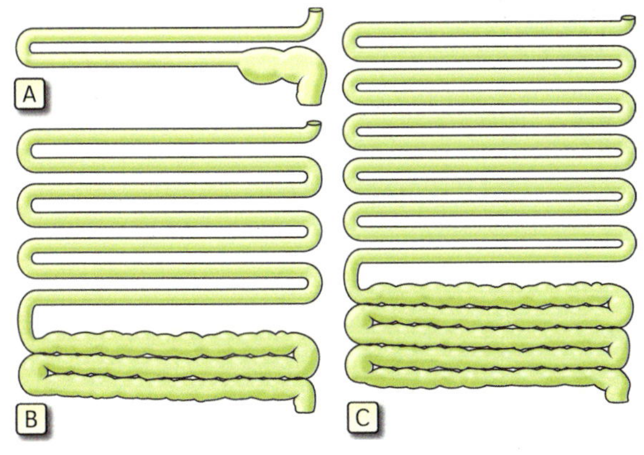

C Schweinebestand

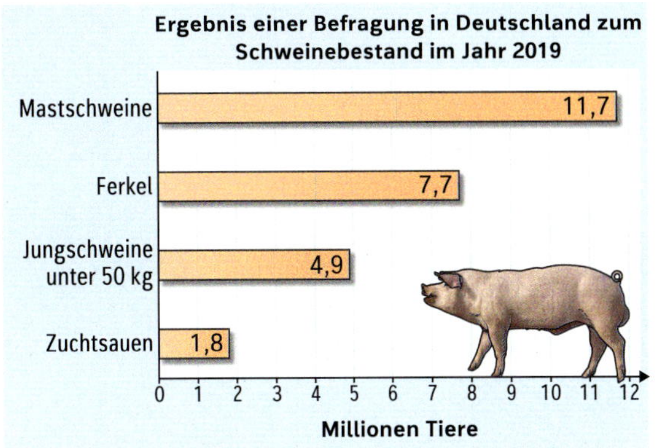

D Entwicklung des Schweinebestandes

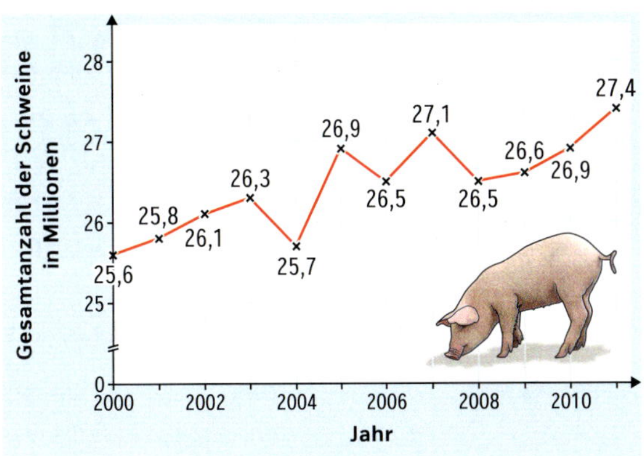

AUFGABEN

Bearbeite die Aufgaben mit Material A und B

1 Ordne den Ziffern die Fachbegriffe zu und erstelle für jedes Gebiss eine Zahnformel. ●●○

2 Erläutere am Eckzahn des Wildschweins den Zusammenhang zwischen Struktur und Funktion. ●●●

3 Ordne den abgebildeten Ausschnitten des Darms Katze, Rind oder Schwein zu. Begründe deine Zuordnung. ●●●

Bearbeite die Aufgaben mit Material C und D

1 Formuliere jeweils die Fragen, die den Untersuchungen C und D zugrunde liegen. ●●○

2 Werte die beiden Diagramme aus. ●●●

3 Stelle Vermutungen an, welche Gründe der Rückgang der Gesamtanzahl der Schweine in Deutschland in den Jahren 2004, 2006 und 2008 haben könnte. ●●●

1 Eichhörnchen im Sprung

2.1 Das Eichhörnchen lebt auf Bäumen

Geschickt bewegt sich das Eichhörnchen durch die Äste eines Baumes und springt dabei von Baum zu Baum. Wie schafft es das Eichhörnchen, ein so wendiger und sicherer Kletterer zu sein?

Körperbau – Der Körper des *Eichhörnchens* ist schlank und leicht. Mit den langen, sehr muskulösen Hinterbeinen kann es schnell und weit springen. Alle Pfoten haben lange Krallen. Mit ihnen hält sich das Eichhörnchen an den Ästen und Stämmen der Bäume fest. Die rauen Sohlen der Pfoten verhindern ein Abrutschen auf glatter Rinde. Mit dem langen, buschigen Schwanz hält das *Eichhörnchen* beim Rennen über Äste und bei Sprüngen das Gleichgewicht. Das *Eichhörnchen* hat im Inneren des Körpers ein Knochengerüst. Der Körper ist in Schädel, Rumpf und Extremitäten gegliedert. Die **Wirbelsäule** besteht aus einzelnen beweglich miteinander verbundenen Wirbeln. Sie verläuft vom Schädel bis in den Schwanz. Tiere mit einer Wirbelsäule bezeichnet man als **Wirbeltiere.**

Ernährung – Das *Eichhörnchen* ernährt sich von Beeren, Nüssen und anderen Früchten. Es frisst aber auch Insekten, Schnecken, Vogeleier und Jungvögel. Beobachtet man ein *Eichhörnchen* beim Öffnen einer Nuss, fallen die großen Schneidezähne auf. Es sind die gebogenen, spitz zu laufenden **Nagezähne.** Die Hinterseite der Nagezähne wird beim Nagen stärker abgenutzt als die härtere Vorderseite. Durch diese unterschiedliche Abnutzung entsteht an der Vorderseite eine scharfe Kante. Mit dieser nagt das *Eichhörnchen* kleine Furchen in die harte Schale einer Nuss. Dann öffnet es

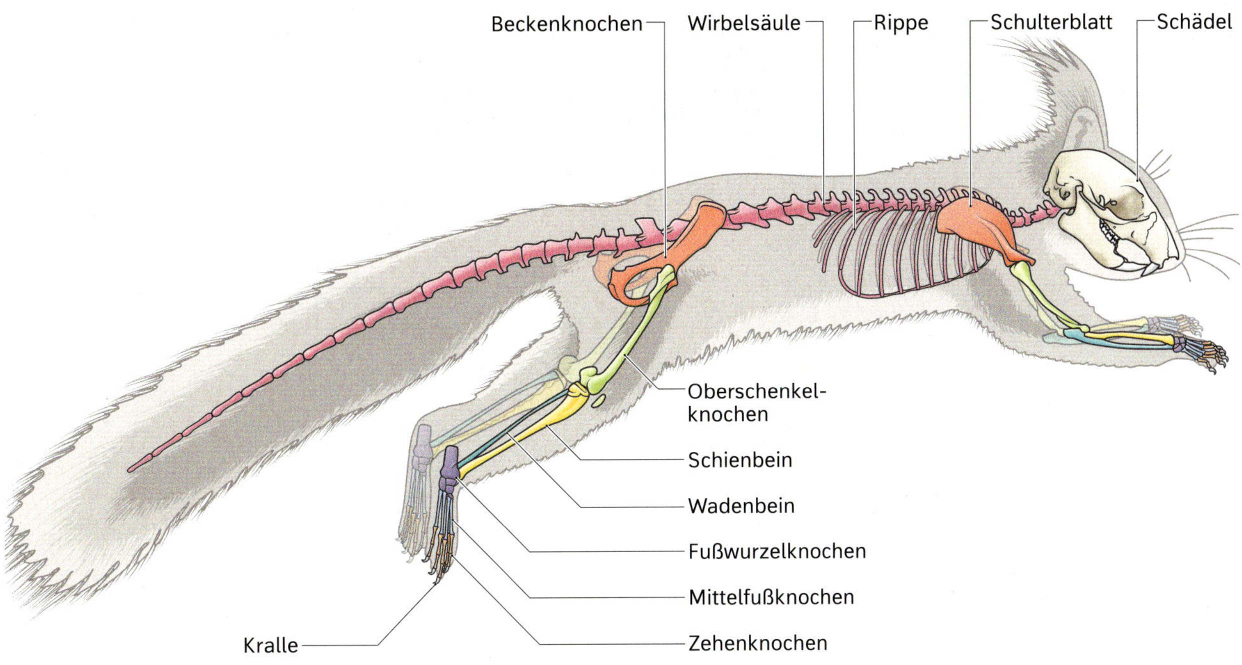

2 Skelett des Eichhörnchens

die Nuss. Beim Nagen nutzen sich die Nagezähne ab. Damit sie immer gleich lang bleiben, wachsen die Nagezähne ein Leben lang. Das *Eichhörnchen* hat ein **Nagetiergebiss.** Hinter den Nagezähne liegt eine große Zahnlücke, denn das Eichhörnchen hat keine Eckzähne. Auf die Zahnlücke folgt eine Reihe Backenzähne, mit denen es seine Nahrung zerkleinert.

Lebensweise – *Eichhörnchen* leben auf Bäumen in Wäldern, Parks und Gärten. *Eichhörnchen* sieht man meistens allein, denn sie sind **Einzelgänger.** Jedes *Eichhörnchen* hat sein eigenes Revier, das es mit Urin und Schweiß markiert und gegen andere *Eichhörnchen* verteidigt. Nur zur Paarungszeit kommt es mit einem anderen *Eichhörnchen* zusammen. Es baut hoch oben in einer Astgabel eines Baumes ein kugeliges Nest, das als **Kobel** bezeichnet wird. Dieser besteht aus Zweigen und Ästen. Das *Eichhörnchen* polstert seinen Kobel mit Laub und Moos aus. Am Tag geht es auf Nahrungssuche. Das *Eichhörnchen* ist **tagaktiv.**

MATERIAL MIT AUFGABEN

A Nagezahn

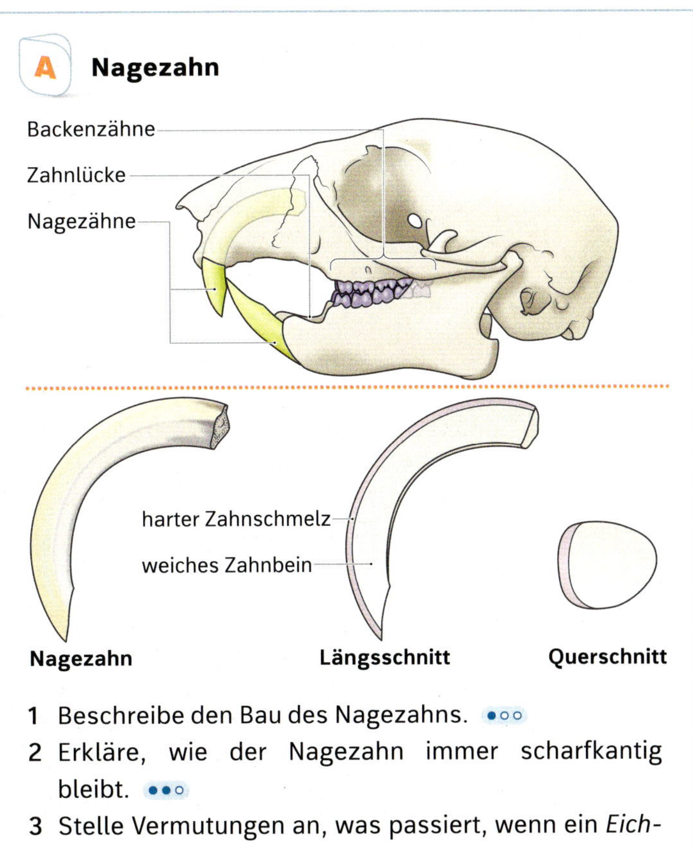

1 Beschreibe den Bau des Nagezahns. ●○○
2 Erkläre, wie der Nagezahn immer scharfkantig bleibt. ●●○
3 Stelle Vermutungen an, was passiert, wenn ein *Eichhörnchen* nicht nagen kann. ●●●

3 Eichhörnchen: **A** mit Sommerfell; **B** mit Winterfell

Überwinterung – Im Herbst beginnt das *Eichhörnchen* Nüsse oder Eicheln zu sammeln. Es versteckt sie im Boden, in Spalten unter Wurzeln oder in Astlöchern. Es legt sich Vorratslager für den Winter an. Sinken im Winter die Temperaturen, ruht es sich immer länger in seinem Kobel aus. Nur an wenigen Tagen unterbricht es sein Ruhen, um nach den versteckten Nahrungsvorräten zu suchen. *Eichhörnchen* sind **Winterruher.** Das *Eichhörnchen* findet jedoch nicht alle Verstecke wieder. Aus den vergrabenen Samen keimen dann im Frühjahr neue Pflanzen. Verlässt das *Eichhörnchen* im Winter seinen Kobel, schützt es das **Winterfell** vor der Kälte. Das Winterfell kann man gut an den langen Haaren auf den Ohren erkennen. Im Sommer fehlen diese Haarbüschel. Das Fell besteht aus kurzen **Wollhaaren** und langen **Grannenhaaren.** Im Winter hat das *Eichhörnchen* viel mehr Wollhaare als im Sommer. Zwischen den Wollhaaren befindet sich eine dünne vom Körper erwärmte

MATERIAL MIT AUFGABEN

B Sommer- und Winterfell

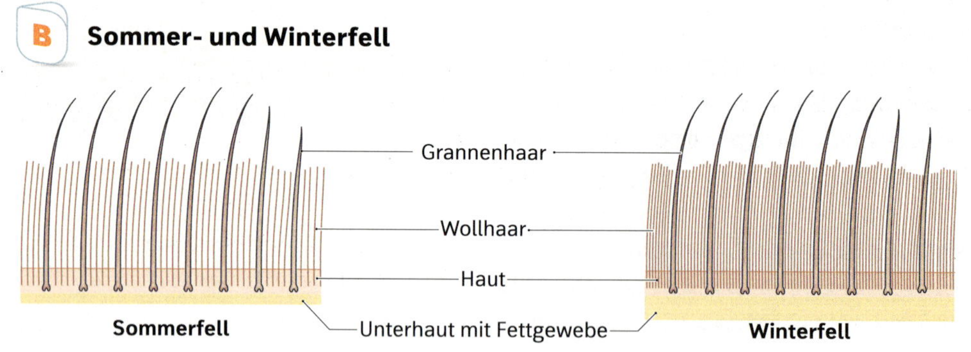

1 Erkläre, wie das Winterfell vor Wärmeverlust schützt. ●●○
2 Nimm Stellung zu der Aussage, dass ein Winterfell nicht wärmt, sondern nur vor Wärmeverlust schützt. ●●●
3 Stelle Vermutungen an, weshalb sich die Unterhaut mit Fettgewebe im Sommer und im Winter unterscheidet. ●●●

4 Jungtiere im Kobel

Luftschicht. Diese Luftschicht vermischt sich kaum mit der kalten Außenluft. Daher wird nur wenig Körperwärme an die Außenluft abgegeben. Die körpernahe Luftschicht wirkt **isolierend.** Das *Eichhörnchen* hat eine gleichbleibende Körpertemperatur. Deshalb zählt man es zu den **gleichwarmen** Tieren.

Fortpflanzung – Das *Eichhörnchen* paart sich im Januar und im Juni. Es hat zwei Paarungszeiten. Das Männchen wird dann vom Geruch des Weibchens angelockt. Nach der Paarung verlässt das Männchen das Weibchen und beteiligt sich nicht an der Aufzucht der Jungen. Nach etwa fünf Wochen Tragzeit bringt das Weibchen zwei bis fünf Jungtiere zur Welt. Die nackten, unbehaarten und blinden Jungtiere sind bei der Geburt sechs Zentimeter groß und wiegen etwa zehn Gramm. Sie hocken hilflos im Kobel und werden von der Mutter versorgt. Deshalb bezeichnet man die Jungtiere als **Nesthocker.** Etwa sechs Wochen lang werden die Jungtiere des *Eichhörnchens* wie alle **Säugetiere** von der Mutter mit Milch gesäugt. Nach sechs Wochen haben die Jungtiere ihr Fell und die Augen sind geöffnet. Nun verlassen die jungen *Eichhörnchen* den Kobel und suchen sich ihre eigenen Reviere.

MATERIAL MIT AUFGABEN

C Feldhase und Wildkaninchen

Feldhase

Wildkaninchen

1 Beschreibe die gleich alten abgebildeten Jungtiere. ●○○
2 Ordne dem *Feldhasen* und dem *Wildkaninchen* jeweils die Begriffe Nesthocker und Nestflüchter zu. Erläutere deine Zuordnung. ●●○
3 Stelle Vermutungen an, weshalb der *Feldhase* eine längere Tragzeit als das *Wildkaninchen* hat. Informiere dich hierzu in einem Tierlexikon oder im Internet. ●●●

1 Maulwurf beim Graben

2.2 Der Maulwurf lebt in der Erde

Den Großteil seines Lebens verbringt der Maulwurf in einem selbstgegrabenen Gangsystem unter der Erde. Oft sind der einzige Hinweis auf seine Anwesenheit die Maulwurfshügel auf einer Wiese. Was zeichnet den Maulwurf für ein Leben in der Erde aus?

MATERIAL MIT AUFGABEN

A Grabhand

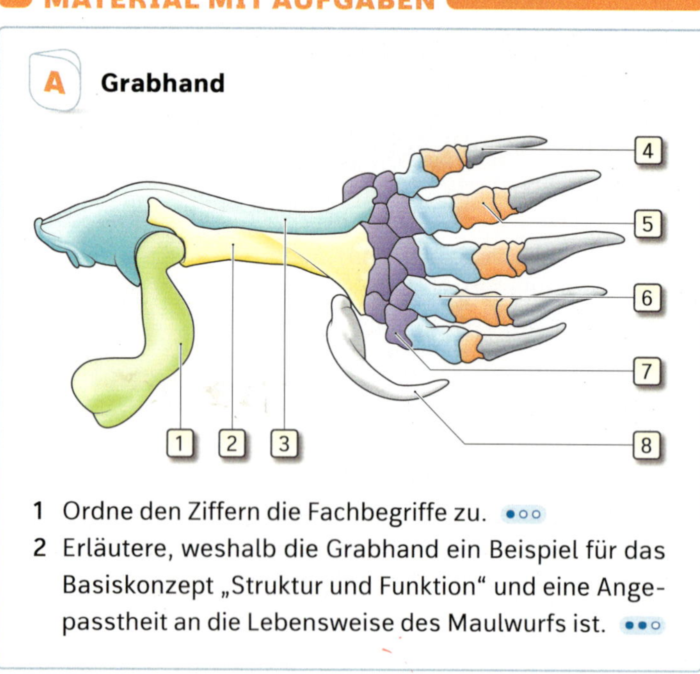

1 Ordne den Ziffern die Fachbegriffe zu.
2 Erläutere, weshalb die Grabhand ein Beispiel für das Basiskonzept „Struktur und Funktion" und eine Angepasstheit an die Lebensweise des Maulwurfs ist.

Körperbau – Der *Maulwurf* schiebt mit seinen kurzen Hinterbeinen den walzenförmigen Körper vorwärts. Besonders auffällig sind die seitlich vom Körper abstehenden Vorderpfoten. Mit ihren langen Krallen dienen sie als **Grabhände.** Sie werden durch einen speziellen Knochen, das **Sichelbein,** auf der Daumenseite verbreitert. Die Grabhand hat dadurch eine große Fläche. Zum Graben stemmt sich der *Maulwurf* mit seinen Hinterbeinen ab. Die Grabhände lockern die Erde und mit seinem keilförmigen Kopf dreht er sich in den Boden hinein. Die gelockerte Erde wird nach hinten gescharrt und später mit der breiten Stirn über Aushubgänge nach oben gedrückt. So entstehen die Maulwurfshügel. Die kurzen Haare seines weichen und dichten Fells schützen das Tier vor Kälte und Nässe. Sie können

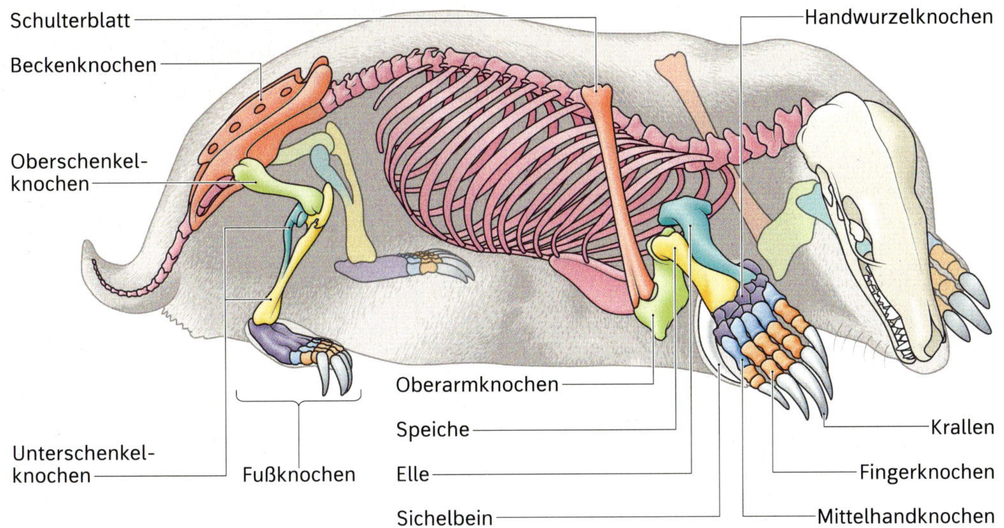

2 Skelett des Maulwurfs

sich beim Vorwärts- und Rückwärtslaufen in den engen Gängen jeweils mit der Laufrichtung legen. Dadurch wird der *Maulwurf* bei der Fortbewegung nicht behindert. Die Haare weisen keine **Strichrichtung** auf.

Ernährung – Der *Maulwurf* ernährt sich vorwiegend von Regenwürmern. Aber auch Käfer, Schnecken und Spinnen gehören zu seiner Nahrung. Er spürt seine Beutetiere auf, indem er seine Gänge abläuft. Seine Beutetiere ergreift er mit den 44 kräftigen und spitzen Zähnen. Mit ihren scharfen Schmelzkanten durchdringen sie sogar die harte Körperhülle von Insekten. Man bezeichnet das Gebiss des Maulwurfs deshalb als **Insektenfressergebiss.** Der *Maulwurf* nimmt täglich 50 bis 60 Gramm Beutetiere zu sich. Das entspricht etwa der Hälfte seiner eigenen Körpermasse.

Überwinterung – Auch im Winter läuft der *Maulwurf* auf der Suche nach Beutetieren durch sein Gangsystem. In den hartgefrorenen Gängen findet er nur noch selten Nahrung. Trotzdem muss der **winteraktive** *Maulwurf* nicht verhungern. Bereits im Spätherbst legt er Nahrungsvorräte für den Winter an. Er sammelt Regenwürmer und legt diese in **Vorratskammern** seines Gangsytems ab. Damit die Regenwürmer nicht entkommen, beißt er in ihren vorderen Körperabschnitt. Dadurch können sie sich nicht mehr fortbewegen. So steht dem *Maulwurf* in Wintern mit strengem Frost immer ausreichend Nahrung zur Verfügung.

MATERIAL MIT AUFGABEN

B Schädel des Maulwurfs

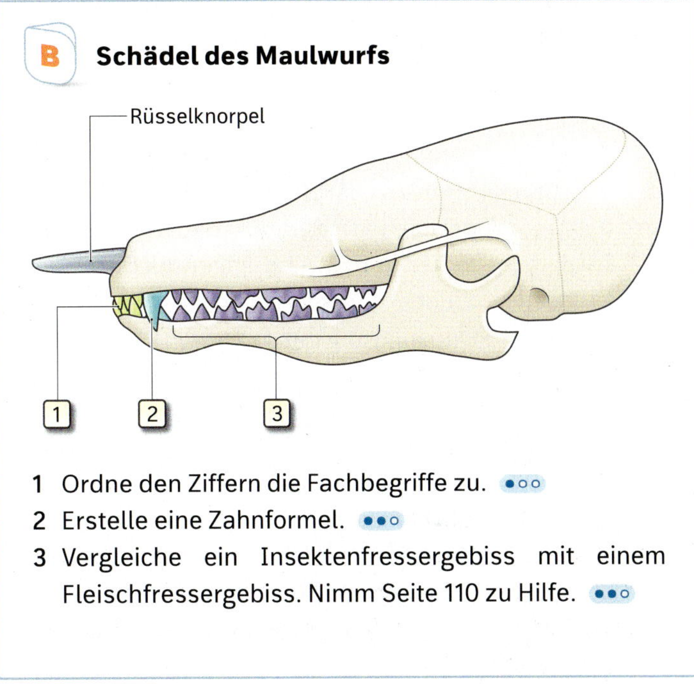

1 Ordne den Ziffern die Fachbegriffe zu.
2 Erstelle eine Zahnformel.
3 Vergleiche ein Insektenfressergebiss mit einem Fleischfressergebiss. Nimm Seite 110 zu Hilfe.

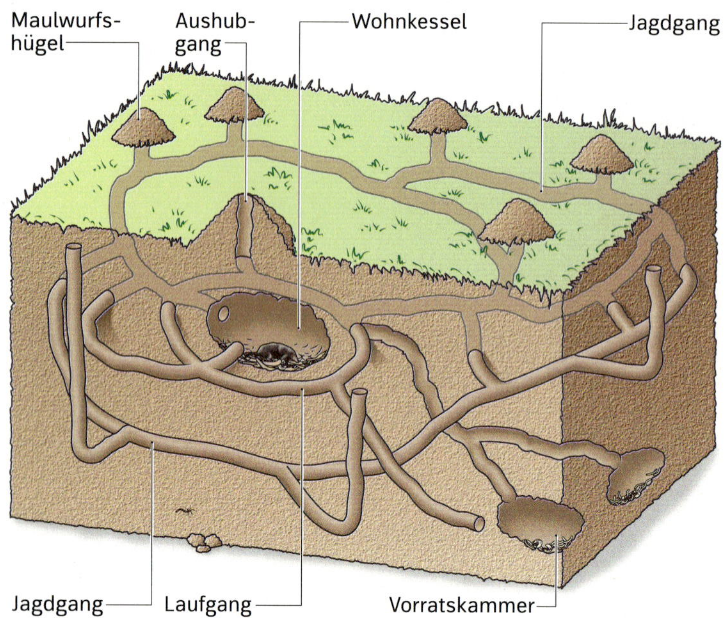

3 Gangssystem des Maulwurfs

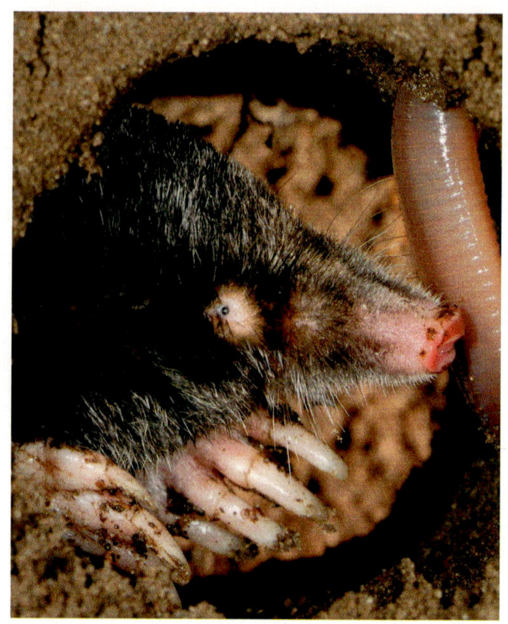

4 Kopf des Maulwurfs mit Tasthaaren

Gangsystem – Der *Maulwurf* lebt als **Einzelgänger** in seinem eigenen Gangsystem. Es kann eine Gesamtlänge von über 150 Metern erreichen. An der Oberfläche sieht man nur die Maulwurfshügel. Sie sind unterirdisch durch Gänge miteinander verbunden, die zehn bis 50 Zentimeter tief unter der Erdoberfläche liegen. Im Mittelpunkt eines solchen Gangsystems befindet sich der **Wohnkessel.** Er ist mit Pflanzenteilen ausgepolstert und dient als Ruheort. Um diesen Wohnbereich führt ein Rundgang. Von ihm zweigen **Laufgänge** ab. Sie führen in den Jagdbereich des *Maulwurfs* mit seinen **Jagdgängen.** Diese sind nur locker gebaut und liegen dicht unter der Erdoberfläche. Die Gänge sorgen für eine Durchlüftung des Erdreichs. Sie führen oft durch das Wurzelgeflecht der Pflanzen. Dort findet der *Maulwurf* besonders viele Beutetiere. Bei seiner täglichen Suche nach Nahrung legt der *Maulwurf* eine Strecke von bis zu 1000 Metern zurück.

Fortpflanzung – Im Wohnkessel des Gangsystems bringt das Maulwurfweibchen nach einer vierwöchigen Tragzeit im Frühjahr drei bis fünf Jungtiere zu Welt. Diese sind unbehaart und blind. Die noch hilflosen Jungtiere hocken geschützt im Wohnkessel und werden von der Mutter etwa vier Wochen lang mit Milch gesäugt. *Maulwürfe* sind **Nesthocker** und zählen zu den **Säugetieren.** Sind die jungen *Maulwürfe* selbstständig, verlassen sie das Gangsystem des Muttertiers und legen sich ein eigenes an.

Sinnesorgane – Die Augen des *Maulwurfs* sind winzig klein und liegen im Fell verborgen. Sie sind nicht sehr leistungsfähig. Obwohl der *Maulwurf* keine Ohrmuscheln besitzt, kann er sehr gut hören. Die Mundöffnung und die Nasenöffnungen sind nach unten gerichtet, sodass sie beim Graben nicht mit Erde verstopft werden. Die Nase ist rüsselartig verlängert und sehr beweglich. Der **Rüsselknorpel** verleiht ihr Stabilität. Der *Maulwurf* kann seine Beutetiere mit der Nase riechen. Entlang der Nase und um das Maul herum besitzt der *Maulwurf* lange, empfindliche **Tasthaare.** Mit ihnen kann er in den dunklen Gängen seine Beute ertasten.

MATERIAL MIT AUFGABEN

C Ernährung von Maulwurf und Wühlmaus

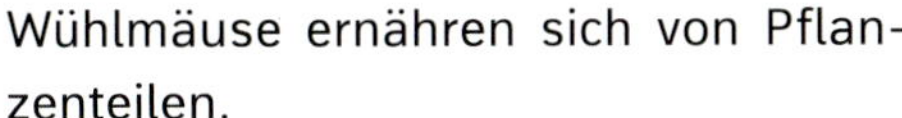

Wühlmäuse ernähren sich von Pflanzenteilen.

1 Beschreibe die Gänge vom *Maulwurf* und der Wühlmaus. ●○○
2 Erkläre den Zusammenhang zwischen den Gängen und der Nahrung bei dem *Maulwurf* und der Wühlmaus mithilfe der Abbildungen. ●●○
3 Nimm Stellung zu der Aussage: „Der *Maulwurf* ist ein Nützling und die Wühlmaus ein Schädling!" ●●●

D Atmung von Maulwurf und Wühlmaus

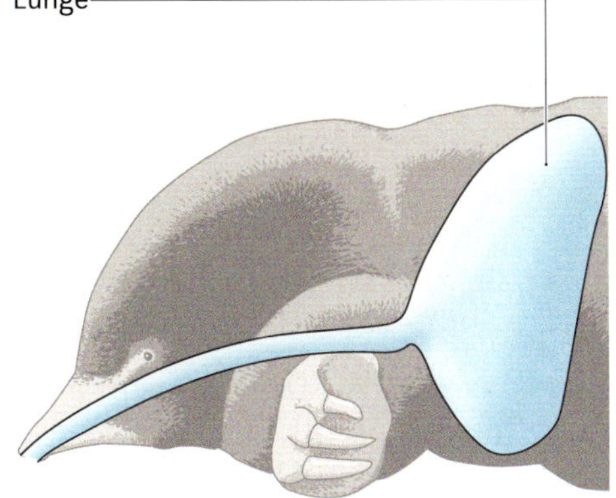

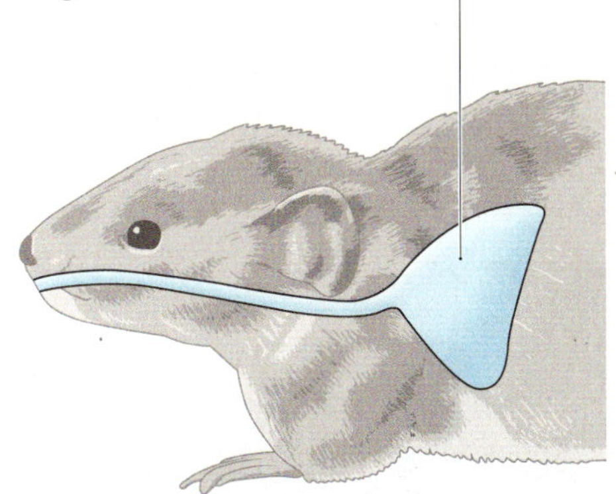

Auch Wühlmäuse leben wie *Maulwürfe* im Boden. Sie verlassen jedoch häufig ihren Bau.

1 Stelle Vermutungen an, weshalb der *Maulwurf* eine größere Lunge als die Wühlmaus hat. ●●●

1 Kleines Mausohr im Flug

2.3 Fledermäuse jagen nachts

Fledermäuse flattern im Zickzackflug blitzschnell und lautlos auf der Suche nach Nahrung durch die Nacht. Was macht die Fledermäuse zu erfolgreichen Nachtjägern?

Körperbau – Wie bei den Vögeln sind die Vordergliedmaßen des *Kleinen Mausohrs* zum Fliegen umgebildet. Die Flügelflächen sind nicht von Federn bedeckt, sondern bestehen aus dünnen Häuten. Diese

2 Große Hufeisennase im Schlafquartier

Flughäute erstrecken sich zwischen Armen, Beinen, **Sporenbein** am Fuß, Rumpf und Schwanz. Sie überspannen die verlängerten Mittelhand- und Fingerknochen. Nur der kurze Daumen und die Füße sind nicht von der Flughaut bedeckt. Während des Fluges sind die Flughäute zwischen den gestreckten Knochen der Vordergliedmaßen wie bei einem Regenschirm gespannt. So können die Fledermäuse flatternd durch die Luft fliegen. Deshalb zählt man alle Fledermausarten zu den **Flattertieren.**

Lebensweise – Den Tag verbringt die *Große Hufeisennase* in Höhlen, auf Dachböden oder vereinzelt auch in Baumhöhlen. Dort hält sie sich mit den Krallen der Hinterbeine fest und schläft so mit dem Kopf nach unten. Die Flügel sind dabei eng um den Körper gelegt, sodass die Flughäute zusammengefaltet sind. Dabei drängen sich bis zu mehrere Tausend Tiere zusammen.

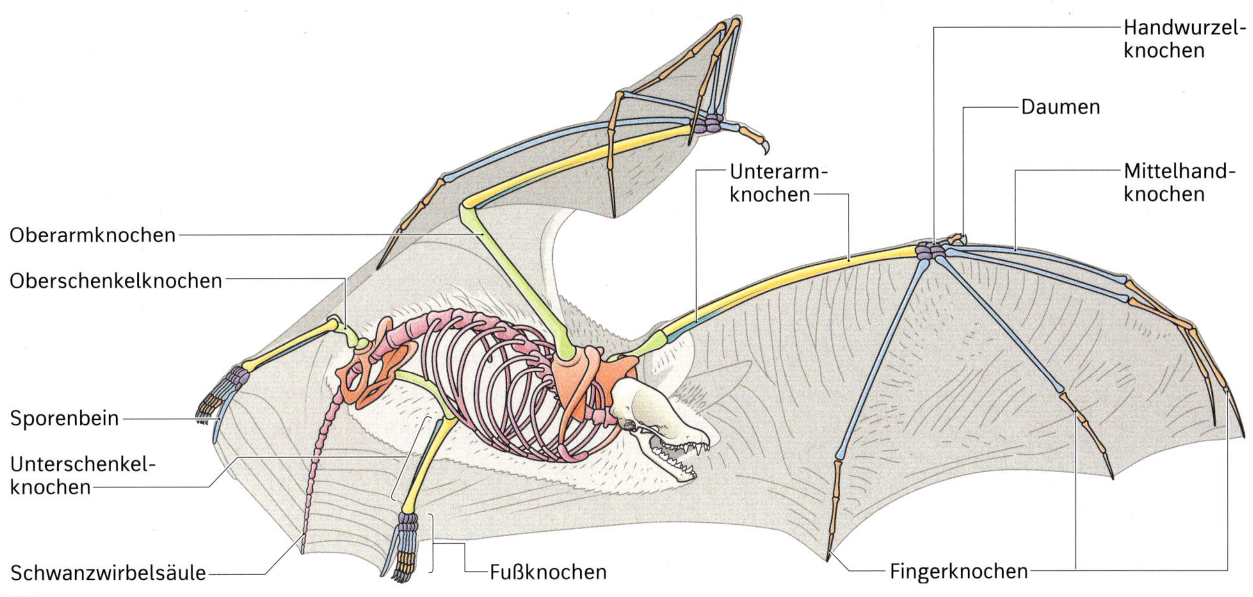

3 Skelett einer Fledermaus

Ernährung – Bei Anbruch der Nacht verlässt das *Kleine Mausohr* sein Schlafquartier. Als Nachtjäger stellt es Insekten wie Fliegen, Mücken, Käfern und Nachtfaltern nach. Diese ergreift es mit seinen Eckzähnen. Sie sind etwas größer als die anderen Zähne. Alle Zähne sind sehr scharfkantig und spitz. Mit den Zähnen seines **Insektenfressergebisses** kann das *Kleine Mausohr* die harte Hülle von Insekten aufbrechen und noch im Flug zerkleinern.

MATERIAL MIT AUFGABEN

A Gebisstypen von Fledermaus und Maus

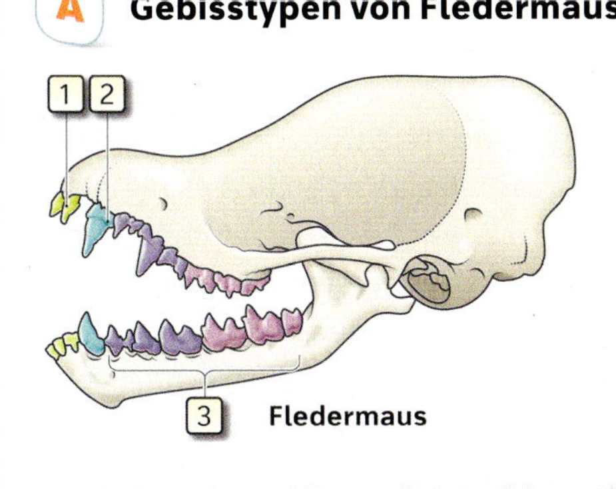

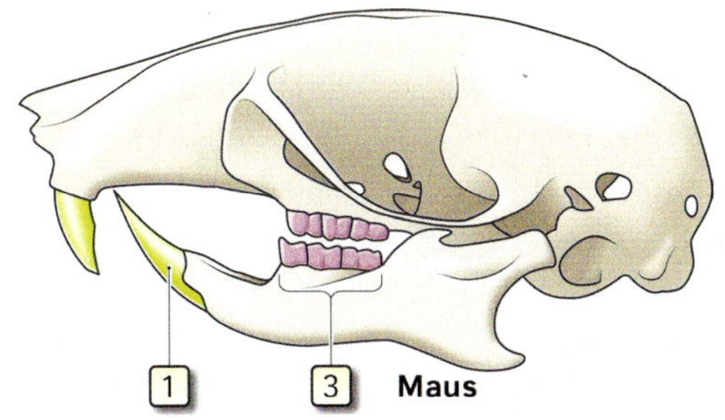

1 Ordne den Ziffern die Fachbegriffe zu. ●○○
2 Vergleiche die Gebisstypen von Fledermaus und Maus. Nenne Gemeinsamkeiten und Unterschiede. ●●○
3 Erstelle für beide Gebisse eine Zahnformel. ●○○
4 Erläutere, weshalb die beiden Gebisse eine Angepasstheit an die jeweilige Ernährung von Fledermaus und Maus darstellen. Nimm Seite 18 zuhilfe. ●●○
5 Erläutere, weshalb die Untersuchung eines Gebisses ein Beispiel für das Basiskonzept „Struktur und Funktion“ liefert. ●●●

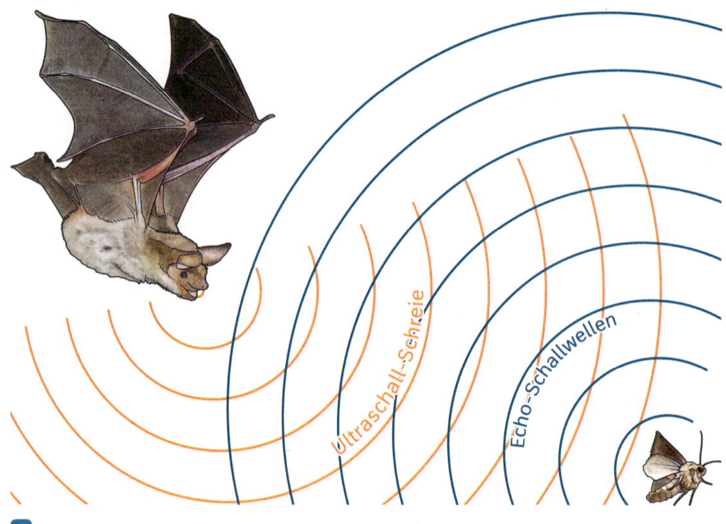

4 Orientierung einer Fledermaus

Orientierung – Wie spürt die Fledermaus im Flug ihre Beute auf? Die kleinen Augen sind dazu nicht in der Lage. Während des Fluges stoßen Fledermäuse Rufe aus, die der Mensch nicht hören kann. Diesen Schallbereich nennt man **Ultraschall.** Treffen diese Ultraschall-Rufe auf Hindernisse oder Beutetiere, kehren sie als **Echo** zurück. Mit den großen Ohrmuscheln fängt die Fledermaus diese Echo-Schallwellen auf. Sie erreichen das Ohr bei geringer Entfernung früher als bei weiter Entfernung. Der Zeitunterschied zwischen dem Rufen und dem Empfangen des Echos ermöglicht es der Fledermaus, sich zu orientieren und Beutetiere zu fangen. Sie kann aus dem Echo die Größe, die Körperform, die Bewegung und Geschwindigkeit eines Beutetiers erkennen. Der **Gehörsinn** ist so gut, dass die Fledermaus auch bei völliger Dunkelheit kleinste Hindernisse wahrnimmt.

Überwinterung – Im Winter gibt es keine Insekten, von denen sich die *Kleine Hufeisennase* ernähren kann. Deshalb sucht sie vor dem Winter ihr frostsicheres Winterquartier auf. Tiefe Höhlen sind besonders gut geeignet, da in ihnen die Temperatur nur wenig schwankt. Die *Kleinen Hufeisennasen* hängen dicht nebeneinander gedrängt schlafend von der Höhlendecke. Während des Schlafs wird die Atmung

MATERIAL MIT AUFGABEN

B Orientierung von Fledermäusen

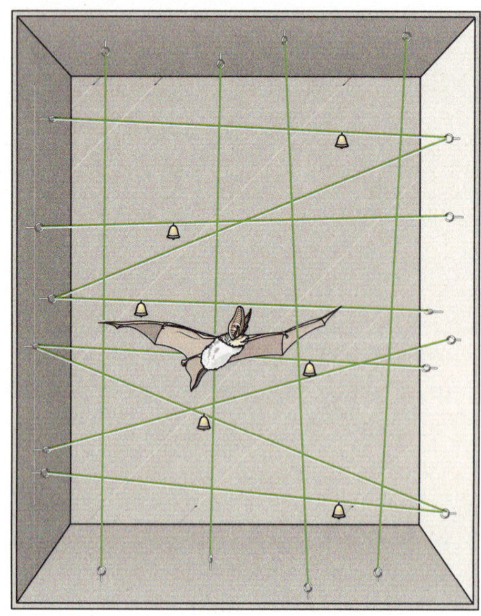

Im 18. Jahrhundert wurden Experimente zur Orientierung von Fledermäusen durchgeführt. Dafür setzte man sie in einen dunklen Käfig, in dem Schnüre mit Glöckchen befestigt waren. Die Fledermäuse hatten entweder verbundene Augen, durch Wachs verschlossene Ohren oder ein zugebundenes Maul.

1 Erläutere, bei welchem Versuch die Glocken zu hören waren. ●●○
2 Erkläre, wie Fledermäuse nachts erfolgreich jagen können. ●●○
3 Erläutere, ob Fledermäuse eine in die Luft geworfene Kugel als Beute erkennen und jagen würden. ●●●

5 Kleine Hufeisennase im Winterschlaf

6 Kleiner Abendsegler mit Jungtieren

schwächer und die Anzahl der Herzschläge nimmt ab. Ihre ansonsten gleichbleibende Körpertemperatur sinkt fast auf die Umgebungstemperatur. Fledermäuse halten **Winterschlaf.** Im Winterschlaf zehren sie von Fettreserven im Körper, die sie sich im Sommer angefressen haben.

Fortpflanzung – Bis in den Spätsommer paaren sich die *Kleinen Abendsegler*. Die Geburt der ein bis zwei Jungtiere findet im Jahr nach der Paarung in der **Wochenstube** ab Mitte Juni statt. Das Jungtier klettert nach der Geburt zu einer Zitze der Mutter und saugt Milch. Das nackte, unbehaarte, und blinde Neugeborene klammert sich in den ersten Tagen nach der Geburt im Fell des Muttertieres fest. Es wird mehrere Wochen lang gesäugt. Alle Fledermausarten zählen zu den **Säugetieren.**

MATERIAL MIT AUFGABEN

C Körpertemperatur im Jahresverlauf

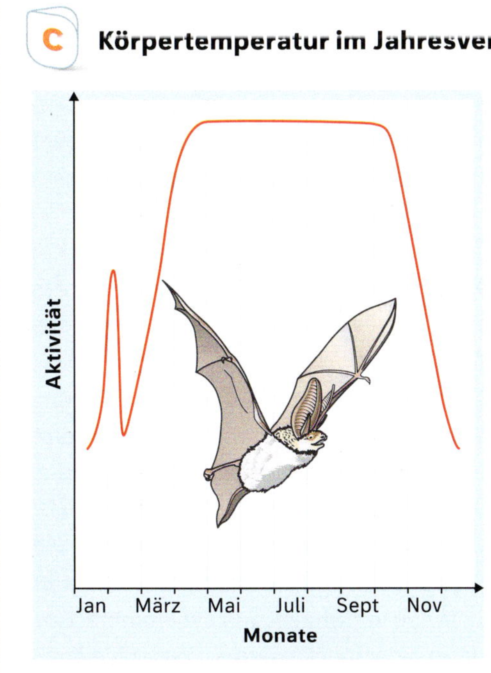

1 Nenne einen Grund, weshalb Fledermäuse Winterschlaf halten. ●○○
2 Wenn es zu kalt wird, erwachen die Fledermäuse aus ihrem Winterschlaf. Deute die im Diagramm festgehaltenen Untersuchungsergebnisse. ●●○
3 Stelle Vermutungen an, welche Probleme bei dauerhaft zu tiefen Temperaturen im Winter auftauchen können. ●●●
4 Erläutere, welche Eigenschaften eine ideale Winterunterkunft für Fledermäuse haben sollte. ●●○

1 Buckelwal beim Sprung

2.4 Wale im Lebensraum Wasser

Buckelwale sind Bewohner der Ozeane. Mit einer Länge von bis zu 18 Metern und einem Gewicht von bis zu 30 Tonnen sind sie größer und schwerer als die größten Landtiere. Wie bewegen sich die Buckelwale im Wasser fort?

Fortbewegung – Der **stromlinienförmige Körper** des *Buckelwals* ist von einer glatten Haut bedeckt. So wird die Fortbewegung im Wasser erleichtert. Angetrieben wird der Wal von der waagerechten auf- und abschlagenden Schwanzflosse, der **Fluke.** Mit den zu Flossen umgewandelten Vordergliedmaßen, den **Flippern,** steuert er durch das Wasser. Die Rückenflosse, die **Finne,** verleiht dem *Buckelwal* Seitenstabilität. Hintergliedmaßen fehlen allen Walarten.

Atmung – Der *Buckelwal* atmet wir alle **Säugetiere** mit Lungen. Die Luft atmet der Wal über eine verschließbare Öffnung im Kopf ein, dem **Blasloch.** Beim Auftauchen bläst der *Buckelwal* die verbrauchte Luft aus und atmet frische Luft ein.

Ernährung – Der *Buckelwal* ernährt sich von Kleinkrebsen. Bei der Jagd öffnet er sein Maul und nimmt große Wassermengen auf. Seine gefalteten Hautfurchen, die von der Kehle bis zum Bauch verlaufen, dehnen sich dabei zu einem gewaltigen **Kehlsack** aus. Er schließt sein Maul und presst anschließend das Wasser durch seine gefranste Hornplatten, die man **Barten** nennt, nach außen. In ihnen verfangen sich die Kleinkrebse, die dann verschluckt werden. Walarten mit Barten werden **Bartenwale** genannt.

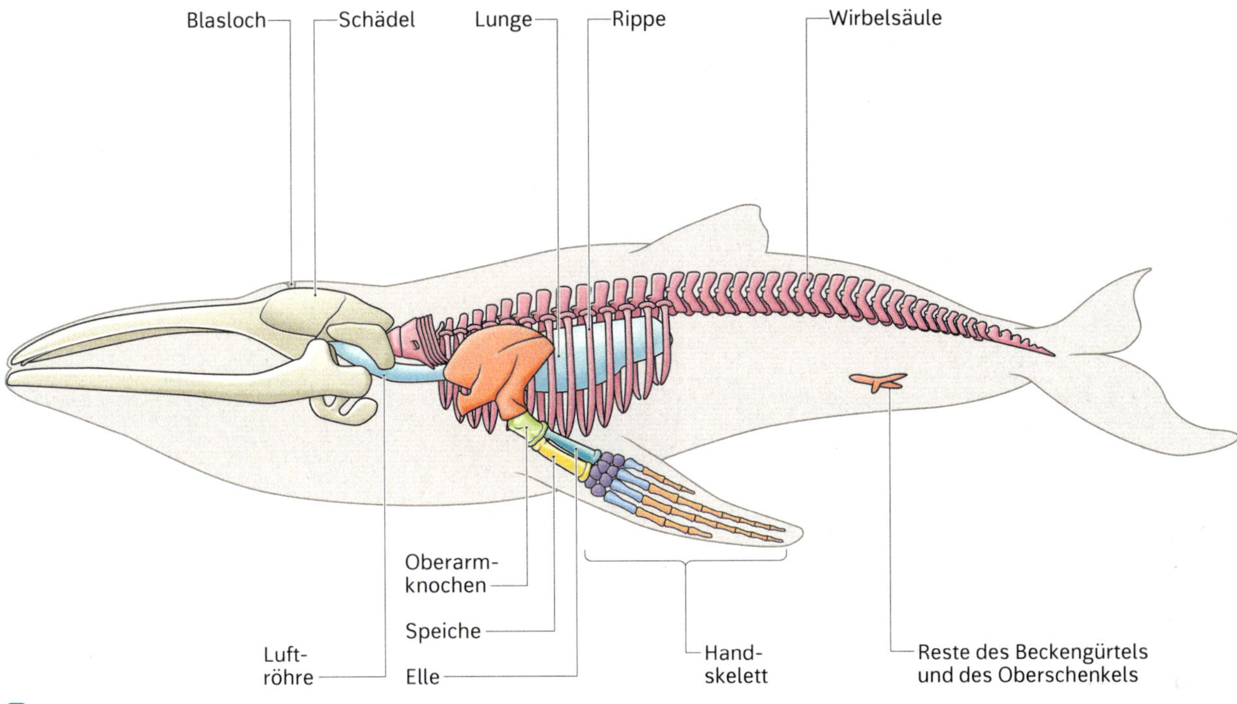

2 Skelett eines Bartenwals (Schema)

METHODE

Einen Steckbrief erstellen

Ein Steckbrief beschreibt in Stichworten ein Tier oder eine Pflanze nach vorab festgelegten Merkmalen. Beim Erstellen eines Steckbriefs geht man wie folgt vor:

1. Man beschafft sich mithilfe des Internets, des Schulbuchs, eines Lexikons oder Zeitschriften Informationen über das im Steckbrief zu beschreibende Lebewesen.
2. Nach der Informationsbeschaffung wählt man die Informationen aus, die als typische Merkmale des Lebewesens aufgeführt werden können. Hierzu zählen beispielsweise Name, Lebensraum, Größe, Gewicht, Lebenserwartung, Jungtiere, Tragzeit oder Besonderheiten.
3. Nach der Informationsauswahl werden die Informationen geordnet und in Stichpunkten aufgeführt. Fotos oder Zeichnungen können ergänzt werden.

Name: *Gewöhnlicher Schweinswal*
Vorkommen: Küstengewässer des Nordatlantiks, des Nordpazifiks und der Ostsee
Größe: bis etwa 180 Zentimeter
Gewicht: bis etwa 80 Kilogramm
Lebenserwartung: 10 bis 12 Jahre
Anzahl von Jungtieren: 1 Jungtier
Tragzeit: 10 bis 11 Monate
Ernährung: ernährt sich von Fisch, gehört zur Gruppe der Zahnwale

1 Pflanzen: **A** Gemeiner Beifuß; **B** Rundblättriger Sonnentau

2.5 Pflanzen in verschiedenen Lebensräumen

Besonders häufig wächst der Gemeine Beifuss am Rand von Straßen, Gehwegen, Schuttplätzen oder Bahndämmen. Was ist der Grund für sein häufiges Vorkommen an diesen trockenen Standorten?

Gemeiner Beifuss – Der *Gemeine Beifuss* kann eine Wuchshöhe von mehr als zwei Metern erreichen. Mit seinen etwa fingerdicken **Wurzeln** ist er tief im Boden verankert. An den Enden der Wurzeln befinden sich feine **Wurzelhaare.** Mithilfe der Wurzelhaare nimmt die Pflanze auch bei Trockenheit noch ausreichend Wasser und die im Wasser gelösten Mineralstoffe aus dem mineralstoffreichen Boden auf. Über die Leitungsbahnen in der **Sprossachse** gelangen Wasser und Mineralstoffe in die **Blätter.** Die Blätter stehen einzeln und abwechselnd an der Sprossachse. Sie sind geteilt und besitzen mehrere kleine Abschnitte. Sie bilden keine große Flächen und verdunsten auch bei hohen Temperaturen nur wenig Wasser über die Blattoberflächen. Der *Gemeine Beifuss* ist an trockene Standorte angepasst.

Rundblättriger Sonnentau – Das Laubblatt des *Rundblättrigen Sonnentaus* trägt auf der Blattoberfläche Haare. Diese sind auffällig rot gefärbt. An ihren Spitzen tritt eine klebrige Flüssigkeit aus. Das von der roten Farbe angelockte Insekt setzt sich auf das Blatt und bleibt an der klebrigen Flüssigkeit hängen. Das Blatt schließt sich und das Insekt wird mithilfe der Flüssigkeit langsam verdaut. So nimmt der *Rundblättrige Sonnentau* Mineralstoffe auf und kann auf mineralstoffarmen Böden eines Moores wachsen. Pflanzen wie der *Rundblättrige Sonnentau* werden als **fleischfressende Pflanzen** bezeichnet.

MATERIAL MIT AUFGABEN

A Gänseblümchen und Scharfer Mauerpfeffer

5
6
7
8
Scharfer Mauerpfeffer

1 Ordne den Ziffern die Fachbegriffe zu. ●○○
2 Beschreibe die besondere Gestaltung der Pflanzenorgane Wurzel, Sprossachse und Blatt des *Scharfen Mauerpfeffers*. ●●○
3 Stelle Vermutungen an, an welche Umweltbedingungen der *Scharfe Mauerpfeffer* angepasst ist. ●●●

B Kannenpflanzen

Die Blätter der Kannenpflanze sind kannenförmig gebaut und mit einer Flüssigkeit gefüllt. Die rote Färbung der Blätter lockt Insekten an. Setzen sie sich auf den Kannenrand, rutschen sie ins Blattinnere. Mithilfe der Flüssigkeit werden die Insekten anschließend verdaut.

1 Beschreibe den Zusammenhang von Struktur und Funktion am Beispiel des Blattes. ●●○
2 Erläutere die Angepasstheit der Kannenpflanze an mineralstoffarme Böden. ●●○

Angepasstheiten bei Pflanzen

3 Wilder Wein

Der *Wilde Wein* windet sich um andere Pflanzen und um Zäune. Sogar an Hauswänden rankt er empor. Die Sprossachse bildet Seitensprosse aus, die zu verzweigten **Sprossranken** umgebildet sind. Mit diesen hält er sich fest. Mit den Haftscheiben an den Sprossranken haftet er sogar an glatten Häuserwänden. Durch die Angepasstheit der Sprossachse und sein schnelles Wachstum gelangt der *Wilde Wein* schnell aus dem Schatten in das Licht. So kann er mithilfe der Fotosynthese ausreichend Nährstoffe bilden.

4 Weiße Seerose

Bei der *Weißen Seerose* fallen auf den ersten Blick nur die auf dem Wasser schwimmenden Blätter und Blüten auf. Die Oberfläche des Blattes ist glatt, sodass von ihr das Wasser abperlt. Im Inneren des Blattes liegen luftgefüllte Hohlräume, die wie eine „Schwimmweste" wirken. Der Blattstiel des **Schwimmblattes** ist bis zu drei Meter lang und sehr biegsam. Er endet im Schlammboden des Gewässers in einer armdicken, unterirdischen Sprossachse, dem **Erdspross.** Die *Weiße Seerose* ist eine an das Leben im Wasser angepasste Pflanze.

5 Laubholz-Mistel

In den Kronen von Pappeln und Apfelbäumen kann man vor allem im Winter die immergrünen *Laubholz-Misteln* sehen. Ihre weißen Früchte, die Samen beinhalten, werden von Vögeln gefressen. Das Fruchtfleisch ist sehr klebrig und bleibt häufig im Gefieder der Vögel hängen. Die klebrige Masse mit den Samen streifen die Vögel an den Zweigen der Bäume ab. Aus diesen Samen entwickeln sich auf den Ästen der Bäume neue Pflanzen. Dabei dringen die Wurzeln der Mistel in die Leitungsbahnen des Astes ein. Die *Laubholz-Mistel* entzieht dem Baum das Wasser und die im Wasser gelösten Mineralstoffe. Sie ist an das Leben auf Bäumen angepasst.

MATERIAL MIT AUFGABEN

C Leben mit Trockenheit

Der *Saguaro-Kaktus* speichert in seinem Stamm sehr viel Wasser. Dieses nimmt er über sein großflächiges Wurzelwerk, das nur wenige Zentimeter in den Boden eindringt, auf. In Trockenzeiten fließt das Wasser aus dem Speicher im Stamm in die übrigen Teile der Pflanze. Der *Saguaro-Kaktus* besitzt eine äußere dicke, wasserundurchlässige Schicht. Er trägt keine Blätter auf seiner Oberfläche, sondern viele kleine Dornen. Ist in der Trockenzeit der Wasservorrat aufgebraucht, schrumpfen der Speicher und der Stammumfang.

1 Beschreibe den Bau des *Saguaro-Kaktus.* ●○○
2 Nenne die Angepasstheiten des Saguaro-Kaktus an seinen trockenen Standort. ●●○
3 Beschreibe den Zusammenhang zwischen dem Bau des *Saguaro-Kaktus,* der Struktur, und der Vermeidung von Wassermangel, der Funktion. ●●○

D Leben mit Wasserüberfluss

Wächst der *Froschlöffel* an Ufern von Gewässern sind seine Blätter steif und löffelförmig. Die Blätter des untergetaucht lebenden *Froschlöffels* sind dagegen lang und schmal.

1 Der *Froschlöffel* ist als Landpflanze an den Lebensraum „Land“ und als Wasserpflanze an den Lebensraum „Wasser“ angepasst. Erkläre diese Aussage mithilfe der Blätter. ●●○

Alles auf einen Blick

2.1–2.3 Angepasstheiten von Säugetieren an Land

Der Maulwurf lebt mit seiner „walzenförmigen“ Körperform in einem Gangsystem unter der Erde. Dieses legt er mit seinen **Grabhänden** an. Auf der Suche nach kleinen Beutetieren durchstreift er täglich dieses Gangsystem. Empfindliche **Tasthaare** an der Nase und am Maul helfen ihm bei der Jagd. Der Maulwurf hat ein **Insektenfressergebiss.** Als **winteraktives** Tier sucht er auch während des Winters nach Nahrung und frisst seine gesammelten Wintervorräten.

Die Wirbelsäule des Eichhörnchens verläuft vom Schädel bis in den **Schwanz.** Mit dem Schwanz hält es das Gleichgewicht beim Klettern und Springen in den Bäumen. Damit es nicht abrutscht, hat es an den Pfoten lange Krallen. Das Eichhörnchen kann mit seinem **Nagetiergebiss** harte Schalen von Nüssen öffnen. Es hält **Winterruhe** und verlässt seinen Kobel nur, um von den im Herbst angelegten Wintervorräten zu fressen.

Die Fledermaus flattert durch die Luft. Sie besitzt **Flughäute.** Auf der Suche nach Beutetieren in der Dunkelheit stößt sie Ultraschalllaute aus. Mithilfe ihres leistungsstarken **Gehörsinns** kann sie das Echo hören. Da es im Winter keine Insekten gibt, frisst sich die Fledermaus im Sommer eine Fettreserve an. Von dieser zehrt sie während des **Winterschlafs.**

2.4 Angepasstheiten von Säugetieren im Wasser

Der *Buckelwal* gehört zu den **Bartenwalen.** Die Bartenwale nehmen große Mengen Wasser in ihren Kehlsack auf und filtern mit ihren **Barten** Kleinkrebse aus dem Wasser. Von den Bartenwalen unterscheidet man die **Zahnwale.** Sie haben **Zähne** und jagen ihre Beutetiere. Wale bewegen ihren **stromlinienförmigen Körper** mithilfe der Fluke, den Flippern und der Finne im Wasser fort. Alle Wale bringen **lebende Jungtiere** zur Welt, die sie säugen. Wie alle **Säugetiere** atmen Wale über das Blasloch frische Luft in die Lungen ein und verbrauchte Luft wieder aus.

2.5 Pflanzen in verschiedenen Lebensräumen

Der *Gemeine Beifuss* wächst an trockenen Standorten. Er verdunstet wenig Wasser über die Blätter und die Wurzeln liefern ausreichend Wasser. Der *Rundblättrige Sonnentau* wächst auf mineralstoffarmen Böden im Moor. Er fängt und verdaut mit seinen Blättern Insekten. So erhält er ausreichend Mineralstoffe. Die *Weiße Seerose* besitzt Schwimmblätter und einen dicken Erdspross, mit dem sie im Seeboden verankert ist. Die *Laubholz-Mistel* wächst auf Bäumen und entzieht ihnen über die Wurzeln Wasser und Mineralstoffe. Pflanzen sind an ihren Lebensraum angepasst.

Teste dich

A Spitzmaus und Hausmaus

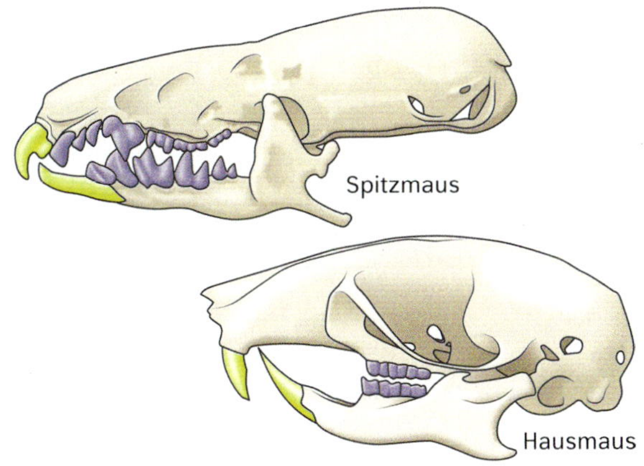

C Bartenwale

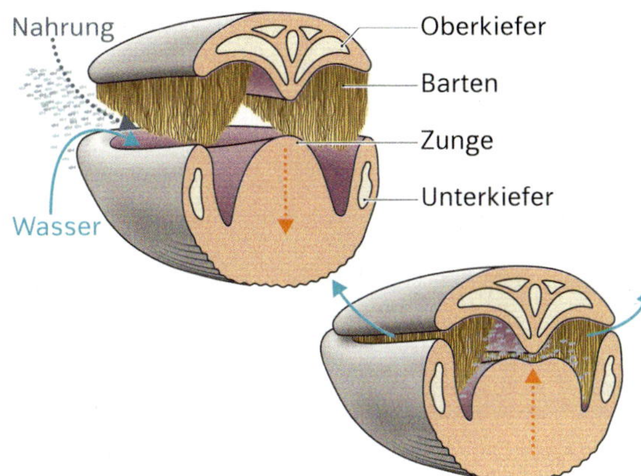

B Fortbewegung

AUFGABEN

Bearbeite die Aufgaben mit Material A

1 Erstelle für Spitzmaus und Hausmaus jeweils eine Zahnformel. ●●○

2 Begründe, weshalb die Spitzmaus mit dem Maulwurf und nicht mit der Hausmaus näher verwandt ist. ●●●

Bearbeite die Aufgaben mit Material B und C

1 Beschreibe die Körperform der Tiere und erkläre, weshalb die Körperform eine Angepasstheit an den Lebensraum darstellt. ●●○

2 Beschreibe die Funktion der Barten. ●●○

3 Beschreibe mithilfe der Barten den Zusammenhang zwischen Struktur und Funktion. ●●●

1 Rotbuchenwald

1.1 Der Wald – ein Lebensraum

Strahlender Sonnenschein trifft auf den feuchten Waldboden. Hummeln fliegen durch die warme Luft, dem Duft blühender Pflanzen hinterher. Auf dem Boden tragen Ameisen Blätter und Samen in ihren Nesthügel. Zwischen den Bäumen suchen Rehe nach Nahrung. Pflanzen und Tiere leben gemeinsam im Lebensraum Wald. Was kennzeichnet den Lebensraum Wald?

Leben am Waldboden – Im Wald gibt es eine Vielzahl verschiedener Pflanzen und Tiere. Im Waldboden leben *Maulwurf* und Regenwurm. Sie graben lange Gänge durch das Erdreich. Auf dem Waldboden klettert auf der Suche nach Beutetieren die *Rote Waldameise* über Laub und Moose. Auch größere Tiere wie *Wildschwein* und *Reh* leben im Wald und ernähren sich unter anderem von Beeren, Knospen und Gräsern. Im Frühjahr erblühen das *Gefleckte Lungenkraut* und das leuchtend gelbe *Scharbockskraut*. An warmen Tagen fliegen dann Schmetterlinge, Bienen und Hummeln von einer Blüte zur anderen.

Leben im Geäst – In einem Rotbuchenwald ragt der hellgraue Stamm der *Rotbuche* bis zu 30 Meter in die Höhe. Auf ihren Ästen leben kleine Säugetiere wie *Eichhörnchen* und *Baummarder*. Der *Buntspecht* holt mit kräftigen Schnabelhieben Insekten und deren Larven unter der Borke der Äste hervor. Während der Paarungszeit im Vorfrühling ist das Trommeln der Spechte zu hören. Sie legen Bruthöhlen in Bäumen an. Diese Höhlen werden später auch von anderen Tieren genutzt. Vögel, Insekten wie *Waldhummel* oder *Hornisse* und auch *Siebenschläfer* ziehen in die Bruthöhlen ein, sobald die Spechte sie verlassen haben.
Alle Tiere und Pflanzen, die im Wald leben, bilden eine **Lebensgemeinschaft.**

Unbelebte Natur – Im Frühjahr fällt viel **Sonnenlicht** durch die kahlen Bäume auf den Waldboden. Die **Temperatur** am Waldboden steigt an. Das Sonnenlicht und die Wärme nutzen Frühblüher wie das *Buschwindröschen* und das *Leberblümchen,* um Blüten und Früchte zu bilden.
Im Sommer gelangt nur noch wenig Licht zwischen dem dichten Blätterdach hindurch auf den Waldboden. Pflanzen, beispielsweise der *Wald-Sauerklee,* benötigen wenig Licht und sind im Sommer daher zahlreich in Laubwäldern zu finden.
Für Moose, wie das *Schöne Frauenhaarmoos,* ist vor allem ausreichend **Niederschlag** wichtig. Dieser Regen führt zu einer hohen Boden- und **Luftfeuchtigkeit.**
Auch die Beschaffenheit des **Bodens** hat Einfluss auf die Lebewesen im Wald. *Rotbuchen* benötigen Waldboden, der viel Wasser speichern kann. *Waldkiefern* hingegen können auch auf trockenen Böden wachsen.
Alte große Bäume sind oft anfällig für **Wind.** Junge Bäume und Sträucher haben biegsame Äste und brechen auch bei starkem Wind nicht so schnell. Sie wachsen oft als Hecken an den Waldrändern. Dadurch bremsen sie den Wind und schützen so die alten Bäume im inneren des Waldes vor Schäden.
Welche Pflanzen und Tiere in einem Wald leben, hängt also von den verschiedenen äußeren Bedingungen ab. Licht, Temperatur, Niederschlag, Bodenbeschaffenheit und Wind bilden zusammen die Einflüsse der **unbelebten Natur.** Diese Einflüsse wirken auf eine Lebensgemeinschaft ein.

Lebensraum Wald – Die Lebensgemeinschaft aus Tieren und Pflanzen und die unbelebte Natur kennzeichnen einen **Lebensraum.** Lebensräume, beispielsweise Wälder oder Wiesen, werden auch als **Ökosysteme** bezeichnet.

MATERIAL MIT AUFGABEN

A Der Waldboden im Frühling und Sommer

Lichteinfall: hoch; Temperatur: 8 °C

Lichteinfall: niedrig; Temperatur: 19 °C

1 Beschreibe, was auf den beiden Fotos zu sehen ist. ●○○

2 Erkläre, weshalb die bodennahen Schichten in den Fotos unterschiedlich aussehen. ●●○

3 Stelle Vermutungen an, weshalb im Winter bei ähnlichem Lichteinfall wie im Frühjahr, kein Pflanzenwachstum zu beobachten ist. ●●○

1 Schichten eines Mischwaldes

1.2 Aufbau eines Mischwaldes

Geht man einen Waldweg entlang, sieht man am Wegrand bodennah wachsende Moose und Kräuter. Sträucher überwuchern die Kräuter und große Laub- und Nadelbäume ragen weit in den Himmel. *Sie wiederrum überwuchern die Sträucher. Wie ist ein Mischwald gegliedert?*

Schichten des Mischwaldes – Der größte Anteil der Wälder in Deutschland besteht nicht nur aus einer Baumart. Normalerweise wachsen mehrere Baumarten wie die *Rotbuche*, die *Traubeneiche* oder die *Schwarzerle* in einem Wald. Man bezeichnet einen solchen Wald als **Mischwald.**
Ein Lebensraum wie der Mischwald ist in typische Schichten gegliedert, die auch als **Stockwerke** bezeichnet werden.

Wurzelschicht – Der Boden eines Waldes besteht aus einer fruchtbaren Erdschicht. Diese Schicht, die **Humusschicht,** ist von den Wurzeln der Pflanzen durchzogen. Die Beschaffenheit des Waldbodens kann sehr unterschiedlich sein und wirkt sich auf das Wachstum der Pflanzen aus. Sämtliche unterirdische Bereiche des Waldes gehören zu der **Wurzelschicht.**

Moosschicht – Auf dem Waldboden, abgestorbenen Bäumen und auf Steinen wachsen Moose. Das *Schöne Frauenhaarmoos* und das *Große Haarmützenmoos* kommen sehr häufig in den heimischen Wäldern vor. Sie können bis zu 20 Zentimeter hoch werden und bilden die **Moosschicht.**

Krautschicht – In Mischwäldern erreicht noch so viel Licht den Waldboden, dass dort Kräuter wachsen können. Typische Kräuter des Waldes sind der *Waldmeister* und der *Wald-Sauerklee*. Sie haben weder einen Stamm noch verholzte Äste. Solche Kräuter bilden die **Krautschicht.**

Strauchschicht Oberhalb der Krautschicht wachsen in einem Mischwald verschiedene Sträucher. Zu ihnen gehört die *Gemeine Hasel*, der *Schwarze Holunder* und der *Faulbaum*. Sie besitzen keinen echten Stamm wie die Bäume, sondern verholzte Äste und Zweige. Sie kommen gut mit dem wenigen Sonnenlicht aus, das noch durch die Blätter der Baumschicht hindurch dringt. Neben jungen Bäumen, die sich in der Wachstumsphase befinden, sind sie der Hauptbestandteil der **Strauchschicht.**

Baumschicht Die Wipfel von hochwachsenden Baumarten wie *Rotbuche* und *Schwarzerle* überragen mit bis zu 30 Metern Höhe andere Pflanzen. Sie fangen durch ihr großes Blätterdach das meiste Licht ein und bilden die oberste Schicht im Wald, die **Baumschicht.** Je nach Zusammensetzung des Waldes befinden sich in dieser Schicht außerdem die Kronen von Baumarten wie *Traubeneiche, Spitzahorn* oder *Stieleiche*. Sie unterscheiden sich unter anderem in der Form ihrer Laubblätter.

MATERIAL MIT AUFGABEN

A Pflanzen und Tiere in einem Mischwald

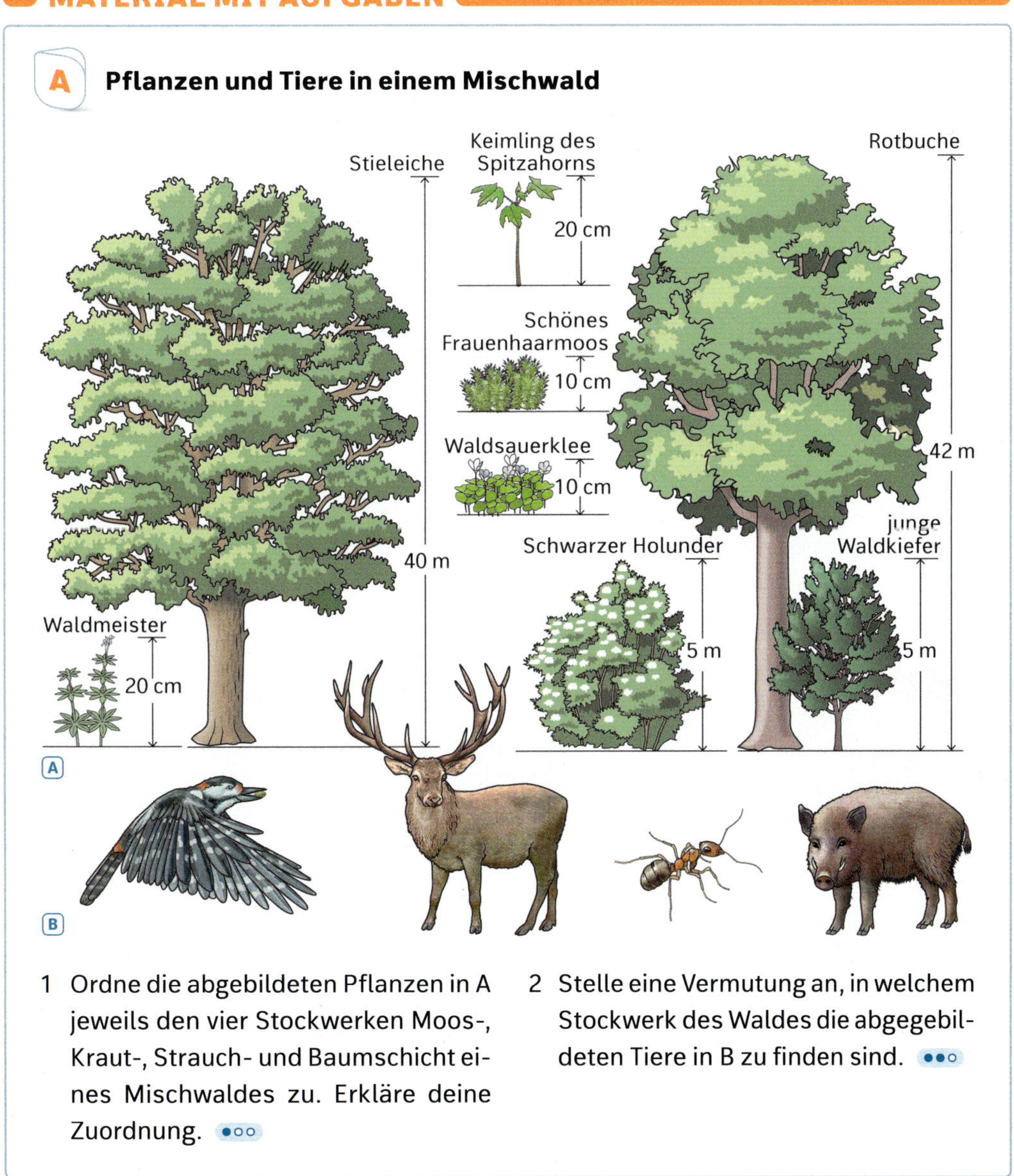

1 Ordne die abgebildeten Pflanzen in A jeweils den vier Stockwerken Moos-, Kraut-, Strauch- und Baumschicht eines Mischwaldes zu. Erkläre deine Zuordnung.

2 Stelle eine Vermutung an, in welchem Stockwerk des Waldes die abgegebildeten Tiere in B zu finden sind.

2 Laubblatt einer Rotbuche

Merkmale von Laubblättern – Laubblätter haben einen charakteristischen Bau. Mit dem **Blattgrund** sind sie an der Pflanze befestigt. Der **Blattstiel** stellt die Verbindung zwischen dem Blattgrund und der Blattfläche dar. Wichtige Leitungsbahnen für Wasser und Mineralstoffe verlaufen von der Wurzel über Stängel oder Stamm bis in das Innere des Laubblattes. In den Leitungsbahnen werden auch Nährstoffe, wie Glucose, transportiert. Die Gesamtfläche des Blattes nennt man **Blattspreite.** Sie kann unterschiedlich groß und auf vielfältige Weise gestaltet sein. Es gibt Blätter die herzförmig sind, andere sind lang und schmal oder gelappt. Ist die Blattspreite ungeteilt, so spricht man von einfachen Blättern. Bei manchen Pflanzen kann die Blattspreite aber auch tief eingeschnitten sein, sodass das Blatt aus mehreren, voneinander getrennten Blättchen oder Fiedern besteht. Man nennt sie daher Fiederblätter. Die Blattspreite ist von den Leitungsbahnen, den **Blattadern,** netzartig durchzogen. Sie zweigen von einer zentralen Blattader, der Mittelrippe, nach außen hin ab, bis sie den Rand der Blattspreite erreichen. Der Blattrand ist je nach Pflanzenart ganz unterschiedlich gestaltet. Er kann ganz glatt sein oder auch kleine Kerben oder Buchten aufweisen. Bei manchen Blättern kann man auch gut eine Blattspitze am Ende der Mittelrippe erkennen.

Bestimmung von Blättern – Anhand der Blätter kann man eindeutig bestimmen, um welche Pflanze es sich handelt. Dafür eignen sich Merkmale wie die Form der Blattspreite und der Blattrand besonders gut. Andere Bestimmungsmerkmale sind die Blüten, Früchte oder Zapfen.

3 Blattmerkmale

MATERIAL MIT AUFGABEN

B Bestimmung von Laubbäumen

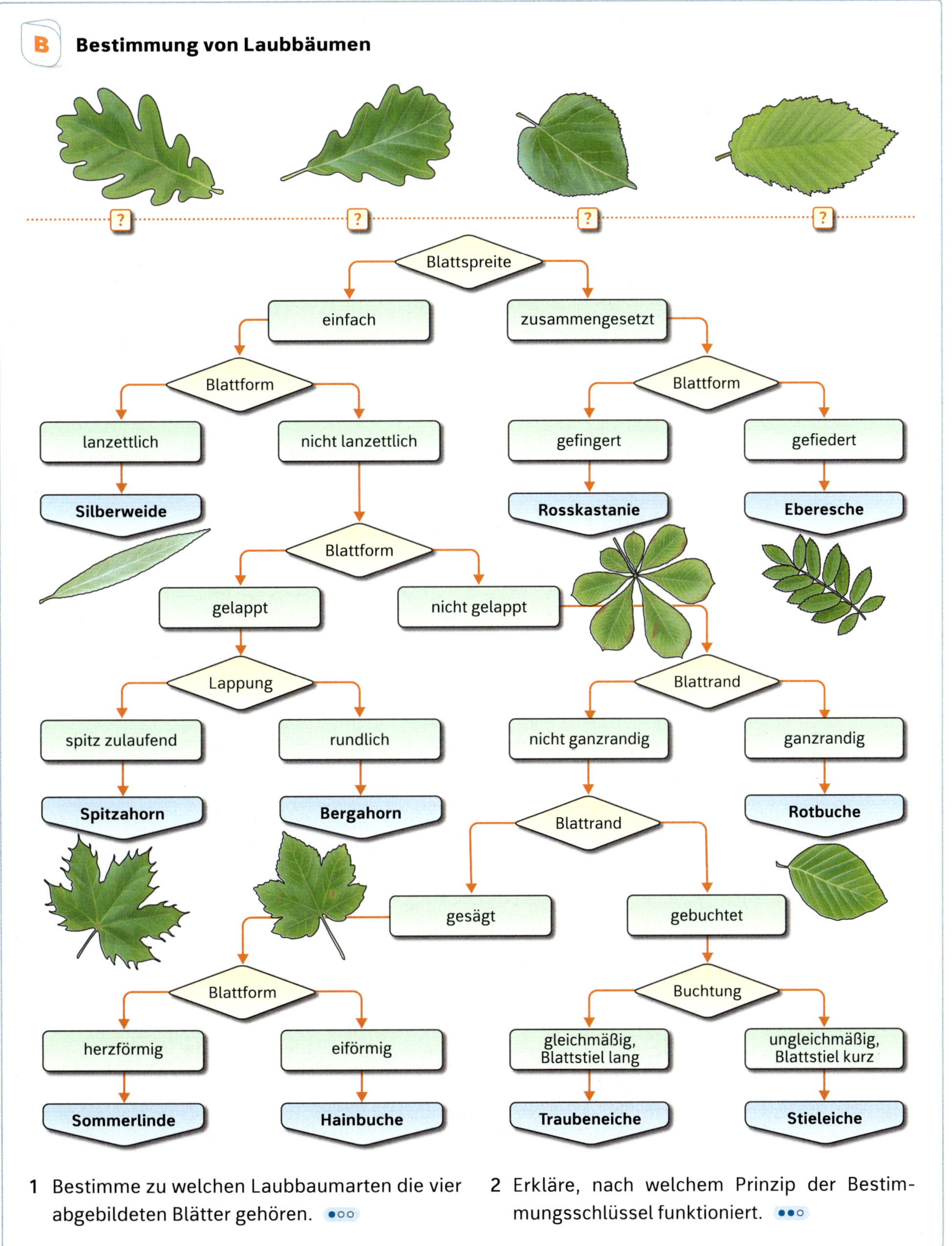

1 Bestimme zu welchen Laubbaumarten die vier abgebildeten Blätter gehören. ●○○

2 Erkläre, nach welchem Prinzip der Bestimmungsschlüssel funktioniert. ●●○

1 Reife Früchte am Birnbaum

1.3 Pflanzen produzieren Nährstoffe

Im Spätsommer hängen am Birnbaum die reifen Früchte. Die geernteten Birnen enthalten den Zucker Glucose. Wie gelingt es dem Birnbaum, Glucose zu bilden?

Fotosynthese – Die Ober- und Unterseite eines Laubblattes werden jeweils von lückenlos aneinandergereihten Epidermiszellen abgeschlossen. Nach außen bilden diese Zellen eine dichte undurchlässige Wachsschicht, die **Kutikula.** Unter der oberen Epidermis liegen dicht an dicht die langgestreckten Palisadenzellen. In ihnen befinden sich besonders viele **Chloroplasten.** Mithilfe des **Chlorophylls** im Chloroplasten wird das Sonnenlicht „eingefangen“. Mit der Energie des Lichtes werden im Chloroplasten Wasser und Kohlenstoffdioxid zu Glucose und Sauerstoff umgewandelt. Den Aufbau energiereicher Glucose mithilfe von Licht bezeichnet man als **Fotosynthese.** Sie findet in den Pflanzenteilen statt, die Chloroplasten besitzen, vor allem in den Laubblättern. Woher kommt das für die Fotosynthese so wichtige Kohlenstoffdioxid? Unter dem Palisadengewebe liegen die locker verteilten Zellen des **Schwammgewebes.** Es weist zahlreiche Hohlräume auf. Auf der Blattunterseite liegen die **Spaltöffnungen.** Durch diese gelangt das Kohlenstoffdioxid aus der Luft über die Hohlräume des Schwammgewebes zu den Zellen mit den Chloroplasten. Auf dem umgekehrten Weg wird der bei der Fotosynthese entstandene Sauerstoff an die Umgebung abgegeben. Für die Bildung von Glucose wird in der Fotosynthese auch Wasser benötigt. Wie gelangt es zu den Chloroplasten?

griechisch photos = Licht

griechisch synthesis = Verknüpfung

Transpiration – Hält man ein Blatt gegen das Licht und betrachtet es mit einer Lupe, erkennt man die fein verzweigten

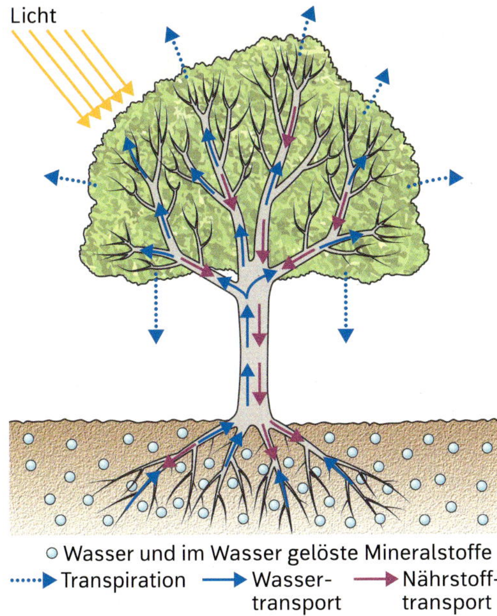

2 Stofftransport und Sonnenlicht

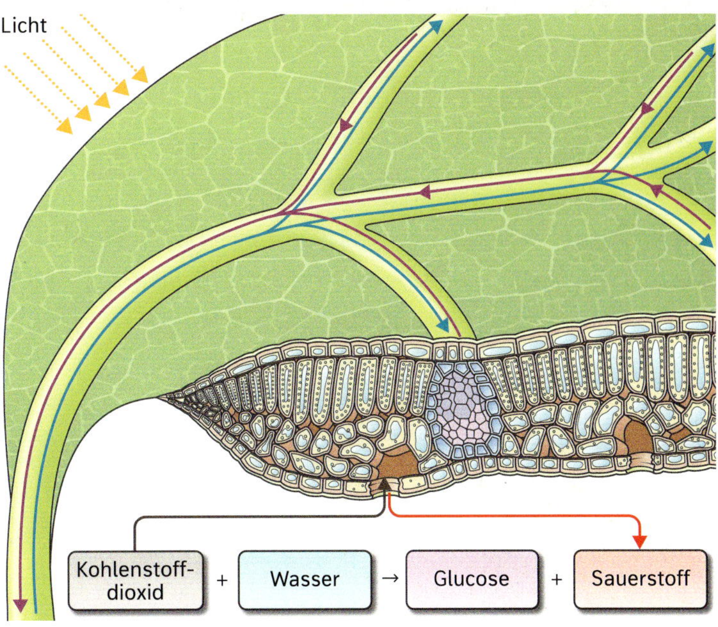

3 Laubblatt – Ort der Fotosynthese

Blattadern. Es sind Leitungsbahnen, die vom Blatt über die Sprossachse bis in die Wurzel laufen. Ein Bereich der Leitungsbahnen dient dem Wassertransport, der andere dem Transport von Nährstoffen. Zuerst gelangt das Wasser über die Wurzelhaare in die Pflanze. Von dort aus wird es über die Leitungsbahnen bis in das Blatt transportiert. Ein kleiner Anteil des Wassers wird für die Fotosynthese benötigt. Der größere Anteil wird als Wasserdampf über die Spaltöffnungen des Blattes an die Umgebung abgegeben. Diesen Vorgang nennt man **Transpiration.** Das Austreten des Wassers wirkt auf die Leitungsbahn so, als würde man an einem Trinkhalm saugen. Dadurch entsteht in der Leitungsbahn ein Sog. Dieser setzt sich vom Blatt über die Sprossachse bis in die Wurzelhaare fort. Durch den Sog nehmen die Wurzelhaare Wasser aus dem Boden auf.

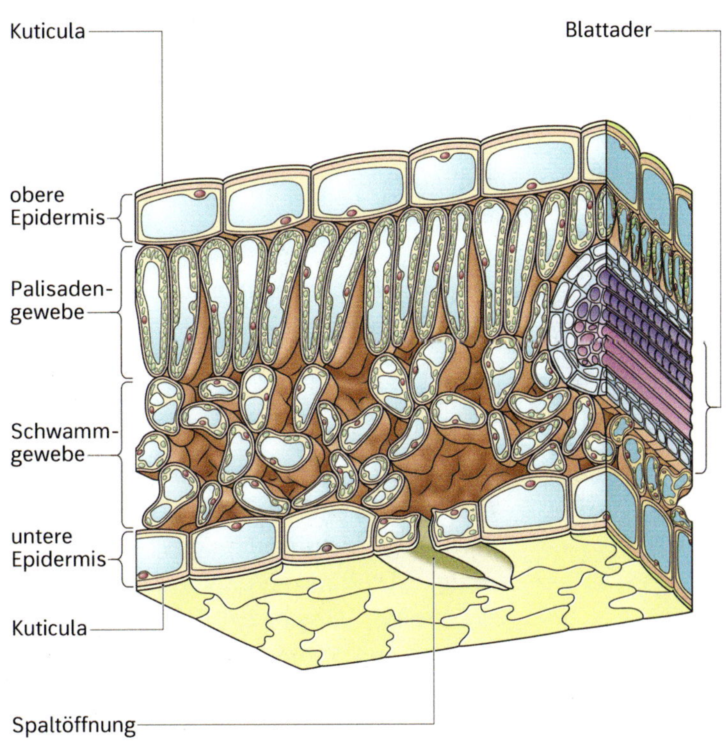

4 Bau des Laubblattes (Blockschema)

Nährstoffe – Die in den Blättern gebildete Glucose wird über die Leitungsbahnen in alle Pflanzenteile transportiert. Pflanzen wie zum Beispiel der *Birnbaum* benötigen energiereiche Glucose, um wachsen und Früchte bilden zu können. Zur Speicherung in Speicherorganen wird die Glucose in **Stärke** umgewandelt. Die Glucose dient außerdem als Ausgangsstoff für die Bildung von **Eiweißstoffen** und **Fetten.**

1 Feldmaus

1.4 Nahrungsbeziehungen

Die Feldmaus lebt mit vielen anderen Tieren und Pflanzen gemeinsam in Wäldern, Wiesen und Äckern zusammen. In welcher Beziehung steht die Feldmaus zu den anderen Tieren und Pflanzen in einer Lebensgemeinschaft?

Nahrungskette – Die *Feldmaus* ernährt sich von Kräutern, Gräsern und Getreide. Diese Pflanzen liefern der *Feldmaus* wichtige Nährstoffe, die sie zum Leben benötigt. Nur Pflanzen nutzen Lichtenergie, um über den Vorgang der Fotosynthese aus Wasser und Kohlenstoffdioxid die energiereiche Glucose zu bilden. Pflanzen produzieren ihre Nährstoffe selbst. Deshalb nennt man sie **Produzenten.** Tiere wie die *Feldmaus*, die sich ausschließlich von Pflanzen ernähren, nennt man **Pflanzenfresser.** Da sie die von der Pflanze gebildeten Nährstoffe „konsumieren", nennt man sie auch **Konsumenten.** *Feldmäuse* werden wiederum von *Schleiereulen*, *Habichten*, *Wieseln* und *Rotfüchsen* gejagt. Diese Tiere fressen keine Pflanzen, sondern sie ernähren sich von Tieren. Man bezeichnet sie daher als **Fleischfresser.** Auch Fleischfresser zählen zu den Konsumenten. Sie

2 Nahrungskette

nutzen wie die Pflanzenfresser die mit der Nahrung aufgenommenen Nährstoffe zum Aufbau körpereigener Stoffe und als Energielieferanten. Zwischen Pflanze, Pflanzenfresser und Fleischfresser besteht eine Nahrungsbeziehung, eine **Nahrungskette.** Getreide → *Feldmaus* → *Schleiereule* sind Glieder einer möglichen Nahrungskette.

Nahrungsnetz – Die *Feldmaus* ernährt sich nicht nur von Getreide, sondern auch von anderen Pflanzen. Auch die *Schleiereule* erbeutet nicht nur *Feldmäuse*. Zu ihrer Beute zählen Ratten, Kaninchen, Vögel und Eidechsen. Da die Nahrung der Tiere häufig verschieden zusammengesetzt ist, sind die einzelnen Nahrungsketten wie die Maschen eines Netzes vielfach miteinander verknüpft. Solche Nahrungsbeziehungen nennt man **Nahrungsnetz.**

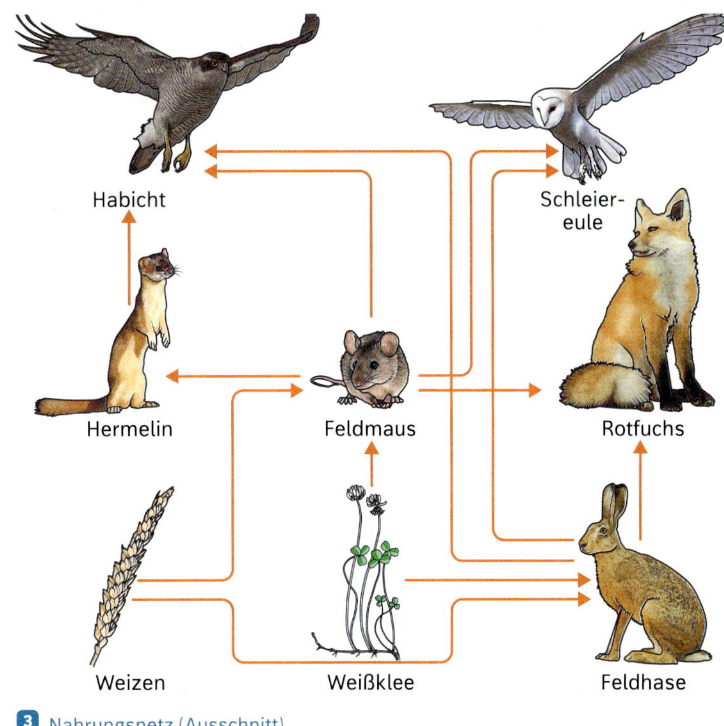

3 Nahrungsnetz (Ausschnitt)

MATERIAL MIT AUFGABEN

A Nahrungsbeziehungen

Waldkauz
Nahrung: Mäuse, kleine Vögel, Eichhörnchen

Wildschwein
Nahrung: Eicheln, Beeren, Wurzeln, Insekten, Mäuse, Jungvögel, tote Tiere

Eichhörnchen
Nahrung: Eicheln, Beeren, Samen, Insekten, Jungvögel, Eier

Buchfink
Nahrung: Samen, Beeren, Insekten

Stieleiche

Brombeere

Waldmaus
Nahrung: Eicheln, Beeren, Samen

Kleines Nachtpfauenauge
Nahrung der Raupe: Blätter der Brombeere

1 Erstelle mithilfe der abgebildeten Pflanzen und Tiere eine möglichst lange Nahrungskette und ein Nahrungsnetz. ●●○

2 Stelle Vermutungen an, welche Auswirkungen das Entfernen von Brombeeren auf das Nahrungsnetz hat. ●●●

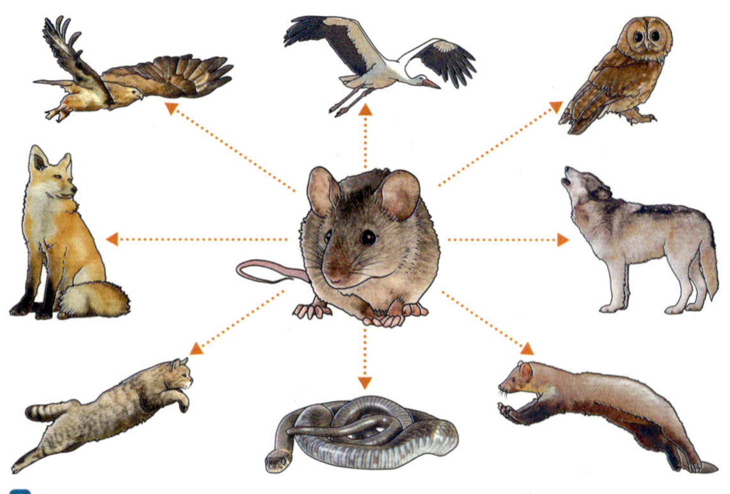

4 Natürliche Feinde der Feldmaus

Regelung – *Feldmäuse* leben gewöhnlich auf engem Raum in Kolonien zusammen. Die Mauselöcher liegen dicht an dicht. Sie sind durch in der Erde liegende Laufgänge miteinander verbunden. Sie führen zu den Wohnkesseln, die etwa 20 Zentimeter unter der Erdoberfläche liegen. Dort bringen die Weibchen bis zu sechsmal im Jahr Nachkommen zur Welt. Jeder Wurf besteht aus etwa sechs Jungtieren. Diese können schon nach vier Wochen selbst wieder Nachkommen haben. Da in einem Lebensraum ohne Baum und Strauch viele natürliche Feinde fehlen, können sich die

MATERIAL MIT AUFGABEN

B Regelung

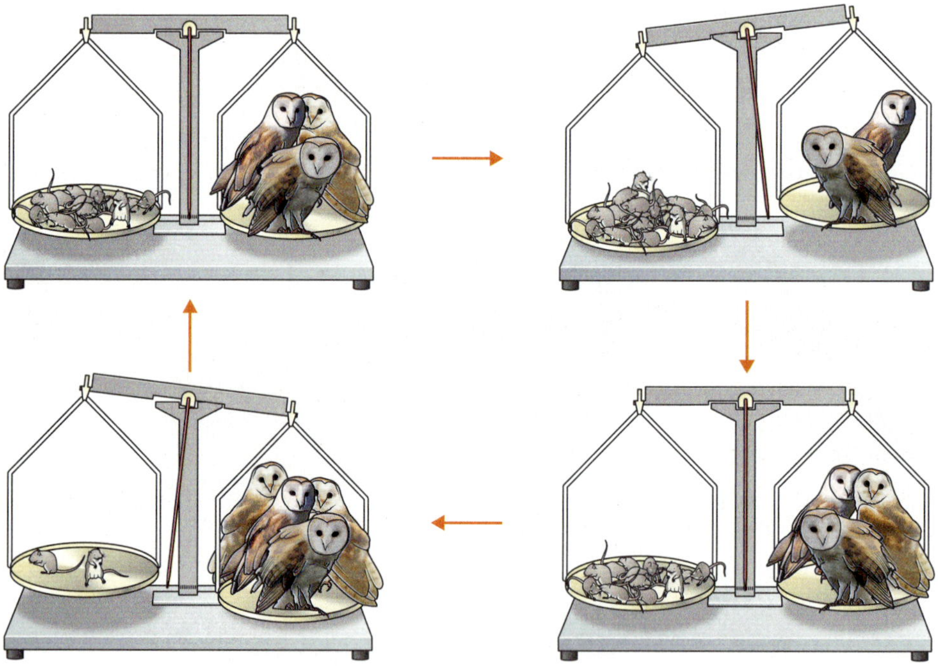

1 Räuber-Beute-Beziehungen folgen häufig folgendem Schema:
Je mehr *Feldmäuse* es gibt, desto mehr Schleiereulen gibt es.
Beschreibe, wie sich die Anzahl der *Feldmäuse* und die Anzahl der *Schleiereulen* gegenseitig regeln. Formuliere dazu weitere „Je-desto-Sätze“! •••

2 Erkläre, weshalb die Nahrungsbeziehung zwischen *Feldmaus* und *Schleiereule* in der Wirklichkeit die Anzahl der Tiere nicht allein regelt. •••

von Landwirten und Forstwirten gefürchteten *Feldmäuse* stark vermehren.
Aber nicht überall gibt es Mäuseplagen. Dort wo Wiesen, Wälder, Weiden, Hecken und Felder abwechselnd vorkommen, halten sich auch viele Feinde der Mäuse auf. Sie tragen dazu bei, dass sich die *Feldmäuse* nicht zu stark vermehren. Allerdings haben noch andere Ursachen Einfluss auf die Anzahl von *Feldmäusen*. So können auch Nahrungsmangel und Krankheiten die Anzahl der *Feldmäuse* reduzieren. Eine solche gegenseitige Beeinflussung nennt man **Regelung.**

Nahrungskreislauf – Auf und im Waldboden verborgen leben Bodentiere wie Regenwürmer, Milben, Tausendfüßer, Insekten wie Käfer und Ohrwürmer sowie Schnecken. Sie ernähren sich von abgestorbenen Pflanzenteilen oder von toten Tieren. Es sind **Abfallfresser.** Von ihren Ausscheidungen leben die **Zersetzer.** Zu ihnen zählen zum Beispiel Bakterien und Pilze. Die Zersetzer ernähren sich von den Pflanzen- und Tierresten und lassen nur noch Mineralstoffe, Wasser sowie Kohlenstoffdioxid übrig. Diese Stoffe stehen nun den Pflanzen wieder zur Verfügung.

BASISKONZEPT

Energie

Mithilfe der Fotosynthese bildet die Pflanze aus Wasser und Kohlenstoffdioxid energiereiche Glucose. Man sagt „In der Glucose liegt die Energie chemisch gebunden vor." Die Pflanze überträgt die Energie des Lichts auf die Glucose. Es findet eine **Energieübertragung** statt. Gleichzeitig werden die Ausgangsstoffe Wasser und Kohlenstoffdioxid in Glucose und Sauerstoff umgewandelt. Es findet auch eine Stoffumwandlung statt. Frisst die *Feldmaus* die im Getreide enthaltene Glucose, wandelt sie die Glucose wieder in die Ausgangsstoffe Wasser und Kohlenstoffdioxid um. Die dabei frei werdende Energie wird beispielsweise auf die Muskeln übertragen. Die Energie des Lichts wird so letztendlich für die Bewegung der *Feldmaus* genutzt. Alle Lebensvorgänge sind mit der Übertragung von Energie und der Umwandlung von Stoffen verbunden. Man spricht vom Basiskonzept **„Energie".**

MATERIAL MIT AUFGABEN

C Nahrungskreislauf im Wald

1 Ordne den Ziffern die Fachbegriffe Produzent, Konsument, Zersetzer, Pflanzenfresser, Fleischfresser und Abfallfresser zu. ●○○
2 Beschreibe einen Nahrungskreislauf im Wald. ●●○
3 Erkläre, weshalb in der Natur nichts verloren geht. ●●●

1 Naturlandschaft

1.5 Der Mensch gefährdet Lebensräume

Unberührte Wälder, in denen Bäche in ihrem ursprünglichen Bachbett dahinfließen, sind selten geworden. Stattdessen wachsen Dörfer, Kleinstädte, Großstädte und Industrieanlagen, die durch Straßen, Autobahnen, Eisenbahnschienen und Schifffahrtswege miteinander verbunden sind. Wie ist es zu dieser Entwicklung gekommen?

Naturlandschaft – Vor 4000 Jahren lebten etwa 60 Millionen Menschen auf der Erde. Noch vor 150 Jahren war Deutschland dünn besiedelt. Deutschland war bedeckt von Wäldern und Mooren. Als die Menschen sesshaft wurden, begannen sie, die **Naturlandschaft** zu verändern. Die Menschen rodeten Wälder und entwässerten Moore, um Siedlungen, Felder und Wiesen anzulegen.

Kulturlandschaft – Die Bevölkerung wuchs ständig. Es wurde mehr Land für Siedlungen und Straßen benötigt. Immer mehr Flächen wurden für den Anbau von Getreide, Rüben und Kartoffeln genutzt. Aus der unbeeinflussten und ursprünglichen Naturlandschaft wurde eine **Kulturlandschaft.** Auch diese verändert sich. So entstehen an Ortsrändern neue Siedlungen und Gewerbegebiete. Industrieanlagen und Verkehrswege werden gebaut. Sie alle verändern das Landschaftsbild. Für die zunehmende Anzahl von Menschen müssen Nahrungsmittel produziert und Wohnraum geschaffen werden. So wachsen seit Jahren die **Stadtlandschaften.**

Monokulturen – Wenn man heute in die Landschaft fährt, sieht man große Flä-

2 Kulturlandschaft

chen, auf denen jeweils nur eine Pflanzenart wächst: Weizen, Roggen, Gerste, Mais, Raps oder Zuckerrüben. Selbst manche Wälder bestehen nur aus einer Baumart. Es sind Kiefernwälder oder Fichtenwälder der **Forstwirtschaft.** Die Bäume stehen in diesen Wäldern streng in Reihen geordnet. Solche Flächen, auf denen nur Pflanzen einer Art angebaut werden, heißen **Monokulturen.**

3 Stadtlandschaft

4 Eisvogel

5 Fischotter

Wiesen und Moore – Der Mensch hat besonders viele Feuchtgebiete zerstört. Moore und Wiesen wurden trockengelegt, um sie landwirtschaftlich nutzen zu können. Auf den landwirtschaftlich genutzten Flächen finden Vögel wie der *Weißstorch* oder der *Graureiher,* die sich unter anderem von Mäusen und Insekten ernähren, nicht mehr ausreichend Nahrung. Aufgrund der vom Menschen verursachten Nahrungsknappheit werden *Graureiher* inzwischen oft in Gärten gesehen, wo sie sich die Fische aus den von Menschen angelegten Gartenteichen holen. Für viele Amphibien sind die Laichgewässer verloren gegangen, sodass auch ihre Anzahl zurückgegangen ist.

Flüsse – Besonders stark hat der Mensch die Fließgewässer verändert. Der *Eisvogel* lebt an sauberen, fischreichen Flüssen. In Steilwände am Ufer gräbt er seine Nisthöhlen. Durch die Begradigung von Flussläufen und die Befestigung der Ufer verlor der *Eisvogel* viele Nistplätze. Die Verschmutzung der Gewässer verringerte den Fischbestand, sodass er auch unter Nahrungsknappheit litt. Die Anzahl der *Eisvögel* war deshalb stark zurückgegangen. Heute wird verstärkt versucht, verunreinigte und begradigte Fließgewässer in ihren ursprünglichen Zustand zu versetzen. Die Lebensräume werden **renaturiert.** Dadurch hat sich die Anzahl der Eisvögel wieder erhöht. Von dieser Renaturierung profitieren auch andere in Flüssen lebende Tiere wie zum Beispiel der *Fischotter* und der *Biber.*

Landwirtschaft – Die Landwirte setzen heute zur Bewirtschaftung ihrer Felder und Wiesen große Maschinen ein. Beim maschinellen Schneiden der Pflanzen einer Wiese, der **Mahd,** werden viele Jungvögel von den drehenden Messern der Mähdrescher erfasst und getötet. Oft werden die Gelege durch die Räder der Traktoren zerstört. Dadurch ist zum Beispiel die *Feldlerche* in ihrem Bestand stark gefährdet, da sie auf Feldern und Wiesen brütet. Zudem fehlen durch den Einsatz von Unkrautvernichtungsmitteln viele Wildkräuter, die einen Teil ihrer Nahrung darstellen.

MATERIAL MIT AUFGABEN

A Zerstörter Lebensraum von Vögeln

1 Beschreibe die Veränderungen der Landschaft durch den Menschen. ●●○

2 Erläutere, welche Auswirkungen die Veränderungen auf die Tiere haben. ●●●

B Artenschutz und Lebensraumschutz

Die kleinste Fläche, die eine Art zum Überleben benötigt, nennt man **Mindestlebensraum.** *Teichmolche* benötigen etwa 500 000 Quadratmeter, *Grasfrösche* 2 000 000 Quadratmeter und *Erdkröten* 15 000 000 Quadratmeter Fläche, damit die Fortpflanzung gesichert ist. Dabei wandern sie im Verlauf des Jahres zwischen verschiedenen Lebensräumen hin und her.

1 Erkläre, weshalb der Bestand des *Teichmolchs* gefährdet ist. ●●○

2 Erläutere, weshalb die Größe des Lebensraums und das Wandern Einfluss auf den Bestand von *Teichmolch*, *Grasfrosch* und *Erdkröte* haben. ●●●

3 Erläutere den Zusammenhang zwischen Artenschutz und Lebensraumschutz. ●●●

1 Feldlerche mit Jungvögeln

1.6 Natur- und Artenschutz

In der Feuchtwiese zieht ein Feldlerchenpaar seine Jungvögel groß. In den letzten Jahren haben viele Landwirte ihre Feuchtwiesen entwässert und Tümpel zugeschüttet. Nach der Einsaat von Samen ertragreicher Grassorten liefert die Wiese mehr und besseres Viehfutter. Welche Folgen hat diese Veränderung für die Feldlerchen und all die anderen in Feuchtwiesen lebenden Pflanzen und Tiere?

Pflanzen – Wenn die Feuchtwiese entwässert, eingeebnet, gedüngt und mehrmals im Jahr geschnitten wird, ist aus der Feuchtwiese eine **Fettwiese** geworden. Durch das Düngen mit Mineralstoffen wachsen Pflanzen schneller und höher. Langsam und niedrig wachsende Pflanzen bekommen nur noch wenig Sonnenlicht zur Fotosynthese. Wird die Wiese mehrmals im Jahr gemäht, werden die Pflanzen abgeschnitten, bevor sie blühen. Sie können sich nicht mehr fortpflanzen. *Sumpfdotterblume, Geflecktes Knabenkraut, Kuckuckslichtnelke, Wiesenknopf, Sumpfschafgarbe, Schachblume, Wiesenschaumkraut* und viele weitere Arten verschwinden.

Tiere – Verschwinden die Pflanzen, wird manchen Insekten die Nahrung entzogen. Viele Schmetterlingsraupen leben von Pflanzen der feuchten Wiesen. Der *Dukatenfalter* ernährt sich von Ampferarten, der *Große Moorbläuling* vom *Großen Wiesenknopf* und der *Silberfalter* vom *Echten Mädesüß*. Die Raupen des *Aurorafalters* sitzen

MATERIAL MIT AUFGABEN

A Feldlerche

	Anzahl brütender Feldlerchenpaare in Nordrhein-Westfalen	Grünlandfläche in Hektar in Nordrhein-Westfalen
1980	184 000	575 000
1999	129 000	440 000
2004	129 000	425 000
2006	121 000	420 000
2008	118 000	420 000

Biologinnen und Biologen haben die Anzahl brütender Feldlerchenpaare über Jahre in Nordrhein-Westfalen gezählt. In etwa demselben Zeitraum wurde auch erfasst, wie sich die Grünlandflächen, zum Beispiel Wiesen und Weiden, in Nordrhein-Westfalen entwickelt haben.

1 Stelle die Entwicklung des Feldlerchenbestandes als Säulendiagramm und die Entwicklung der Grünlandflächen als Liniendiagramm dar. ●●○
2 Beschreibe die Entwicklung des Feldlerchenbestandes und die Entwicklung der Grünlandflächen. ●●○
3 Erkläre den Zusammenhang zwischen der Entwicklung der Grünlandflächen und der Entwicklung des Feldlerchenbestandes. ●●●

B Pflanzen in der Wiese

Wiese	A	B	C	D
Gräser	80%	85%	65%	75%
Kräuter	20%	15%	35%	25%

Wiesen werden gemäht und dabei knapp über dem Boden abgeschnitten. Diesen Vorgang nennt man **Mahd.** Biologinnen und Biologen haben sich gefragt, welchen Einfluss die Mahd und die Düngung auf die Pflanzenzusammensetzung einer Wiese haben. Dazu haben sie den Anteil an Gräsern und Kräutern am Gesamtanteil aller Pflanzen auf vier Wiesen bestimmt.
Wiese A: dreimal im Jahr gemäht und zweimal gedüngt.
Wiese B: dreimal im Jahr gemäht und dreimal gedüngt.
Wiese C: zweimal im Jahr gemäht und zweimal gedüngt.
Wiese D: zweimal im Jahr gemäht und dreimal gedüngt.
Die Wiesen wurden jeweils mit der gleichen Menge Gülle gedüngt.

1 Stelle die Ergebnisse in einem Säulendiagramm dar. ●●○
2 Deute die Versuchsergebnisse. ●●●
3 Beantworte die von den Biologinnen und Biologen gestellte Frage. ●●●

an den Blüten und Früchten vom *Wiesenschaumkraut.* Mit den seltener werdenden Insekten schwindet die Nahrungsgrundlage für die Amphibien und manche Vogelart. Dazu gehören zum Beispiel die *Feldlerche,* der *Kiebitz* und der *Star.*

Artenschutz – Das Beispiel Feuchtwiese zeigt, wie in diesem Lebensraum viele Pflanzen und Tiere aufeinander angewiesen sind. Wenn nur wenige dieser Lebewesen verloren gehen, sind auch alle anderen davon betroffen. In Rheinland-Pfalz und zahlreichen anderen Bundesländern werden seit einiger Zeit Maßnahmen zum Schutz von Pflanzen und Tieren ergriffen. Ein wichtiger Bestandteil eines **Artenschutzprogramms** ist der Schutz bestehender Lebensräume. Daneben wandelt man Ackerflächen wieder in Feuchtwiesen um. Es werden Tümpel und kleine Seen neu angelegt. Das Überleben vieler Pflanzen- und Tierarten ist in hohem Maße von diesen **Naturschutzmaßnahmen** abhängig.

2 Hinweisschild Naturschutzgebiet

Rote Liste

der gefährdeten Tier- und Pflanzenarten

Die Rote Liste ist eine Bestandsaufnahme bedrohter Tier- und Pflanzenarten. Sie wird im Auftrag der Bundesregierung und der Länderregierungen erstellt und bildet eine wichtige Grundlage für den Naturschutz in Deutschland. In ihr sind alle Tier- und Pflanzenarten enthalten, die

- bereits ausgestorben oder wahrscheinlich ausgestorben sind;
- vom Aussterben bedroht sind, weil ihre Anzahl gering geworden ist;
- stark gefährdet und in ihrem gesamten einheimischen Verbreitungsgebiet bedroht sind.

Die Arten in der Roten Liste sind besonders geschützt!

3 Auszug aus der Roten Liste

Naturschutzgesetze – Naturschützer setzen sich für selten gewordene Pflanzen und Tiere ein. So bewachen sie zum Beispiel den Horst des *Wanderfalken,* wenn dieser brütet und die Jungvögel großzieht. Auch hindern sie Schaulustige daran, in die Brutreviere des *Großen Brachvogels* vorzudringen. Die Naturschützer wollen Tierarten, die vom Aussterben bedroht sind, vor dem Menschen schützen. Leider gibt es immer wieder Menschen, die sich aus Neugier den Nestern nähern. Die Vögel werden dadurch gestört und kehren schließlich nicht mehr zu ihrer Brut zurück. Besonders verwerflich ist es, wenn Nester geplündert oder Jungvögel mit nach Hause genommen werden. Daher ist es sehr wichtig, dass es **Naturschutzgesetze** gibt. Diese enthalten Bestimmungen, die jeder Mensch beachten muss. Geschützte Pflanzen dürfen zum Beispiel weder gepflückt noch ausgegraben werden. Die geschützten Tiere darf man weder mutwillig beunruhigen noch jagen, fangen oder töten. Wer dagegen verstößt, kann bestraft werden.

Naturschutzgebiete – Naturschutzbehörden und Polizei überwachen die Einhaltung der Bestimmungen des Naturschutzgesetzes. Die Mitglieder von Naturschutzvereinen unterstützen sie dabei. Oft hat es wenig Zweck, einzelne Tiere oder Pflanzen zu schützen. Wenn in einer Kulturlandschaft Teiche zugeschüttet sowie Hecken und Gehölze entfernt werden, hat zum Beispiel der *Laubfrosch* seinen Lebensraum verloren. Er stirbt dort aus. Die Gesetze schützen deshalb auch Lebensräume geschützter Pflanzen und Tiere. Diese Gebiete sind durch Schilder mit der Aufschrift **Naturschutzgebiet** oder **Landschaftsschutzgebiet** gekennzeichnet. In den Landschaftsschutzgebieten sind vor allem Baumaßnahmen verboten. Pflanzen und Tiere sollen sich in diesen Gebieten ungestört entwickeln und vermehren können. **Nationalparks** sind großflächige Schutzgebiete mit einer weitgehend naturnahen Landschaft, in denen jedoch teilweise eine behutsame wirtschaftliche Nutzung möglich ist.

MATERIAL MIT AUFGABEN

C Die Europäische Wildkatze in Rheinland-Pfalz

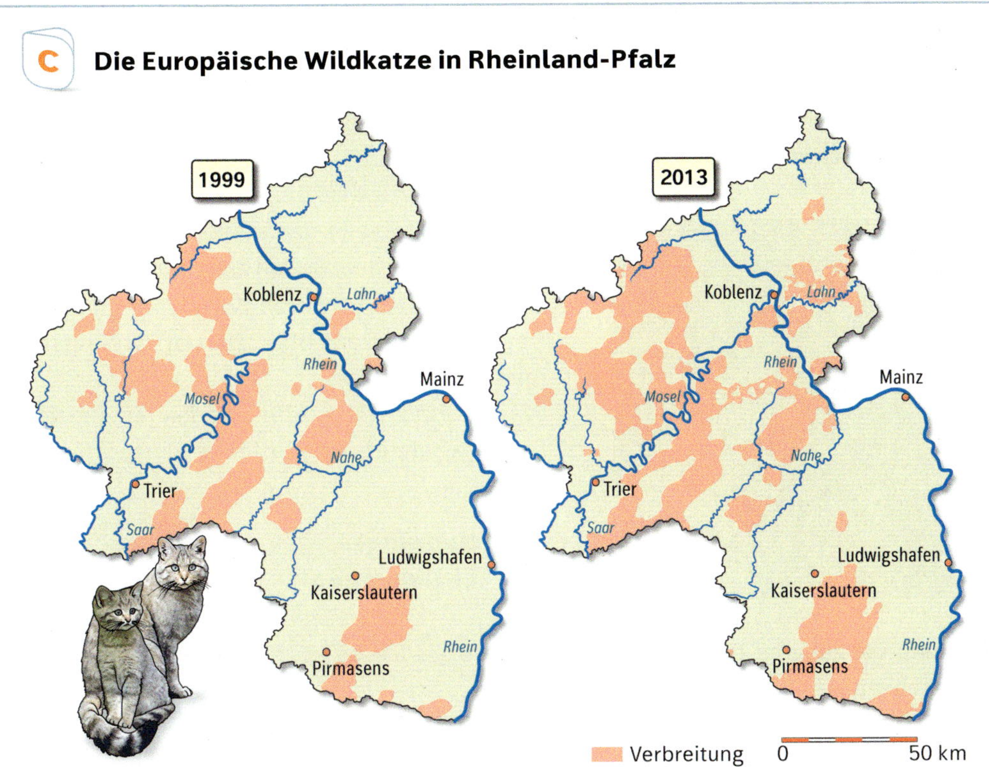

Die Europäische Wildkatze lebt in Laub- und Mischwäldern. Sie bevorzugt Wälder mit Altholzbeständen, die ihr viele Versteckmöglichkeiten bieten. Die Europäische Wildkatze ernährt sich überwiegend von Mäusen. Auf der Suche nach Nahrung und Paarungspartnern durchstreifen die Wildkatzen Gebiete von bis zu 4000 Hektar. Durch intensiven Siedlungs- und Straßenbau sowie die landwirtschaftliche Nutzung großer Flächen gilt die Europäische Wildkatze auch in Rheinland-Pfalz als bedroht.

In den letzten Jahren wurden verschiedene Maßnahmen zum Schutz der Wildkatze entwickelt. Der Zerstückelung des Lebenraumes wurde mithilfe von Schneisen, genannt **Korridore,** entgegengewirkt. Bei den Korridoren handelt es sich um naturbelassene Flächen entlang von Siedlungen, Straßen und durch Felder. Sie verbinden die Wälder miteinander. Ihren dichter Bewuchs ermöglicht eine sichere Durchquerung.

Weitere Maßnahmen sind der Verbleib von Altholz im Wald sowie der Verzicht auf den Ausbau von Waldwegen.

1 Vergleiche die Verbreitung der Europäischen Wildkatze im Jahr 1999 mit der Verbreitung im Jahr 2013. ●●○

2 Beschreibe die Probleme, die durch menschliche Eingriffe in die Natur für die Wildkatze entstehen. ●○○

3 In den letzten zwanzig Jahren wurden vermehrt Korridore für die Europäische Wildkatze geschaffen, die die vereinzelten Wälder miteinander verbinden. Erläutere die Vorteile dieser Korridore. ●●○

4 Nimm Stellung zu den Maßnahmen Verbleib von Altholz sowie Reduzierung des Ausbaus von Waldwegen für den Schutz der Wildkatze. ●●○

Alles auf einen Blick

1.1–1.2 Der Wald - ein Lebensraum

Alle im Wald lebenden Pflanzen und Tiere bilden eine **Lebensgemeinschaft.** Das Sonnenlicht, die Temperatur, der Niederschlag, der Wind und der Boden im Wald haben Einfluss auf die dort> lebenden Pflanzen und Tiere. Diese Einflüsse und die Lebensgemeinschaft kennzeichnen den **Lebensraum Wald.**
Ein Wald, in dem verschiedene Baumarten wachsen, ist ein Mischwald. Er ist in Schichten gegliedert. Man unterscheidet von unten nach oben die Wurzelschicht, die Moosschicht, die Krautschicht, die Strauchschicht und die Baumschicht.

1.3 Pflanzen produzieren Nährstoffe

Pflanzenzellen, die Glucose bilden, besitzen besonders viele **Chloroplasten.** Sie befinden sich vor allem auf der Blattoberseite des Laubblattes in den Palisadenzellen. In den Chloroplasten liegt der Farbstoff **Chlorophyll,** den man auch Blattgrün nennt. Über das Chlorophyll wird die Energie des Lichts genutzt, um im Chloroplasten **Wasser** und **Kohlenstoffdioxid** zu energiereicher **Glucose** und **Sauerstoff** umzuwandeln. Die Wortgleichung dieser Fotosynthese lautet:

Kohlenstoffdioxid + Wasser → Glucose + Sauerstoff

Der Sauerstoff wird über die Spaltöffnungen an der Blattunterseite nach außen abgegeben. Ein Anteil des aus dem Boden aufgenommenen Wassers verlässt in Form von Wasserdampf über die Spaltöffnungen das Blatt. Diesen Vorgang nennt man **Transpiration.**
Wasser und Nährstoffe werden in speziellen Leitungsbahnen in der Pflanze transportiert.

1.4 Nahrungsbeziehungen

Pflanzen produzieren mithilfe der Fotosynthese ihre Nährstoffe selbst. Sie sind **Produzenten.** Tiere, die Pflanzen konsumieren, werden wie die fleischfressenden Tiere als **Konsumenten** bezeichnet. Pflanze, Pflanzenfresser und Fleischfresser bilden eine Nahrungskette. Da die Tiere sich von verschiedenen Pflanzen und Tieren ernähren, entstehen **Nahrungsnetze.** Zu den Nahrungsbeziehungen gehören auch die Abfallfresser und die Zersetzer. Sie bilden zusammen mit den Produzenten und den Konsumenten einen Nahrungskreislauf. Alle mit dem Nahrungskreislauf verbundenen Lebensvorgänge sind mit der Umwandlung von Stoffen und einer Energieübertragung verbunden.

Teste dich

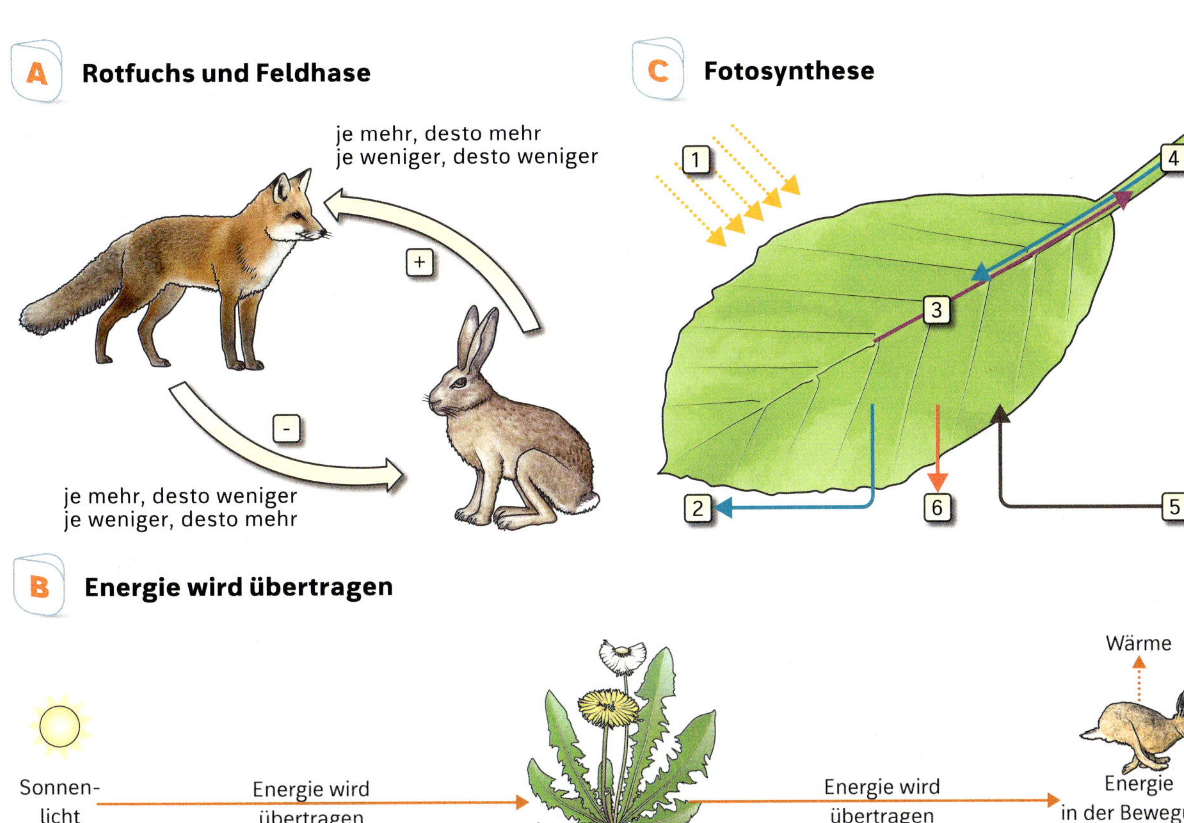

AUFGABEN

Bearbeite die Aufgaben mit Material A

1 Erkläre, was man unter einem Nahrungsnetz versteht. ●○○

2 Vervollständige die in der Abbildung genannten „je-desto-Sätze“. ●●○

3 Erläutere, weshalb die dargestellte Räuber-Beute-Beziehung die Wirklichkeit nur unvollständig abbildet. ●●●

Bearbeite die Aufgaben mit Material B und C

1 Ordne den Ziffern die Fachbegriffe Glucose, Wasser, Wasserdampf, Sauerstoff, Kohlenstoffdioxid und Licht zu. ●○○

2 Beschreibe die Aufgaben von Chloroplast und Mitochondrium. ●●○

3 Erkläre die Begriffe Produzent und Konsument. ●●○

4 Erläutere den Zusammenhang von Stoffumwandlung und Energieübertragung. ●●●

Stichwortverzeichnis

f. = die folgende Seite, ff. = die folgenden Seiten

Fette Seitenzahlen weisen auf ausführliche Behandlung im Text oder auf Abbildungen hin.

A

B

C

D

E

K

L

M

N

Stoffliste und GHS-Gefahrenhinweise

Beim Umgang mit Chemikalien ist immer eine Schutzbrille  zu tragen.

Stoff Gefahrenpiktogramme, Sicherheits- und Entsorgungssymbole	Signalwort Gefahrenhinweise
Chromalaun	Achtung H 315, H 319
gelbes Blutlaugensalz	H 412, EUH032
Natriumcitrat	

Gesundheitschädliche / reizende Stoffe:
Stoffe, die beim Verschlucken, bei Hautkontakt oder beim Einatmen gesundheitsschädlich sind, die Haut oder die Augen reizen oder auf die Haut allergen wirken. Stoffe, die die Atemwege reizen oder Schläfrigkeit und Benommenheit verursachen oder die Ozonschicht schädigen.

Behälter für Sondermüll

Hausmüll

Gefahrenhinweise (H-Sätze)

H 315: Verursacht Hautreizungen.

H 319: Verursacht schwere Augenreizung.

H 412: Schädlich für Wasserorganismen, mit langfristiger Wirkung.

EUH 032: Entwickelt bei Berührung mit Säure sehr giftige Gase.

Bildquellenverzeichnis

|Alamy Stock Photo, Abingdon/Oxfordshire: AY Images 159.1; Burrell, Michael 28.2; Hola Images 12.1; imageBROKER/Frey, Thomas 177.2; imageBROKER/Hölzl, Reinhard 161.2; imageBROKER/Sbampato, Thomas 3.2, 11.1; INSADCO Photography/ Bilderbox 30.1; Lairys, Laurent/Agence Locevaphotos 102.2; LJSphotography 23.1; luckyphotographer 161.1; MacDonald, Dennis 23.2; Martin 3.1, 37.1; Nature Collection 29.1; Nature Picture Library 157.1; Nature Picture Library/Hyde, Alex 38.1; Nikolayev, Alexey 26.1; Pustyakin, Andrey 40.1; Sanz, Pere 52.2; Vagengeym, Elena 22.3; van der Zijden, Karen 156.1; Varabey, Mikalay 184.1; Zoonar GmbH/Jähne, Karin 5.1, 107.1. |Alamy Stock Photo (RMB), Abingdon/Oxfordshire: Arterra Picture Library 123.1; Bevan, Dave 83.1; Bruyeu, Ryhor 123.2; Buschkind 85.1; Carl Corbidge 84.1; Farlap 124.1; Hecker, Frank 148.1; Islandstock 64.2; komkrit tonusin 132.1; Mcsweeny, Stephen 60.2; Michelle Gilders 111.1; Nature Picture Library 150.1; Nik Taylor Wildlife 126.2; Science Photo Library 45.2; Unai Pena 165.1; Zoonar GmbH 160.2. |eye of science (RV), Reutlingen: 3.3, 37.2. |fotolia.com, New York: Bartussek, Ingo 32.4; eyetronic 28.1; Hoffmann, Alexander 31.3; TELECOM-PHOTOGRAPHY 31.2; Tjefferson 52.1. |Getty Images, München: Universal Images Group 121.1. |Imago, Berlin: Baering 39.5; Beautiful Sports 39.4; MIS 70.1; UPI Photo 35.1. |iStockphoto.com, Calgary: FatCamera 16.1; Freder 60.1; hiphoto40 131.1; Kääpä, Johnny Titel; matteodestefano 135.1; Oleg_0 130.3; Remus86 155.1; Tze-hsin Woo 62.2. |juniors@wildlife Bildagentur GmbH, Hamburg: AGF RM 99.1; Giel, O. 144.1; Harms, D. 126.1; Hartmann, P. 39.1; Minden Pictures 39.2, 111.2; Synatzschke, G. 147.1; Wegler, M. 120.1, 120.2. |mauritius images GmbH, Mittenwald: Grant Heilman Photography/Alamy 44.2; imageBROKER/König, Marko 103.2; imageBROKER/Matthias Baumgartner 172.4; Seymour 120.3; Sheldon, David & Micha 178.2. |May, Lars-Patrick, Ingelheim: 8.1, 24.3, 25.1, 25.2. |Mettin, Markus, Offenbach: 24.1, 24.2, 28.3, 30.2, 32.3, 39.3, 53.1, 54.1, 102.1. |Minkus Images Fotodesignagentur, Isernhagen: 45.1, 50.1, 51.1, 51.2, 51.3, 77.1. |Obermayer, Dr. Walter, Graz: 42.1. |OKAPIA KG - Michael Grzimek & Co., Frankfurt/M.: ARDEA/Bevan, Brian 90.2; Benno Brossette 147.2; Berndt Fischer/SAVE-OKAPIA 90.1; BIOS/Delobelle, Jean-Philippe 160.3; BIOS/Labat, Jean-Michel 95.1, 95.3, 95.5; Claudius Thiriet/BIOS 147.3; Danegger, Manfred 96.1; Giel, Oliver 172.1, 172.3; Hartl, Andreas 86.1; Imagebroker 152.2; imagebroker/Egon Bömsch 112.1; imagebroker/Frank Sommariva 128.1; imageBROKER/Guillaumin 62.1; imageBROKER/Lang, Hans 180.1; imageBROKER/Martin, Wilfried 178.1; imageBROKER/Ruisz, Christoph 100.1; imageBROKER/Sollinger, Horst 158.2; ISM/Révy, J.C. 44.1; Lacz, Gerard 98.1; Marko König/imageBROKER 152.1; Nill, Dietmar 155.2; Uwe Lütjohann 130.2. |PantherMedia GmbH (panthermedia.net), München: Mberg 158.1, 160.1. |Picture-Alliance GmbH, Frankfurt/M.: dpa/Fellens, Romain 130.1; dpa/Keystone/Wey, Alexandra 74.1; Landkreis Fulda/Bogon, Klaus 29.2. |plainpicture, Hamburg: Westend61 172.2. |Science Photo Library, München: 34.2; Kinsman, Edward 95.2, 95.4, 95.6. |Shutterstock.com, New York: Alexandr Junek Imaging 115.2; Anna PhotoStocker 31.1; Pics, Mr 64.1. |stock.adobe.com, Dublin: andreipugach 114.1; Anna 49.7; ARochau 78.1; beeboys 34.1; bidaya 135.2; David 126.3; DOC RABE Media 170.1; Erni 4.1, 59.1; eyetronic 164.1; fotorince 116.1; giorgiape 122.1; Hansen, Thomas 182.1; hecke71 177.1; hin255 46.1; inkwelldodo 146.1; ksuksa 22.2; li, Xuejun 56.1; Marcella Miriello 122.2; markobe 138.1; Nadine Haase 118.1; nataba 92.1; Nico 116.2; Patrick J. 115.1; PROMA 48.1; rodimovpavel 142.1; Ruslan, Minakryn 49.5; Schauer, Marcel 146.2; Semenov, Alexander 108.1; Stemmer, Alex 165.2; Tatiana 103.1; TTstudio 134.2, 134.3; Victority 22.1; vulkanismus 134.1; vvoe 49.1, 49.2, 49.3, 49.4, 49.6, 49.8; ©Gabriel 176.1. |Tönnies, Frauke, Laatzen: 32.1, 32.2. |vario images, Bonn: imageBROKER/Hütter, Christian 82.1. |© Dr. Ralf Wagner, www.dr-ralf-wagner.de, Düsseldorf: 42.2.

Wir arbeiten sehr sorgfältig daran, für alle verwendeten Abbildungen die Rechteinhaberinnen und Rechteinhaber zu ermitteln. Sollte uns dies im Einzelfall nicht vollständig gelungen sein, werden berechtigte Ansprüche selbstverständlich im Rahmen der üblichen Vereinbarungen abgegolten.

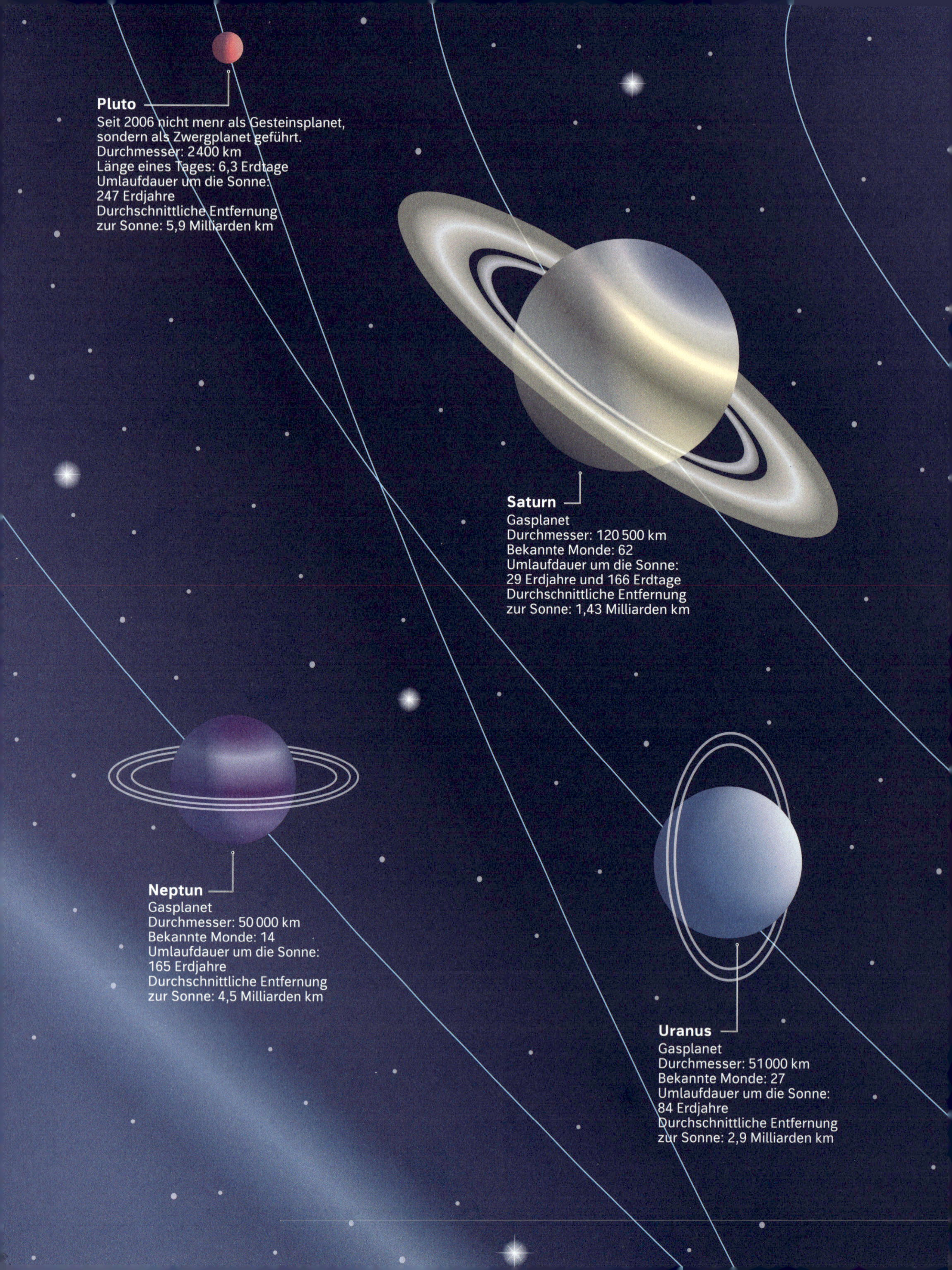

Pluto
Seit 2006 nicht mehr als Gesteinsplanet, sondern als Zwergplanet geführt.
Durchmesser: 2400 km
Länge eines Tages: 6,3 Erdtage
Umlaufdauer um die Sonne: 247 Erdjahre
Durchschnittliche Entfernung zur Sonne: 5,9 Milliarden km

Saturn
Gasplanet
Durchmesser: 120 500 km
Bekannte Monde: 62
Umlaufdauer um die Sonne: 29 Erdjahre und 166 Erdtage
Durchschnittliche Entfernung zur Sonne: 1,43 Milliarden km

Neptun
Gasplanet
Durchmesser: 50 000 km
Bekannte Monde: 14
Umlaufdauer um die Sonne: 165 Erdjahre
Durchschnittliche Entfernung zur Sonne: 4,5 Milliarden km

Uranus
Gasplanet
Durchmesser: 51 000 km
Bekannte Monde: 27
Umlaufdauer um die Sonne: 84 Erdjahre
Durchschnittliche Entfernung zur Sonne: 2,9 Milliarden km